Edward Wriothesley Russell

Der Radionik Report

Wissenschaft der Zukunft

Die Wissenschaft, die heilen kann,
wo die orthodoxe Medizin versagt

Radionik Verlag

Übersetzung Claudio Romanazzi und Maren Köhne

Druck: Schaltungsdienst Lange oHG, Berlin

ISBN 3-934441-16-5

Titel der englischen Originalausgabe:
Report on Radionics
Science of the Future
The Science which can cure where Orthodox Medicine Fails

Radionik Verlag
Claudio Romanazzi MRadA
Quaet-Faslem-Str. 12a
31582 Nienburg
Deutschland
☎ ++49 +5021 910188
Fax ++49 +5021 910197
info@radionik.info
http://www.radionik.info

Zum Gedenken an

ALBERT ABRAMS
RUTH DROWN
GUYON RICHARDS
CURTIS UPTON
und
GEORGE DE LA WARR

Pioniere der Wissenschaft der Zukunft

Danksagung

Der Autor dankt den (in alphabetischer Reihenfolge) aufgelisteten Personen ganz herzlich für die uneingeschränkte Beratung und Hilfe bei der Herstellung dieses Buchs. Er betont jedoch, dass keiner von ihnen in irgendeiner Weise für eine zum Ausdruck gebrachte Meinung oder für Fehler oder Auslassungen verantwortlich ist; das geht ganz allein auf Rechnung des Autors.

Frau Elizabeth Baerlein, Frau de la Warr, Frau A.L.G Dower, General Henry M. Gross USA (im Ruhestand), Herrn Malcolm Rae, die Ehrenwerte Frau Rosemary Russell, Herrn David V. Tansley, Herrn und Frau John Wilcox und Herrn Arthur M. Young.

Der Autor schuldet auch Büchern und Veröffentlichungen Dank, die in Fußnoten genannt sind.

Er muss auch seinen Dank an Frau Elizabeth Beverly ausdrücken, deren exemplarische Abschrift viel besser ist, als jeder Autor oder Drucker verdient.

E.W.R

Inhaltsverzeichnis

Ouvertüre

In London war es ein trostloser, nebliger Wintertag gewesen – ein Tag, an dem die Fleet Street ihrem Ruf als 'Straße der Abenteuer' nicht gerecht wurde.

Als Juniorreporter der alten *Morning Post* war ich ausgewählt worden, die Jahreshauptversammlung einer wertvollen Wohlfahrtseinrichtung zu übernehmen, die ein Lieblingsprojekt eines Freundes des Eigentümers war. Und in jenen Tagen, bevor die *Morning Post* modernisiert wurde, musste einem F.O.P.[1] eine volle Spalte gegeben werden, ob er oder sein Projekt einen Neuigkeitswert hatten oder nicht. Ich hatte also den größten Teil des Tages damit zubringen müssen, mir Vorgänge beispielloser Langweiligkeit anzuhören und daraus eine gewichtige Kolumne zusammen zu rühren, die keinen außer dem F.O.P. und seinem erstarrten Komitee interessierte.

Ich hatte gerade meinen Artikel dem Chefunterherausgeber herein gegeben – der ihn mit einem Stöhnen entgegen nahm –, als ein Bote mir sagte, dass ich am einzigen Telefon verlangt würde, welches das Management im Reporterraum erlaubte. Dies war ein antikes Instrument, fest an der Wand montiert und nur gelegentlich hörbar. Aber ich war in der Lage, die Stimme von Michael Perkins – ein Freund aus meinen Cambridgetagen – zu erkennen, der für eine Nacht in der Stadt war. Er schlug mir vor, gemeinsam zu Abend zu essen. Ich stimmte nach einem depressiven Tag begeistert zu und wir trafen uns eine halbe Stunde später in einem moderaten Speiselokal, wo Bier und Essen gut und die Preise innerhalb des Budgets eines jungen Mannes waren.

Wir süffelten gerade unser zweites Bier, als Michael anmerkte:

---

1 F.O.P. (engl.) = Abk. f. Freund des Eigentümers

„Als Reporter könntest du an etwas Neuem und Aufregendem in der Medizin interessiert sein, das mein Onkel entdeckt hat. Ich habe versprochen, ihn nach dem Abendessen zu treffen. Magst du mitkommen und ihn veranlassen, dir davon zu erzählen?"

Natürlich stimmte ich zu und eine Stunde später klingelten wir an der Eingangstür eines imposanten alten Hauses in Park Crescent, in der Nähe des Regent Parks. Die Tür wurde von Michaels Onkel, Dr. Eric Perkins, einem Mann von viel Charme, selbst geöffnet, der mich herzlich willkommen hieß.

Als er uns in die Halle geleitete, hatte ich nicht das Vorgefühl, dass sich die Tür zu einem Objekt öffnete, das mich in Intervallen fast 50 Jahre lang interessieren würde – zu einem faszinierenden Mysterium, das sogar heute nur zum Teil gelöst ist. Als ich damals durch jene Tür ging, konnte ich noch nicht wissen, dass ich das Neue Zeitalter der Praktischen Medizin und Landwirtschaft betreten hatte. Aber als Dr. Perkins erklärte, was er gefunden hatte, erkannte ich mit zunehmender Begeisterung, dass die Fleet Street ihre Reputation teilweise wieder gewonnen hatte und dass ich auf eine Zeitungsgeschichte von großer potenzieller Bedeutung gestoßen war.

Dr. Perkins war kurze Zeit zuvor aus San Francisco zurückgekehrt, wo er mit Dr. Oscar Parkes – der, nebenbei gesagt, in seiner Freizeit '*Jane's Fighting Ships*'[2] herausgab – und anderen englischen Ärzten gewesen war, um die medizinischen Entdeckungen und Methoden von Dr. Albert Abrams unter dem großen Arzt selbst zu studieren. Aus dem, was er mir erzählte, war sogar schon an diesem ersten Abend klar, dass Dr. Abrams etwas von größter Bedeutung für die Medizin entdeckt hatte. Es dauerte aber viele Jahre, bevor mir klar wurde, dass dies für die Psychiatrie, die Landwirtschaft und eigentlich

2 Jane's Kampfschiffe

für unsere gesamte Philosophie des Lebens nicht weniger bedeutend war.

In meiner jugendlichen Begeisterung und Unerfahrenheit konnte ich – vielleicht zum Glück – nicht die Schwierigkeiten voraussehen, welche der Umgang mit der Zeitungsgeschichte, die ich entdeckt hatte, mit sich bringen würde – das Problem, sie der Öffentlichkeit glaubhaft zu machen, erst recht dem medizinischen Berufsstand, und ebenso den erbitterten Widerstand von Veröffentlichungen, mit dem ich mich konfrontiert sehen würde.

Ich konnte in dieser Winternacht 1923 nicht erkennen, wie viele Jahre es mich kosten würde, auch nur teilweise die *Erklärung* von Dr. Abrams' Entdeckung zu verstehen, obwohl die Ergebnisse und die Bedeutung bereits klar waren. Ich konnte nicht wissen, dass der Weg, der in Park Crescent begann, mich über die Jahre dazu verleiten würde, einigen falschen Fährten zu folgen, verwandte Phänomene zu erforschen und mit vielen interessanten Menschen auf beiden Seiten des Atlantiks zusammenzutreffen.

Obwohl die Geheimnisse von Dr. Abrams' Entdeckungen bis jetzt noch nicht vollständig gelöst sind, ist das kein Grund, warum die Entdeckung nicht verwendet werden sollte, wie es ja heute auch (bereits) getan wird – höchst erfolgreich. Wir wissen nicht wirklich, was ein Elektron ist, oder warum es sich so verhält, wie es das tut. Das hält uns aber nicht davon ab, Elektronen in der Elektrizität, dem Radio und dem Fernsehen zu verwenden.

Es ist das Gleiche mit den von Dr. Abrams entdeckten Phänomenen. Es ist schwer, sie sich vorzustellen oder sie zu beschreiben und zu erklären, wie und warum sie funktionieren. *Aber sie funktionieren und werden jeden Tag bei der Behandlung von Krankheiten eingesetzt.*

Das allein ist schon, so mein Vorschlag, eine ausreichende Rechtfertigung für dieses Buch, das einige der praktischen Ergebnisse und Anwendungen von Dr. Abrams beschreiben wird, welche seither von anderen weiter entwickelt wurden.

Die meisten Menschen, die etwas benutzen, interessieren sich nicht dafür, *wie* es funktioniert, solange es funktioniert – wie viele zum Beispiel wissen, *wie* ihr Fernseher funktioniert? So interessiert es die meisten Menschen, die von der Radionik profitieren – der moderne Name für die Entdeckungen Dr. Abrams' – nicht, ob die ganze Idee mysteriös erscheint oder sogar 'gespenstisch', so lange sie sich dadurch besser fühlen. Und wenn sie dadurch geheilt werden, verbreiten sie die gute Nachricht durch Mundpropaganda und andere machen sich die Radionik zu Nutze.

Die Radionik ist jedoch viel zu wichtig, als dass man sie dem langsamen Prozess der Entwicklung überlassen könnte. Auf der anderen Seite kann sie ihre ganze potenzielle Nützlichkeit für die Menschheit nicht erreichen, solange sie nicht zumindest teilweise erklärt werden kann und für die allgemeine Öffentlichkeit, die medizinischen Berufe und die wissenschaftliche Gemeinschaft etwas glaubwürdiger gemacht wird.

Aus diesem Grund werde ich in diesem Buch nicht nur die Geschichte der Radionik erzählen, sondern auch versuchen, sie teilweise zu erklären und von ihrer mysteriösen Aura wie der 'Black-Box' zu befreien. Zweifellos werden viele in der Radionikpraxis engagierte Anwender mit den von mir angebotenen Erklärungen nicht einverstanden sein; und ich gebe freimütig im voraus zu, dass deren Erklärungen richtig und meine falsch sind. Denn das ganze Thema ist mit Schwierigkeiten beladen, von denen diejenige, dass die Sprache für das Thema nicht angemessen ist und die verwendeten Begriffe für verschiedene Leute verschiedene Dinge bedeuten können, nicht die geringste ist.

Ich hoffe aber, dass dieses Buch dazu helfen möge, das Thema besser kennen zu lernen und mindestens als Diskussionsbasis diene. Dies kann zu einem besseren Verständnis dieser weitgehend unerforschten Wissenschaft führen und andere inspirieren, bessere Erklärungen der schwer fassbaren Prinzipien zu finden, auf denen sie beruht.

Es kann viele Jahre dauern, bis die Radionik vollständig verstanden ist und zum Nutzen der Menschheit breite Anwendung findet. Aber diese Zeit wird um so schneller kommen, je mehr Menschen darüber Bescheid wissen und je mehr Geister daran arbeiten. Und im Angesicht solcher moderner Probleme wie Ärztemangel, steigender Krankenhauskosten, Gefahren durch Pestizide und der Notwendigkeit, eine explodierende Weltbevölkerung zu ernähren, kann diese Zeit nicht schnell genug kommen.

So lassen Sie uns den Vorhang heben für eines der bemerkenswertesten wissenschaftlichen Dramen dieses Jahrhunderts – die Entdeckung und Entwicklung der Radionik.

Kapitel Eins

Grundlegende Entdeckungen

Das Schicksal begünstigt nur den vorbereiteten Geist.

Pasteur

1

Im frühen gegenwärtigen Jahrhundert stand ein Mann mittleren Alters nackt in einer Klinik in San Francisco. Er schien gesund, außer dass er ein kleines chronisches Geschwür an seiner Lippe hatte – technisch gesehen ein Epitheliom, eine Krebsform. Aber der untersuchende Arzt, Dr. Albert Abrams, war außergewöhnlich sorgfältig und machte eine vollständige Untersuchung. Als letzten Test klopfte er sanft mit seinen Fingern über den oberen Teil des Bauchs des Patienten, um die Grenzen des Magens festzustellen.

Als seine geübten Finger den Bauch erforschten, war Abrams erstaunt, einige Quadratzoll auf der Oberfläche vorzufinden – die nicht exakt mit dem tatsächlichen Magengebiet zu tun hatten – die unter seiner Abklopftechnik absolut dumpf klangen, anstatt hohl, wie er es erwartet hatte.

Normalerweise klingt der Magen beim Abklopfen hohl wie eine Trommel, und zwar deshalb, weil Gas oder Luft darin ist. Aber *nur* auf diesem speziellen Gebiet fühlte Abrams, dass er eine fettartige Blase abklopfte.

Abrams war der letzte, der etwas ignorierte, das er nicht erklären konnte; er hatte dieses Rätsel zu lösen, egal wie viel Zeit das kosten oder wie viele Schwierigkeiten das bringen würde. Die Erklärung konnte kein Irrtum seiner Klopftechnik sein, darin hatte er sich zur Meisterschaft ausgebildet und vertraute seinen Fingern so sehr wie ein Konzertpianist. Er hatte diese Art des Abklopfens seit langen Jahren praktiziert. Es bestand aus dem Klopfen des Mittelfingers seiner rechten Hand auf den Mittelfinger der linken Hand, die wiederum leicht auf der Bauchdecke auflag.

Er bat also den Patienten, sich auf eine Couch in einem anderen Teil des Raums hinzulegen, so dass er ihn 'abtasten' konnte – das heißt, vorsichtig zu fühlen, ob da eine solide Masse unter dem dumpfen Gebiet lag, was der Grund für den ungewöhnlichen Klopfklang gewesen sein könnte. Aber er war nicht nur nicht dazu in der Lage, eine feste Masse zu erspüren, sondern er erhielt, als er das verdächtige Gebiet abklopfte, den hohlen Klang, den er normalerweise erwartet hatte.

Verblüfft bat Abrams den Mann wieder aufzustehen und klopfte auf der Couch sitzend das verdächtige Gebiet genau so ab, wie er es auf der anderen Seite des Raums getan hatte. Zu seiner Verwunderung bekam er wieder den normalen hohlen Ton anstatt den vorher dumpfen.

Die meisten normalen Ärzte würden diese Episode als 'einfach eines dieser Dinge' ignoriert und vergessen haben. Nicht aber Abrams – ein außergewöhnlicher Arzt, der nichts, was ihn verwirrte, einer äußerst sorgfältigen Erforschung entgehen ließ.

Abrams ging zu seinem Stuhl zurück und stellte den Patienten in exakt der Position wieder hin, in der er den dumpfen Ton hervorgerufen hatte. Als er das gleiche Gebiet wieder abklopfte – gerade über und um den Nabel herum – hörte er wieder den mysteriösen dumpfen Klang.

Abrams merkte sofort, dass er etwas Aufregendes und Wichtiges gefunden hatte und schritt zur Tat. Den Rest des Tages brachte er den unglücklichen Patienten dazu, sich in unterschiedliche Positionen zu stellen, abwechselnd mit dem Gesicht nach Norden, Süden, Osten und Westen, während er seine Bauchdecke abklopfte, um festzustellen, in welcher Position er den dumpfen Ton hörte.

Am Ende eines langen Arbeitsnachmittags hatte er ohne jeden Zweifel eine Tatsache von immenser Bedeutung klar herausgestellt. Diese bestand darin, dass ein sonst gesunder Mann mittleren Alters mit einem kleinen Geschwür an der Lippe eine wohl definierte Stelle auf seiner Bauchdecke gerade über dem Nabel aufwies, die beim Abklopfen unveränderbar dumpf klang, *wenn er nach Westen gewandt war.* War er gegen einen beliebigen anderen Punkt auf dem Kompass gerichtet, ergab das nur den normalen hohlen Ton.

Am nächsten Tag wiederholte Abrams das gleiche Experiment mit dem gleichen Patienten. Er war nicht nur in der Lage, seine Entdeckung vom Vortag zu verifizieren, sondern auch noch eine andere Tatsache festzustellen: wenn der Patient nach Westen gerichtet war, erhielt man bei einer *zweiten Region* über dem inneren Rand des linken Schulterblatts des Mannes ebenfalls einen dumpfen Klopfton.

Diese grundlegenden anfänglichen Ergebnisse waren ein Meilenstein in der medizinischen Geschichte. Denn sie markierten den Beginn langer und peinlich genauer Forschung zu dem, was zuerst 'die Elektronische Reaktion von Abrams' oder ERA genannt wurde und das heute als 'Radionik' bekannt ist.

Wie wir sehen werden, werden schnell sogar noch erstaunlichere Entdeckungen folgen.

Abrams' Name für die Reaktion, die er entdeckt hatte, war unbewusst prophetisch, weil er eine Neue Ära[3] in der Medizin eingeführt hatte.

2

Wie jeder andere große Pionier der Medizin der Geschichte wurde Abrams von einigen eifersüchtigen und ignoranten Mitgliedern des medizinischen Berufsstands verleumdet. Als seine Entdeckungen und Methoden bekannt wurden und – sogar noch irritierender für den Berufsstand – Heilungen berichtet wurden, wurden über ihn und seine von ihm verwendeten Geräte unbegründete Gerüchte, zunehmend boshaft und emotional, in Umlauf gesetzt. Sogar heute gibt es diese Gerüchte noch. Vor nur ein paar Jahren zum Beispiel belebte ein amerikanischer Kolumnist der medizinischen Interessengemeinschaft – ohne Zweifel in Verlegenheit, etwas hilfreiches zu schreiben – diese alten abgestandenen Geschichten wieder und verbreitete sie im ganzen Land.

Bevor der Leser weiter liest, sollte er jedoch die Fakten kennen. Es ist auch wichtig für ihn zu verstehen, dass er hier nichts über zufällige Erfindungen Geld raffender Quacksalber liest, sondern über die Ergebnisse der langen und entschlossenen Forschung eines hoch qualifizierten und außergewöhnlich auffassungsfähigen Genius.

Sir James Barr, ein ehemaliger Präsident der Britischen Medizinergesellschaft, der zusammen mit anderen Abrams' Experimente wiederholte, beschrieb ihn als den bei weitem größten medizinischen Genius, den der Berufsstand seit einem halben Jahrhundert produziert hatte.

---

3 Wortspiel ERA und Ära (= engl. 'era')

„Ich habe oft gesagt," merkte Sir James einmal an, „dass Abrams, wenn er nichts weiter als die Entdeckung des Herz- und Pulmonalreflexes geleistet hätte, einer prominenten Nische im Ruhmestempel wert gewesen wäre. In Amerika und Frankreich müssen Abrams' Herzreflexe tausende von Leben gerettet haben."

Albert Abrams wurde 1863 in San Francisco geboren und qualifizierte sich an einer akkreditierten medizinischen Akademie, bevor er das Alter erreicht hatte, in dem er sein Diplom in Empfang nehmen durfte. Er lernte Deutsch und ging an die Universität von Heidelberg, wo er mit den höchsten medizinischen Ehren in Medizin graduierte. Immer noch ein junger Mann, verbrachte er lange Zeit mit Arbeit als Jungakademiker in Heidelberg, Berlin, Paris, Wien und London unter solch berühmten Lehrern wie Virchow, Frerichs, Wassermann und Hermann von Helmholtz.

Von Helmholtz war natürlich einer der großen wissenschaftlichen Figuren und Lehrer des 19. Jahrhunderts. Er war Arzt, Physiologe, Physiker, Mathematiker und Philosoph der Wissenschaft. Abrams sammelte, zunächst als Schüler, dann als ein Freund von von Helmholtz, Wissen über die aufregenden Entwicklungen in der Physik jener Tage – etwas ungewöhnlich für einen jungen Arzt. Tatsächlich war es dieses Wissen, das seine späteren Forschungen inspirierte und durchdrang, die – im Grunde besehen – unermüdliche Versuche waren, die Gesetze der Biologie mit denen der Physik in Beziehung zu setzen.

Nach seiner Rückkehr in die Vereinigten Staaten war Abrams zunächst als Demonstrator in der Pathologie eingesetzt, dann Professor der Pathologie und anschließend Direktor der klinischen Medizin an der Leland Stamford Universität. 1893 – im Alter von 30 Jahren – wurde er zum Präsidenten der San

Francisco Medico-Chirurgischen Gesellschaft gewählt und Vizepräsident der Emmanuel Klinik.

Er war Mitglied der amerikanischen Ärzte Gesellschaft und Autor vieler Bücher – in der Bibliothek des Kongresses gibt es zwölf. Er war auch ein fleißiger Schreiber für medizinische Journale in der ganzen Welt. Er spezialisierte sich auf Erkrankungen des Nervensystems und wurde viele Jahre lang als bester Neurologe jener Zeit angesehen. Er führte intensive Forschungen über Rückgratbehandlungen durch; und sein Buch 'Spondylo-Therapie', erschienen 1910, wurde sechsmal aufgelegt und ins Französische und Japanische übersetzt. Eine Stunde nach seinem plötzlichen Tod im Januar 1924 ging ein Telegramm ein, das ihn einlud, über seine Entdeckungen an der Sorbonne in Paris Vorträge zu halten.

Nach allen zu der Zeit geltenden Maßstäben waren Abrams' berufliche Qualifikationen und Karriere außergewöhnlich; und dennoch kamen einige Mitglieder des medizinischen Berufsstands und beschrieben ihn als 'Quacksalber', ohne ihre Hausaufgaben gemacht zu haben.

Sie klagten ihn alle an, seine Entdeckungen auszubeuten, um Geld zu machen. Sie machten sich nicht die Mühe herauszufinden, dass er durch Erbschaft Millionär war, der leicht ein Leben in süßem Nichtstun hätte verbringen können. Statt dessen waren sein Geschmack und seine Lebensweise spartanisch in ihrer Einfachheit; und er widmete sein Leben der Medizin und gab viel von seinem Reichtum für das Weiterbringen seiner Forschungen aus.

Während seiner späteren Jahre wurde sein gesamtes Einkommen der '*Blanche and Jeanne R. Abrams Memorial Foundation*' gespendet, um zu forschen und arme Menschen zu behandeln, die eine Therapie nicht bezahlen konnten.

In seinem Testament vermachte er sein gesamtes Vermögen diesen Zwecken, aber ein paar rechtliche Diskrepanzen in diesem Testament ermöglichten dessen Anfechtung. Nach einem Kompromiss mit seinen Verwandten erhielt die Foundation nicht genug Mittel, auf dem Niveau zu arbeiten, wie Abrams das geplant hatte, obwohl sie in bescheidenem Maßstab weiter funktionierte.

Abrams' Kritiker verspotteten auch die Instrumente, die er entwickelt hatte, als 'secret black boxes'[4]; sie beschuldigten ihn auch, Geld zu nehmen, indem er sie an Ärzte verkaufte, die sich seine Methoden zu eigen machten. Tatsächlich machte Abrams nie eine Geheimnis aus den Schaltkreisen seiner Instrumente, obwohl er immer darauf bedacht war, dass sie nur von verantwortungsvollen, qualifizierten Leuten benutzt wurden. Diesen verkaufte er die Instrumente – sie waren handgemacht – für nur wenig mehr, wenn überhaupt, als die Herstellungskosten. Und die von ihm den Käufern abverlangten Preise spiegelten in keinster Weise die hohen Kosten der Forschung und Entwicklung, die er selbst trug.

Eine der Kuriositäten bei der Geschichte ist, dass das Wort 'Box'[5] nicht länger als Spottwort gebraucht wird – außer von einigen Mitgliedern des Medizinberufs –, sondern als freundliche kollegiale Abkürzung. 'Ich bin an der Box' oder 'Ich wurde von der Box geheilt' sind heute allgemein gebräuchliche Ausdrücke in England, wo Abrams' Entdeckungen legal angewendet werden dürfen, um Kranke zu heilen.

Abrams' schäbige Behandlung durch seine Berufskollegen war natürlich nicht anders als die, unter der Lister, Pasteur und andere große Pioniere der Vergangenheit litten. Tatsächlich ist dies in der Geschichte der Medizin so allgemein üblich,

---

4 Geheime Schwarzkästen
5 Engl.= Schachtel, Kiste

dass ein Zyniker beobachten könnte, das Ziel für öffentliche Schmähung zu sein, sei manchmal eine Bestätigung außergewöhnlicher Leistungen.

Dr. Eric Perkins – der Abrams gut kannte und dessen Arbeit über seine Originalentdeckungen dieser Autor großen Dank schuldet – schrieb über Abrams als Mensch:

> Zugegebenermaßen besaß Abrams einige der Überspanntheiten eines Genies, aber er war einer der großmütigsten und liebenswertesten Menschen – wirklich eine magnetische Person, ein feiner Herr im allerhöchsten Sinn des Worts. Er war ein echter Dynamo von Energie und Begeisterung, der unermüdlich arbeitete, bis er buchstäblich an schierer Überarbeitung starb. Am Tag vor seinem Tod war er mit einer Lungenentzündung in seinem Labor... er war die außerordentlichste Persönlichkeit, die der Autor je kennen lernte, den Arzt, den Philosophen, den Philanthropen – Albert Abrams.

Es war ein Glück für die Zukunft der Medizin, dass Abrams eine ungewöhnliche Kombination all dessen auf sich vereinigte, was für eine größere Entdeckung und ihre Entwicklung notwendig war. Er hatte Talent, Vorstellungskraft, Wahrnehmung, Begeisterung, Sorgfältigkeit, Hingabe, eine sanfte Berührung und einen scharfen Sinn für Heilung. Er hatte eine breite Ausbildung unter hoch qualifizierten Lehrern gehabt. Er hatte Kenntnis von – und ein großes Interesse an – der blühenden Wissenschaft der Physik.

Nicht weniger wichtig war, dass er großen Reichtum hatte und seine eigenen Forschungen finanzieren konnte, ohne Genehmigung oder Erlaubnis von irgend jemandem. Er musste nicht um Unterstützung bei verkrusteten Einrichtungen mit teilweise einbalsamierten Treuhändern nachsuchen, die alles verdächtig finden, das auch nur die geringste Spur von Neuerung zeigt, wie es heutzutage so üblich ist, und sein Reichtum brachte ihm Sicherheit, wie heftig die Attacken seiner professionellen Kritiker auch waren.

Dieser Hintergrund wurde hier angeführt, teilweise um jegliche Gerüchte zu zermalmen, die der Leser gehört haben mag, und teilweise weil es dabei hilft zu erklären, *wie* Abrams dazu in der Lage war, die weiteren Entdeckungen zu machen, die wir nun betrachten werden.

3

Aus dem Krankenhaus und Patienteneinrichtungen außerhalb versammelte Abrams noch einige Patienten, die an Krebs im frühen Stadium litten. Er stellte sie mit dem Gesicht nach Westen auf, klopfte sie ab und in jedem Fall fand er eine 'dumpfe' Stelle gerade über dem Nabel und auch über dem inneren Rand des Schulterblatts. Sogar bei sehr dicken Patienten mit dicken Bauchdecken war er in der Lage, einen leicht dumpferen Ton zu hören, wenn sie nach Westen gerichtet waren, als bei Nord oder Süd.

Eigentlich überflüssig zu sagen, dass er – sozusagen als Kontrolle – auch gesunde Leute abklopfte und den dumpfen Ton nicht finden konnte.

Er folgerte daraus, dass eine spezifische 'Strahlung' aus den Atomen der Moleküle des Krebsgewebes gewisse Gruppen von Nervenfasern beeinträchtigen müsse und dadurch ein Muskelkontraktions[6]-Reflex ausgelöst würde, den er durch das Abklopfen der Bauchdecke erfasst hatte. Wenn diese 'Strahlung' Nervenfasern des Patienten beeinträchtigen konnte – so

6 Muskelkontraktion = Zusammenziehung, Anspannung des Muskels

fragte er sich – *warum könnte das nicht auch einen ähnlichen Effekt auf Nervenfasern von jemand anderem haben?*

Um diese Frage zu beantworten, baute er eines der bemerkenswertesten und wichtigsten Experimente der Medizingeschichte auf.

Von seinen Medizinstudenten wählte er den Gesündesten aus. Er war zwanzig Jahre alt, von perfekter Körperstatur und Physis, aufgeweckt, wohlauf und mit all seinen Nervenreflexen in perfektem Gleichgewicht. Seine Bauchdecke war weder fleischig noch schlaff und unter Abrams' Abklopfen normal resonant, ob er nach Nord, Süd, Ost oder West gestellt war.

Abrams bat den jungen Mann, sich nach Westen zu stellen und befestigte an seiner Stirn einen kleinen Behälter, in den ein kleines Stück eines bösartigen Tumors gegeben wurde, das gerade von einem Krebspatienten im Operationssaal abgeschnitten worden war.

Innerhalb von zwei Sekunden wurde der Abklopfton leicht dumpf und wurde dann so schnell so dumpf, dass Abrams auch einen Klumpen Plastik hätte abklopfen können.

Als er den jungen Mann nach Norden richtete, verschwand das Phänomen und der Bauch klang hohl. Richtete er ihn wieder nach Westen aus, kehrte die Dumpfheit zurück.

Als das Krebsmuster von der Stirn des Jungen weggenommen wurde, war die Resonanz so normal wie zuvor auch.

Dies war ein historischer Moment. *Zum ersten Mal in der Welt* (soweit bekannt ist) *produzierte ein enger Kontakt mit einem Krebsmuster von einer anderen Person bei einem gesunden jungen Mann eine wahrnehmbare Reflexreaktion. Mit anderen Worten: ein Stück erkrankten Gewebes in einem geschlossenen Behälter kann das Nervensystem einer gesunden Person beeinträchtigen.*

Diese erstaunliche Entdeckung – seither viele tausendmal verifiziert – war wirklich der Anfangspunkt des gesamten Systems der Radionikdiagnose, die sich daraus entwickelte.

Nicht viele Jahre zuvor, im Jahr 1897, hatte Sir J. J. Thompson das Elektron entdeckt und ein paar Jahre später hatte Sir Ernest Rutherford gezeigt, dass alle Atome aus einem zentralen Kern, der von einer 'Wolke' von Elektronen in ständiger Bewegung umgeben ist, bestehen. Abrams mit seinem Wissen über Physik war von diesen Entdeckungen tief beeindruckt und meinte, diese müssten in der Medizin angewendet werden. Schon 1914 schrieb er:

> Als Ärzte dürfen wir bei den jüngsten wissenschaftlichen Fortschritten nicht abseits stehen... die Gesetze der physikalischen Wissenschaften sind allgemein gültig und gelten für lebende Organismen und so genannte nicht belebte Dinge gleichermaßen. Die Theorie des Elektrons demonstriert die elektrische Natur der Materie.

Zwei Jahre später schieb er:

> Bei der Interpretation entscheidender Phänomene müssen wir tiefer als bis in die Zelle schauen, wie sie uns das Mikroskop zeigt. Die Zellen bilden eine Superstruktur und werden in ihrer Aktivität von physikalisch-chemischen Kräften gesteuert.

Mit diesen Gedanken im Kopf folgerte er, dass die Moleküle des erkrankten Gewebes einen Unterschied zum gesunden aufweisen und einen unterschiedlichen atomaren und molekularen Aufbau haben müssen. Folglich, so überlegte er, könnte diese mysteriöse 'Strahlung' aus dem erkrankten Gewebe aus einer abnormen Anordnung sich bewegender Elektronen im Krebsmuster stammen – im Unterschied zum normalen Elektronenaufbau in gesunden Zellen.

Diese Ideen ließen auf eine weitere Möglichkeit schließen: wenn die 'Strahlung' elektrischer Natur wäre, könnte sie vielleicht durch eine Leitung geschickt werden und Effekte am anderen Ende hervorrufen. Sofort entwarf Abrams ein Experiment, um herauszufinden, ob das möglich wäre.

In diesen komplizierten Tagen, als man bei jeder neuen elektronischen Entwicklung Instrumente und Ausrüstung einkalkulieren musste, die höchstwahrscheinlich mehrere tausend Dollar kosten würden, ist es interessant, sich ins Gedächtnis zu rufen, dass Abrams' nächste bahnbrechende Entwicklung weniger als einen Dollar gekostet haben muss – sechs Fuß normales Elektrokabel, dessen eines Ende an einer kleinen Aluminiumscheibe befestigt wurde und das andere an eine etwas größere Scheibe, die auf einen isolierten Handgriff montiert war.

Die kleine Scheibe wurde an der Stirn des jungen Mannes mit einem Gummiband befestigt und das andere Ende verlief hinter einen Schirm, wo ein Assistent - unsichtbar für Abrams und den jungen Mann – die Elektrode mit dem isolierten Handgriff hielt und das Krebsmuster griffbereit hatte.

Er wurde angewiesen, mit der Elektrode gegen die Decke zu deuten, während Abrams die Bauchdecke des jungen Manns abklopfte und den normalen Ton feststellte. Danach wurde der Assistent angewiesen, die Elektrode unmittelbar über das Krebsmuster zu halten, ohne Abrams zu sagen, wann er das tat.

Sobald die Elektrode über das Krebsmuster gehalten wurde, kam ein dumpfer Ton von der Bauchdecke. Wenn sie – ohne Abrams' Wissen – gegen die Decke zeigte, kehrte der resonante Ton zurück.

Dieses Experiment wurde vielmals wiederholt, und weil weder der junge Mann noch Abrams die Bewegungen des Assistenten sehen konnten, konnten sie auch unbewusst nicht davon beeinflusst sein. Der Assistent war jedoch in der Lage zu bestätigen, dass jedes Mal, wenn er die Elektrode über das Krebsmuster hielt, ein dumpfer Ton auf der Bauchdecke des jungen Mannes produziert wurde.

Es sollte erklärt werden, dass – mit Abrams' geübtem Abklopfen – eine Veränderung des Klangs quer durch den Raum oder sogar einen kleinen Hörsaal wahrgenommen werden konnte. So konnte der Assistent bestätigen, dass jedes Mal, wenn er die Elektrode von Abrams unbemerkt über das Muster hielt, ein dumpfer Ton und jedes Mal, wenn er zur Decke deutete, ein resonanter Ton kam.

Ermutigt versuchte Abrams ein weiteres Experiment. Er stellte zwei Patientinnen – eine mit einem Brustabszess, die andere mit Brustkrebs –, hinter den Schirm. Als der Assistent die Elektrode über die Brust mit dem Abszess hielt, gab es keine Veränderung im Ton. Wenn er sie aber über die verkrebste Brust hielt, erhielt Abrams den gleichen Ton wie vom Krebsmuster. Unnötig zu sagen, dass er alles so arrangierte, dass weder er noch der junge Mann wissen konnte, über welche Brust die Elektrode gehalten wurde.

Diese Experimente waren in zweifacher Hinsicht historisch. Sie demonstrierten, dass 'Strahlung' eine Leitung entlang verlaufen und das Nervensystem des jungen Mannes am anderen Ende beeinträchtigen konnte; und sie waren die erste experimentelle Diagnose durch die 'Elektronische Reaktion von Abrams'.

4

Abrams' nächste Experimente folgten logischerweise. Wenn ein Krebsmuster das Nervensystem eines gesunden jungen

Mannes beeinträchtigen konnte – von jetzt an 'Subjekt' genannt – war es nur folgerichtig anzunehmen, dass Muster anderer Arten von erkranktem Gewebe das Gleiche tun könnten.

Während der folgenden Tage sammelte Abrams Muster von Krankenhauspatienten, die an verschiedenen Krankheiten litten, um herauszufinden, ob seine Annahme korrekt war. Er folgte der gleichen Prozedur wie zuvor. Die kleine Elektrode wurde an der Stirn des Subjekts befestigt und der Assistent – hinter dem Schirm – hielt die große Elektrode am anderen Ende der Leitung – ohne Abrams' Wissen, wann er das tat – über das Muster und lauschte auf einen dumpfen Ton, während Abrams das Subjekt ständig abklopfte.

Abrams' erstes Experiment war mit tuberkulösem Gewebe. Dieses produzierte keinen dumpfen Ton im Gebiet über dem Nabel, wie es das Krebsgewebe getan hatte. Stattdessen kam ein dumpfer Ton aus der Gegend unter dem Nabel – genau so klar und definitiv wie der Ton vom Krebsmuster, aber an einer anderen Stelle auf der Oberfläche der Bauchdecke.

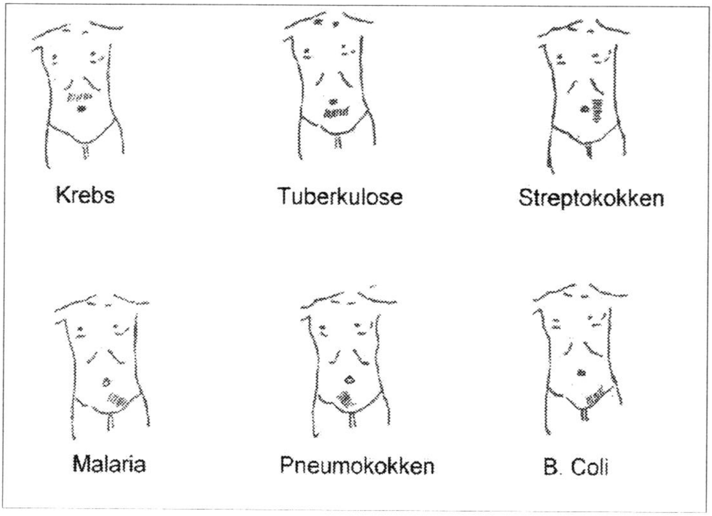

Abb. 1

Ein paar der wichtigsten Lokalisationen von Abrams' Diagnoseatlas. Die gestreiften Stellen bezeichnen das Gebiet, wo für die angegebene Erkrankung der dumpfe Ton zu hören ist.

Nach vielen sorgfältigen und methodischen Experimenten war Abrams in der Lage festzustellen, dass Muster von Patienten, die an bestimmten Krankheiten litten, dumpfe Töne an spezifischen Stellen der Bauchdecke hervorriefen. Einige davon sind in Abb. 1 zu sehen.

Diese sahen auf den Zeichnungen eindeutig genug aus, aber einige waren in der Tat schwierig zu finden und wären vielleicht für jemand nicht so fähigen und geduldigen wie Abrams nicht zu finden gewesen. Zum Beispiel war die Stelle, die einen dumpfen Ton aufgrund von Malaria hervorbrachte, ein kleiner Fleck, nur 1¼ Zoll im Durchmesser, zwei Zoll unter und zwei Zoll links vom Nabel des Subjekts.

Dies sah nach einer viel versprechenden Diagnosemethode aus, bis Abrams das Muster eines Patienten, der an Syphilis litt, testete. Zu seinem Erstaunen und seiner Beunruhigung verursachte dies einen dumpfen Ton *an genau der gleichen Stelle, wo es das Krebsmuster getan hatte – und nirgendwo sonst*.

Eine Weile verwirrte Abrams dieses Geheimnis und er prüfte und überprüfte seine Ergebnisse. Er hatte das gefunden, nach dem er Ausschau gehalten hatte – ein Mittel, um die 'Strahlung' zu messen, die – so glaubte er – von einer gewissen abnormalen Anordnung der Elektronen im erkrankten Gewebe abgestrahlt wurde. Das sensitive Instrument, das er gesucht hatte, erwies sich als das menschliche Nervensystem. Aber – offensichtlich – wäre dies für eine Diagnose nutzlos, wenn er nicht einen Weg fände, die eine Krankheitsform von der anderen unterscheiden zu können, wenn zwei verschiedene Krankheiten an der gleichen Stelle einen dumpfen Ton produzierten.

Plötzlich fiel ihm eine Lösung ein. Wenn – so meinte er – die 'Strahlung' aus erkranktem Gewebe elektrischen Ursprungs war, sollte es möglich sein, zwischen einer 'Strahlung' und einer anderen mit elektronischen Methoden zu unterscheiden; und das einfachste und naheliegendste war, dies mit einem variablen elektrischen Widerstand zu versuchen.

In seinem Labor stand ein altmodischer variabler Widerstandskasten. Er hatte drei Knöpfe, mit Kontaktblättern aus Messing, die den Kontakt zu drei Manschettenbögen herstellten. Diese Manschetten waren mit drahtgewundenen Widerständen in dem Kasten verbunden. Mit drei Kontaktblättern und 61 Manschetten war es möglich, akkurat einen Widerstand in Ohm zu messen.

Den Könnern der modernen Elektronik wird Abrams' nächstes Experiment kindisch vorkommen. Er schnitt die sechs Fuß lange Leitung in zwei Hälften und verband die abgeschnittenen Enden mit den Anschlüssen seiner Widerstandsbox. Dann wiederholte er seine Tests mit diesem variablen Widerstand im Messkreis zwischen der Elektrode an der Stirn des Subjekts und der Elektrode, die vom Assistenten hinter dem Schirm gehalten wurde.

Während Abrams das Subjekt abklopfte, drehte der Assistent mit einer Hand die Knöpfe, wobei er mit der andern die Elektrode über das Muster hielt. Zuerst trat keine Reaktion auf – der Widerstand schien die 'Strahlung' blockiert zu haben; Abrams war entzückt.

Unerwartet gab der Assistent 50 Ohm in den Schaltkreis und sofort war der gewohnte dumpfe Ton von der Krebsstelle auf der Bauchdecke des Subjektes zu hören. Mit 49 oder 51 Ohm im Schaltkreis verschwand der Ton, obwohl er mit 30 Ohm schwach wahrnehmbar war.

Dies war etwas, was man nun als Durchbruch bezeichnen konnte; ein gewöhnlicher variabler Widerstand machte es möglich, zwischen Reaktionen verschiedener Erkrankungen zu unterscheiden.

Zum Beispiel, obwohl Krebs und Syphilis an der selben *Stelle* eine Reaktion produzierten, war das bei Krebs nur bei 50 Ohm im Schaltkreis der Fall – keines mehr oder weniger – und Syphilis produzierte nur bei 55 Ohm eine Reaktion. Es war sogar möglich, zwischen Sarkomen und Krebs zu unterscheiden, denn ein Sarkom produzierte nur bei 58 Ohm eine Reaktion.

Mit unaufhörlicher Arbeit und verbissener Geduld verfolgte Abrams seine Entdeckung in den darauf folgenden Monaten und Jahren. Von tausenden von Experimenten stellte er ein Buch zusammen, das er den *Atlas* nannte, in dem er die entsprechenden Diagnosestellen auf der Bauchdecke und den Widerstand in Ohm aufschrieb, mit dem man alle wichtigen Erkrankungen diagnostizieren konnte.

Sein nächster großer Durchbruch war die Entdeckung, dass ein Blutstropfen eines Patienten die gleiche definitive Reaktion im Subjekt hervorrufen konnte wie ein Stück erkrankten Gewebes. Blutstropfen werden heute allgemein verwendet und einige Praktiker nennen sie 'Muster'.

Danach verwendete Abrams normalerweise Blutstropfen auf sauberem Filterpapier, das er in einem von ihm erfundenen Gerät, das er 'Dynamisierer' nannte und das eigentlich ein Kondensator war, platzierte. Es war ein kreisförmiger Behälter aus Hartgummi, ungefähr drei Zoll im Durchmesser, an dessen Basis zwei Elektroden mit der Erde verbunden waren. Der Deckel bestand aus Aluminiumscheiben mit Schichten von Glimmer dazwischen.

Ein Draht vom Deckel wurde mit der Widerstandsbox verbunden und diese mittels eines Abgriffs mit einer Punktelektrode, mit der der Patient oder ein Assistent die präzise Stelle der Erkrankung lokalisieren konnte. Abb. 2.

Abrams fand heraus, dass der Dynamisierer die Reaktion verstärkte. Diese konnte noch klarer und definitiver gemacht werden, wenn das Subjekt auf zwei geerdeten Aluminiumplatten stand.

Um äußerste Genauigkeit zu erreichen, besorgte er die teuerste und präziseste variable Wiederstandsbox, die gebaut werden konnte – wie der Autor von einem Mann erfuhr, der sie herstellte. Unter Elektronikexperten gab es einigen Streit, ob Abrams nur die reinen Ohm'schen Widerstände benutzte oder ob auch die Induktivitäten aus seinen Wickelwiderständen eine Rolle spielten. Aber dies ist, wie wir noch sehen werden, rein akademisch, weil moderne Radionikanwender ganz andere Instrumente benutzen.

Wie viel Induktionswiderstand auch immer in der Widerstandsbox gewesen sein mag, die Abrams benutzte, es waren Standardbauteile, die in jedem Physiklabor gefunden werden können. Es gab kein Geheimnis um sie, wie jeder, der sich die Mühe machte, den Deckel abzuschrauben, für sich selbst entdecken konnte. Aber jemand nannte sie 'magische Kisten' und der Name blieb. Und später behauptete ein falsch informierter Kritiker, Sir Thomas Horder, öffentlich, dass die Instrumente 'plump konstruiert seien'.

Um seinen Kritikern gegenüber fair zu sein, die von Abrams entdeckten Phänomene waren geheimnisvoll genug. Aber er selbst vergrößerte die Aura des Geheimnisvollen, das sie umgab, durch seine arglose Angewohnheit, fremdartige Namen für die Ausrüstungsgegenstände zu erfinden, die er entwarf. Er nannte diese gewöhnliche variable Widerstandsbox 'Reflexophon' und, wie wir gerade gesehen haben, nannte er einen einfachen Kondensator 'Dynamisierer'. Noch bemerkenswertere Namen kommen noch, zum Beispiel 'Sphygmobiometer' oder 'Sphygmophon', als sein fruchtbarer Geist weitere Ausrüstungsgegenstände entwarf.

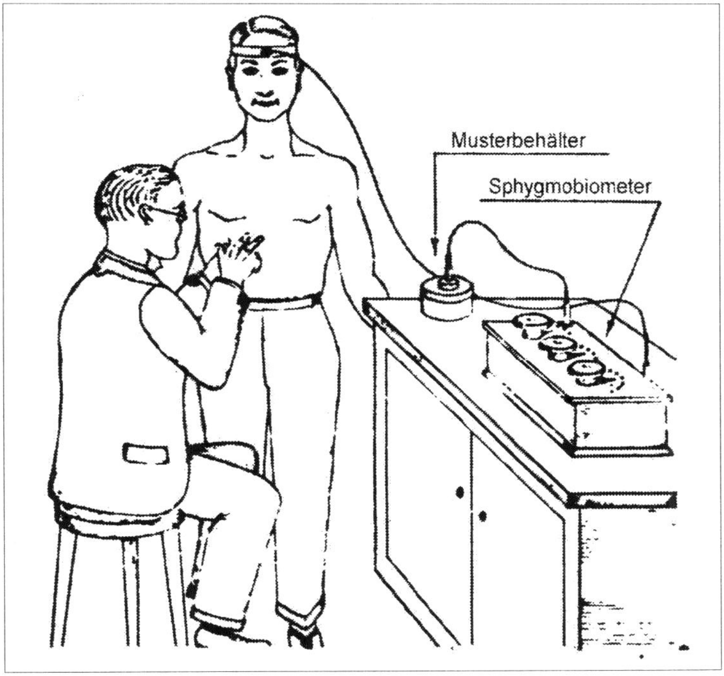

Abb. 2
Abrams Diagnosegerät in Verwendung, wobei die Bauchdecke des Menschen als Detektor dient. Die automatische Reflexbewegung des Magens wurde durch Abklopfen wahrgenommen.
(mit freundlicher Genehmigung der Delawarr Laboratorien)

Natürlich musste er diese Teile irgendwie benennen, um sie zu identifizieren. Aber die ungewöhnlichen Namen, die er auswählte, verstärkten unzweifelhaft den Argwohn seiner Kritiker.

Die Reaktion, die er entdeckt hatte, 'elektronisch' zu nennen, vergrößerte das Geheimnis und das Misstrauen, weil dies die 'Steinzeit' der Elektronik war und nur wenige Leute etwas über Elektronen wussten oder darüber, was sie taten. Sir John Fleming hatte die Vakuumröhre nicht vor 1905 erfunden und es war noch einige Zeit später, als Lee de Forest eine Röhre entwickelte, die verstärken konnte. Es sollten noch viele Jahre vergehen, bis zuverlässige und einheitliche Vakuumröhren allgemein erhältlich waren und Radios Allgemeingut. Es ist deshalb nicht zu viel, zu sagen, dass eine Aura von Geheimnis und Magie in Bezug auf die embryonale Kunst der Elektronik selbst bestand.

All dies jedoch entschuldigt nicht diejenigen, die Abrams kritisierten, ohne sich die Mühe zu machen, seine Reaktionen für sich selbst zu erforschen, etwas, das sie leicht hätten tun können.

5

Obwohl Abrams selbst die Mittel gefunden hatte, die mysteriöse 'Strahlung' aus erkranktem Gewebe oder Blut zu erkennen und zu unterscheiden, hoffte er immer, etwas rein elektronisches zu finden, das das menschliche Subjekt unnötig machen würde. Denn gute Subjekte waren kaum zu finden, teuer zu bezahlen und nach zwei Stunden Abklopfen erschöpft, wenn die Reaktionen schwächer oder unzuverlässig wurden. Abrams war auch bewusst, dass sich nicht alle Ärzte seine Fähigkeit im Abklopfen aneignen konnten.[7]

---

7 Diejenigen, die das nicht konnten, benutzten eine andere Technik. Abrams hatte herausgefunden, dass, wenn ein Glasstab fest in der Hand gehalten über die Bauchdecke gezogen wurde, dieser über dem Reaktionsgebiet hängen blieb. Der Autor, der nicht abklopfen konnte, versuchte das bei verschiedenen Gelegenheiten und bemerkte, dass sich die Haut des Subjekts über dem Reaktionsgebiet zu kräuseln schien. Wer abklopfen konnte bevorzugte jedoch diese Methode.

Bis zu seinem Tode finanzierte er deshalb die Forschung einiger der führenden Elektronikexperten dieser frühen Zeit. Aber sogar ein ausgelobter Preis von 10.000 Dollar – eine Menge Geld in jenen Tagen – schaffte es nicht, einen effektiven elektronischen Detektor zu bauen; nichts konnte das menschliche Nervensystem ersetzen.

Während die Forschungen fortgesetzt wurden, hielt Abrams nach Wegen Ausschau, die 'Strahlung' der Erkrankung zu bekämpfen oder zu neutralisieren. Er war schließlich durch zwei faszinierende Entdeckungen dazu in der Lage:

Er hatte herausgefunden, dass ein Muster von Chinin exakt die gleiche Reaktion beim Subjekt hervorrief wie Malaria; und dass er, wenn er das Blut eines Malariapatienten *zusammen* mit ein paar Gramm Chinin testete, gar keine Reaktion erhielt. Er hatte ähnliche Ergebnisse mit Quecksilber, das als Spezifikum gegen Syphilis angesehen wurde. Dieses produzierte die gleiche Reaktion wie Syphilis und, wenn es zusammen mit syphilitischem Blut getestet wurde, wurde die Reaktion gelöscht. Es scheint daher, dass diese Medikamente die 'Strahlungen' der Krankheiten neutralisieren, bei denen sie zur Heilung verwendet werden; und dass es weitere neutralisierende 'Strahlungen' geben könnte, die den gleichen Effekt hätten, wenn sie nur gefunden werden könnten.

Er hatte beobachtet, dass alle 'Strahlungen' durch das Magnetfeld der Erde neutralisiert werden können – er konnte keine Reaktion bekommen, wenn das Subjekt nicht nach Westen gerichtet war. Es erschien ihm deshalb so, dass künstliche elektromagnetische Felder dazu in der Lage sein könnten, den abnormalen Strahlungen im Patienten entgegenzuwirken und so die Krankheit zu heilen.

Um zu prüfen, ob das möglich wäre, verpflichtete er einen talentierten Erfinder, Samuel Hoffman, und zusammen entwarfen sie ein bemerkenswertes Stück Ausrüstung, den Abrams 'Oszilloklast' nannte. Dies war das Instrument, das Abrams und seine Schüler viele Jahre lang – mit großem Erfolg – bei der *Behandlung* von Krankheiten benutzten.

Wie man erwarten konnte, ähnelte der 'Oszilloklast' keinem normalen elektronischen Apparat und erregte den Argwohn der Experten. Andere Kritiker belächelten ihn als eine weitere magische 'Schwindelkiste' mit geheimem Inhalt. Tatsächlich gab es jedoch kein Geheimnis um den schlichten Inhalt. Kurz gesagt, der 'Oszilloklast' setzte den Patienten ungefähr 200 negativen elektrischen Ladungen pro Minute aus und dazwischen elektromagnetischen Pulsen auf der Radiofrequenz.

Im Schaltkreis zwischen 'Oszilloklast' und der am Patienten befestigten Elektrode befand sich eine Widerstandsbox mit zehn verschiedenen Schaltungen, welche die entsprechende 'Behandlungsrate' für den Patienten setzten. Während der Behandlung – normalerweise jeweils eine Stunde lang – fühlte der Patient nichts. Dies war zu erwarten, vergrößerte aber den Verdacht der Kritiker.

Es konnte keine Erklärung dafür gefunden werden, wie Abrams und Hoffman zu diesem speziellen Entwurf gekommen waren - das musste eine lange Zeit und zahllose Experimente in Anspruch genommen haben. Wie sie das jedoch auch immer gemacht haben, es erreichte ihr Ziel und erwies sich bei der Behandlung vieler Krankheiten als hoch effektiv. Es wäre sinnlos, eine Erklärung der Theorie seiner Funktion zu versuchen, denn im Licht dessen, was heute bekannt ist, wäre Abrams selbst der erste, der sie modifiziert hätte.

Es ist eigentlich erstaunlich, dass der 'Oszilloklast' so effektiv war, denn die moderne Radionik gibt ihre Behandlungen mit ganz anderen Geräten, von denen die meisten keinen elektrischen Strom benötigen.

Der 'Oszilloklast' war jedoch so erfolgreich, dass er das Interesse der Öffentlichkeit – und das angstvolle Misstrauen der Medizinberufe – auf beiden Seiten des Atlantiks erweckte.

Kapitel Zwei

Weitere Entwicklungen

Wissenschaftliche Theorien werden immer zerschmettert und hinweggefegt; und der Wissenschaftler, der bei der Geburt seiner Theorie den Vorsitz inne hat, könnte sie am Tag darauf zu Grabe tragen....

Durch den Verlauf der Jahrhunderte ist posthume Verherrlichung oftmals die Erbschaft zeitgenössischer Verfolgung.

Albert Abrams

1

Sogar der unermüdliche, hart arbeitende Abrams hatte das Bedürfnis nach gelegentlicher Entspannung; und seine Art, Spaß zu haben, bestand normalerweise darin, abwegige Experimente zu machen, einige davon fantastisch. Diese brachten einige eigenartige und wundervolle Ergebnisse hervor, die er höchst unklugerweise veröffentlichte.

Zu denjenigen, die seine Integrität oder seine übergenauen Experimentaltechniken nicht schätzten, vergrößerte sich hierdurch natürlich das, was man heute als 'Glaubwürdigkeitslücke' bezeichnen würde, und dies trug nichts dazu bei – milde ausgedrückt –, Akzeptanz für sein Hauptwerk zu sammeln, die Erkennung und Heilung von Krankheit. Tatsächlich ermunterten seine mehr exotischen und dogmatischen Erklärungen seine Kritiker zu weiterem spöttischem Gekläff.

Bevor wir mit der Geschichte fortfahren, sollten wir einige dieser Erkenntnisse vor dem Vergessen retten – auch auf die Gefahr hin, eine weitere 'Glaubwürdigkeitslücke' für einige Leser zu öffnen. Denn sie sind nicht nur selbst interessant, auch die Wahrscheinlichkeit ihres Verstandenwerdens und ihrer Wertschätzung ist in diesen Tagen größer, da so viele mit parapsychologischer Forschung befasst sind.

Es ist tatsächlich möglich, dass sie nützliche Hinweise für einige Anwender bieten könnten und diese damit in Versuchung führen, Abrams' Experimente zu wiederholen.

Einige von Abrams' Entdeckungen sind wirklich nicht seltsamer als einige der Dinge, die russische Wissenschaftler seit Jahren demonstrieren, wenn auch die Nachrichten erst seit kurzem in den Westen durchsickern. Während die westliche Wissenschaft sich ängstlich fragt, ob sich parapsychologische Forschung lohnt, befassen sich prominente russische Wissenschaftler – mit der finanziellen Unterstützung der Sowjetregierung – schon lange aktiv mit der Suche nach praktischen Anwendungen der Parapsychologie. Wenn Abrams heute leben würde, würde er in der UdSSR herzlich aufgenommen werden, wie kritisch seine westlichen Kollegen auch sein mögen.

Die folgenden Beispiele von Abrams' Entdeckungen sind zufällig ausgewählt, die ersten fünf aus *The Detection of Disease*[8] von Parkes und Perkins und der Rest aus Abrams' eigenem Werk *New Concepts*[9]. Sie sind nicht speziell nach Wichtigkeit sortiert und jene aus Abrams' Werk sind mehr oder weniger wortgetreu in seinem eigenen unzusammenhängenden Stil zitiert (Kursivschrift und Kommentare in Klammern vom Autor).

> Ein dumpfes Gebiet über der inneren Grenze des linken Schulterblatts kann bei Krebspatienten dann wahrgenommen werden, wenn sie nach Westen gerichtet *und ihre Arme ausgestreckt* sind.

8 Die Erkennung von Krankheit
9 Neue Konzepte

Magenreflexe sind in einem abgedunkelten Raum deutlicher.

Einige Magenreflexe (MR) können modifiziert, verstärkt oder abgeschwächt werden, indem man den einen oder anderen Pol eines kräftigen Stabmagneten an *das zu begutachtende Patientenmuster* annähert. Die MR für Krebs zum Beispiel können verstärkt werden, indem man den Südpol des Magneten an das Krebsmuster annähert.

'Strahlung' aus der Gummigutt-Farbe kann den Tuberkulose MR eines Subjekts über eine Entfernung von mehreren Fuß[10] neutralisieren.

Medikamente in homöopathischer Verdünnung können mit dem MR erfasst und identifiziert werden.

Eine unendlich kleine Menge Radium, das von einem Elektroskop auf 30 Zoll[11] erkannt wird, produziert MRe über eine Distanz von 30 Fuß.

Das Subjekt darf kein gelbes Material tragen oder Nahrungsmittel dieser Farbe gegessen haben. Abgedunkeltes Licht ohne farbige Schatten ist für MR notwendig (irgendwo anders behauptet Abrams, dass die Farbe Gelb einen Reflex erzeugt).

Zwei Stunden erschöpfen die Reflexe des Subjekts. Aber ein erschöpfter Reflex kann wiederbelebt werden, indem man einen großen Hufeisenmagneten einige Minuten lang gegen den siebten Wirbel hält.

---

10 1 Fuß = 0.3 Meter

11 1 Zoll = 2.54 Zentimeter

Atropin, 0.001 g, eliminiert die MR für drei Stunden.

Ein Magnet in der Nähe des Magens, der Leber oder des Herzens wird den MR hervorrufen.

Erdmagnetismus kann den MR verändern. Wenn ein Subjekt *exakt* auf dem magnetischen Meridian steht, wird der MR von selbst hervorgerufen, ob das Subjekt nach Nord oder Süd ausgerichtet ist. Sonst *muss* das Subjekt nach Westen ausgerichtet sein, damit der MR hervorgerufen werden kann.

Das Subjekt sollte auf geerdeten Aluminiumplatten stehen. Aluminium verstärkt menschliche Energie. Das Subjekt darf nicht über Wasser- oder Gasleitungen im Boden stehen, weil sonst spontane MR auftreten (Dies wird Rutengänger interessieren.)

Der MR kann mit ausgestreckten Fingern bis zu zwei Zoll vom Subjekt entfernt ausgelöst werden. *Während eines Denkvorgangs wird die Energie verstärkt* und der MR kann mit ausgestreckten Fingern über enorme Entfernungen hervorgerufen werden.

Die Energieabstrahlung von den Fingern wird durch intensives Denken vermehrt. Der Psychologe kann sich dies zunutze machen und so die Gehirntätigkeit einschätzen.

Gedanken bringen Energie hervor, deren Gegenwart man durch den MR zeigen kann. Diese Energie zeigt sich nicht, wenn das Gehirn als Ganzes funktioniert, *wenn nicht die beiden psychomotorischen Regionen mit einem rot gefärbten Material abgedeckt werden.*

Purpur auf irgendeinem Teil des Körpers verhindert die Abstrahlung von Energie.

Um Energieverlust zu minimieren, sollte man die psychomotorischen Regionen durch einen Metallstreifen über dem Kopf kurzschließen.

Rot auf dem Kopf verstärkt den Output psychischer Energie. (Psychologen und Romanschriftsteller könnten dies in Bezug auf die Psychologie von Rothaarigen in Betracht ziehen.)

Gelb auf dem Kopf verstärkt den Output körperlicher Energie (wenn Damen gelbe Hüte tragen, sind sie dann energetischer?).

Ein Pappkarton mit dünner Zinnfolie überzogen ist für menschliche Energie undurchdringlich (vermutlich physische Energie).

Eine Position mit dem geringsten Energieverlust ist mit dem Kopf nach Norden liegend (schlechte Schläfer könnten das notieren).

Wenn ein 'launischer' Mann seine Finger der *linken* Hand gegen das Subjekt ausstreckt, erzeugt das einen MR. Wenn eine 'launische' Frau die Finger ihrer *rechten* Hand ausstreckt, geschieht das selbe. (Dies bringt einen auf den spannenden Gedanken, dass Impresarios, die es mit herumfuchtelnden Diven zu tun haben, an Magenzuckungen leiden könnten...)

Dies sind nur einige der Entdeckungen aus *New Concepts*, die ein eindrucksvolles Bild von Abrams' vielseitigem, forschendem Geist und von der großen Reichweite und Sorgfalt seiner Experimente bieten.

2

Als Abrams die Magenreflexe entdeckte, war er der erste – und vielleicht der letzte – Mensch, der sie zur Demonstration dafür benutzte, dass 'Gedanken Energie hervorbringen'.

Diese Entdeckungen sind es wert, in größerem Detail zitiert zu werden, denn sie zeigen, dass Abrams der tatsächlichen Erklärung für die 'Strahlung', die er entdeckt hatte, sehr nahe kam. Denn es ist heute allgemein akzeptiert, dass die 'Strahlungen' nicht elektrisch – wie der Begriff normalerweise verstanden wird – sondern die Manifestation einer Energie von der gleichen Art wie Gedanken sind, wie wir später noch sehen werden.

Wie gerade angemerkt entdeckte Abrams, dass er keinen Magenreflex hervorrufen konnte, wenn nicht beide psychomotorischen Regionen des Gehirns mit einem rot gefärbten Material abgedeckt waren. 'Ohne diese Farbe', schrieb er, 'ist es unmöglich den Bauchdeckenreflex hervorzurufen.' Und man fragt sich, wie in aller Welt er auf diese bemerkenswerte Tatsache gestoßen ist – nicht vielen Leuten wird es einfallen, ihren Kopf mit rotem Stoff zu bedecken:

> Wenn das erste Subjekt in einem Raum mit geschlossenen Türen [so fährt er fort] und das andere Subjekt in einem anderen Raum ist, kann die Energie der Gedanken von Letzterem zum Ersteren über 40 oder mehr Fuß[12] übertragen werden, wie sich durch die Dumpfheit des Magens beim ersten Subjekt zeigt. Psychische Energie durchdringt Metall und alle so weit ausprobierten Materialien.
>
> Ärger und Gefühle bringen eine Energie hervor, die über eine Distanz von 80 oder mehr Fuß übertragen werden kann.

12 40 Fuß = ca. 12 Meter

Die latente Kraft psychischer Energie ist feststellbar durch die Intensität und Dauer der Magendumpfheit und die Entfernung des Subjekts von der Person mit dem Gedanken. Die Position des Empfängers in Bezug auf die mit dem Gedanken befasste Person hat keine Bedeutung, aber der Empfänger *muss stehen*, um die Magenreaktion hervorzubringen.

In meinen Experimenten wurde die mit Gedanken befasste Person instruiert, Beispiele mentaler Arithmetik durchzuführen ....

Farbe beeinflusst die Übertragung psychischer Energien, was bemerkt werden kann, wenn die mit Gedanken befasste Person große gefärbte Gelatineblätter vor ihren Kopf hält. Grün und Violett behindern die Energiepassage, wohingegen Blau und vor allem Gelb die Aktion der Energie intensivieren, wie sich in der Intensität und Dauer der Magendumpfheit zeigt. Licht, das durch ein gelbes Medium auf den Kopf einwirkt, minimiert die psychische Aktivität....

> Einige Schriftsteller arbeiten verhältnismäßig besser, wenn Wärme und Licht intensiver sind. Einige können im Dunkeln nicht gut denken. Rot regt manche Individuen und die meisten Tiere an.... Es gibt einen Grund für die Vorgänge. Elektrisches Licht, auf eine Kopfseite gestrahlt, stimuliert wie ein Schlag und regt den Magen zum Zusammenziehen an. Auf das Kopfzentrum gerichtet ist es negativ. Licht durch ein rotes Medium auf den Kopf gestrahlt war negativ, wenn es nur einseitig auf den Kopf traf, produzierte aber eine kräftige Kontraktion, wenn es auf das Kopfzentrum gerichtet war.
>
> Psychische Energie kann auf andere übertragen werden (wie durch Magendumpfheit feststellbar war), wenn der Kopf mit einem roten Material bedeckt ist oder *wenn letzteres vor den Magen des zweiten Subjekts gehalten wird...*
>
> Wenn rotes Papier... über den Kopf eines intelligenten Hundes gelegt wird, zeigt der Magen des in der Nähe des Hundes stehenden Subjekts Dumpfheit, die verfliegt, wenn das gefärbte Material entfernt wird.

Obwohl Abrams mit seiner Behauptung Recht hatte, dass 'Gedanken eine Energie hervorbringen', ist es unwahrscheinlich, dass diese Experimente eine direkte Gedankenübertragung im akzeptierten Sinn zeigen. Und zwar deshalb, weil die Gedankeneffekte auf das Subjekt mit zunehmender Distanz schwächer werden; und in neuerer Zeit Forscher wie Professor Vasiliev herausgefunden haben, dass bei der Übertragung von Gedanken vom *Geist* einer Person zum *Geist* einer anderen Entfernung keinen Unterschied macht. Aber diese Experimente sind wichtig, weil sie zeigten, dass die Gedanken einer

Person die Magenreflexe einer anderen Person in einem anderen Raum 'durch geschlossene Türen und über eine Entfernung von 40 oder mehr Fuß' auslösen können. Und er beobachtete: „Psychische Energie durchdringt Metall und alle anderen Medien, die soweit getestet wurden.“ - was Professor Vasiliev später bestätigte.

Viele Jahre später, 1948, entdeckte Dr. Leonard J. Ravitz jr., dass Gefühle Effekte – messbar in Millivolt – im elektrodynamischen Feld des menschlichen Körpers produzieren (siehe Kapitel 10). Es scheint deshalb möglich, dass eine Veränderung im Feld einer Person, die denkt, einen Magenreflex in Abrams' Subjekt auslöste. Wenn das so ist, dann ist es bemerkenswert, dass dies auch auf solche Distanz möglich war.

Vermutlich brachten seine seltsamen Experimente mit farbigen Schirmen und Material Abrams auf die Idee, dass farbiges Licht für die Diagnose nützlich sein könnte, obwohl eine Quelle aussagt, dass ihm dies zuerst von einem Dr. McManus, einem Osteopathen aus Kirksville, Missouri, vorgeschlagen wurde.

Woher auch immer die Idee stammt, Abrams fand heraus, dass er den Magenreflex verschiedener Erkrankungen intensivieren oder verstärken konnte, indem er das entsprechende Farblicht auf einen Teil des Diagnoseschaltkreises scheinen ließ. Er tat dies, indem er in den Schaltkreis einen geschlossenen Kasten anschloss, durch den eine Leitung verlief, die mit verschiedenfarbigen Glühlampen beleuchtet werden konnte. Ein Drehschalter auf der Oberseite des Kastens wählte die entsprechende Lampe aus.

Er fand zum Beispiel heraus, dass die Tuberkulosereaktion besser an seinem Subjekt wahrgenommen werden konnte, wenn die Leitung des 'Farbkastens' mit rotem Licht beleuchtet wurde. Reaktionen durch Staphylococcus waren stärker, wenn blaues Licht angeschaltet wurde, Streptococcus war bei grünem Licht stärker. Entzündung war leichter bei gelbem Licht zu messen, wohingegen bestimmte Bakterien und Toxine die stärkste Reaktion bei weißem Licht ergaben.

Ein 'Farbkasten' im Schaltkreis intensivierte also nicht nur die Reaktionen, sondern bot – in zweifelhaften Fällen – eine zusätzliche Methode der Unterscheidung zwischen Erkrankungen; und er war Teil der Standardausrüstung der frühen E.R.A.-Anwender.

Diese frühen Entdeckungen von Abrams könnten sich als mehr als von historischer Bedeutung erweisen, wenn moderne Experimentatoren sich die Mühe machen würden seine Experimente zu wiederholen und dazu in der Lage wären, die Gründe für die beobachteten Effekte zu finden. Denn eine Erklärung dieser seltsamen Phänomene könnte einige wertvolle Hinweise für Radionikanwender und Psychologen von heute bieten.

3

Es scheint, dass Abrams mehr als eine Art von 'Energie' oder Emanation vom menschlichen Körper gefunden hat. Er weist auf körperliche, psychische und Auraenergie hin; und die Unterscheidung zwischen diesen wird beim Lesen von *New Concepts* nicht allzu klar. Aber in jedem Fall liegt eine Diskussion jenseits der Kapazität dieses Buchs.

Einige andere Entdeckungen sollten jedoch erwähnt werden, weil sie für Radionikanwender von Interesse sein könnten, welche über die frühe Geschichte nichts gelesen haben.

Unter der Überschrift 'Verdichtung der menschlichen Energie' schreibt er: „Zu diesem Zweck erreicht man die besten Ergebnisse, wenn man eine Leidener Flasche verwendet, auch wenn andere Kondensatoren mehr oder weniger effizient sind. In jeder Leidener Flasche kann man normale oder pathologische menschliche Energie für ungefähr eine Stunde speichern, oder länger, wenn die Flasche speziell zur Leckminimierung konstruiert ist.“

> Vor nicht allzu langer Zeit sah ich eine weiter entfernt wohnende Patientin mit Brustkrebsverdacht. Die Energie dieses Gewächses wurde in einer speziell dafür konstruierten Flasche kondensiert und *acht Stunden* später zeigten Tests mit der kondensierten Energie die elektronische Reaktion von Krebs, die später durch eine histologische Untersuchung bestätigt wurde.
>
> Undichtigkeit ist bei einem Papierkondensator vernachlässigbar. Lädt man ihn mit krebsiger Energie fünf Minuten lang auf, zeigt er ein Potenzial von 11½ Ohm und nach 24 Stunden 9 Ohm.

Abrams berichtet gleichermaßen, dass er ein gewöhnliches Blatt Papier mit der so genannten 'Schwingungsrate' eines Individuums aufladen konnte, wenn dieses seine Finger ungefähr eine Minute darauf presste. Er fand heraus, dass er zwischen verschiedenen Individuen durch nichts weiter als die verschiedenen von ihnen berührten Blätter Papier unterscheiden konnte, sogar noch nach mehreren Stunden.

Heutzutage verwenden Radionikanwender - mit ihrer empfindlicheren Messtechnik – Blutstropfen, Haare oder manchmal eine Unterschrift; und das Alter der Muster scheint kaum einen Unterschied auszumachen. Aber Abrams' Entdeckung, dass ein Papierkondensator 'menschliche Energie' für einige Stunden erhalten und einen charakteristischen Magenreflex auslösen kann, beinhaltet wichtige Implikationen und sei es auch nur für Studenten für sanitäre Einrichtungen und Hygiene.

So interessant diese Entdeckungen auch sein mögen, sie sind natürlich nicht annähernd so wichtig wie zwei weitere von Abrams. Diese waren Werkzeuge zur Messung der *Intensität* und der präzisen *Ortsbestimmung* oder Fokus im Körper.

Durch die Verwendung variabler Widerstände und/oder Induktivität konnte Abrams den Fortschritt der Erkrankung messen, wenn sie schlimmer wurde oder auf die Behandlung mit seinem 'Oszilloklast' reagierte. Er konnte den Fokus der Krankheit lokalisieren, indem ein Assistent mit einer Punktelektrode, die mit dem Ausgang des 'Dynamisierers' verbunden war, über den Körper des Patienten fuhr. Wenn die Elektrode dem Ort der Infektion am nächsten war, erhielt Abrams beim Subjekt einen Magenreflex.

Abrams fand heraus, dass er die Existenz einer Erkrankung in einem Patienten in einem sehr frühen Stadium aufdecken – und deren Schwere messen – konnte, bevor irgendwelche *körperlichen* Symptome wahrnehmbar waren. Dies war eine der außergewöhnlichen Vorteile seiner Methode wie auch der modernen Radionik. Denn offensichtlich ist, je eher die Krankheit erkannt werden kann, desto größer die Chance, 'sie im Keim zu ersticken' bevor sich schwere körperliche Symptome entwickeln. Und für die Behandlung ist es offensichtlich wichtig, den Herd der Infektion oder das erkrankte Gewebe lokalisieren zu können.

Dr. Perkins berichtet, dass Abrams eine tragische Erfahrung machte, als er eine schwache Krebsreaktion bei seiner eigenen Frau erhielt. Es konnte kein Tumor getastet werden, weil es sich nur um eine beginnende Tendenz handelte. Die lokalisierende Elektrode jedoch zeigte an, dass das Gebiet der Erkrankung für das Messer eines Chirurgen unerreichbar und für die Möglichkeiten jener Tage nicht zugänglich war.

Zu dieser Zeit hatte Abrams seinen 'Oszilloklast' noch nicht entworfen und war nicht dazu in der Lage, seiner Frau irgendwie zu helfen, als ihr Blut über die Jahre ständig steigende Intensitäten von Krebswerten aufwies, obwohl sie sich wohl zu fühlen *schien*. Schließlich starb sie jedoch an dem Krebs, den ihr Mann *zehn Jahre zuvor* bei ihr diagnostiziert hatte, ohne etwas tun zu können, um ihn abzuwehren.

Als er seinen Nachgraduiertenkurs in den Abrams-Methoden besuchte, erlebte Dr. Perkins selbst ein dramatisches Experiment, das einen glücklicheren Ausgang hatte:

Ein Kollege, der auch den Kurs besuchte, bat Abrams, ihn vor der Klasse zu diagnostizieren, weil er Schmerzen in seiner Brust hatte. Abrams warnte ihn, dass ihn das Ergebnis in Verlegenheit bringen könnte, und bot an, ihn privat zu untersuchen. Aber der Doktor versicherte ihm, dass ihn nichts in Verlegenheit bringen könnte, da er niemals eine Geschlechtskrankheit gehabt hätte, und gab Abrams ein Blutmuster.

Fast sofort bekam Abrams eine starke Reaktion auf Syphilis und als er dies dem Arzt mitteilte, war der wütend und schrie:

„Halt, Doktor! Das ist alles Quatsch! Es schert mich nicht, was Ihre Reaktionen sagen! Ich sage Ihnen, ich hatte das nie!“

„Meine Arbeit ist also Quatsch?“, brummte Abrams, 'der kleine Vulkan' war kurz vor dem Ausbruch. „Ich sage Ihnen, ob Sie es von einem Mann oder einer Frau aufgeschnappt haben und die Infektionsstelle.“

Zum Erstaunen der Klasse ließ Abrams seinen Assistenten die Schalter auf 'Geschlechtskombination' stellen und klopfte die eine Seite der Bauchdecke des Subjekts ohne Erfolg ab. Als er aber die andere Seite abklopfte – 'das männliche Gebiet' – bekam er einen dumpfen Klang.

„Er erwischte es von einem Mann“, gab Abrams bekannt. „Nun müssen wir herausfinden, wo es ihn erwischte. Versuchen wir zuerst die Hände – Mediziner werden oft an den Händen infiziert.“

Er stellte den wütenden Arzt auf die Metallplatten und lokalisierte mit der Elektrode, wobei er auf jeden Finger einzeln deutete. Als er auf das Ende des Mittelfingers der linken Hand deutete, bekam Abrams eine Reaktion und fand bei der Untersuchung des Fingers eine Narbe.

„Sie haben mich, Doktor Abrams!“ gab sein Patient zu. „Ich verletzte diesen Finger mit einer Nadel, als ich einen Mann nach einer Operation zunähte, und er heilte eine beachtliche Zeit nicht zu. Ich hätte nie gedacht, dass es Schanker wäre!“

Als er die Elektrode über die Brust des Patienten hielt, bekam er eine weitere Reaktion und diagnostizierte Syphilis der Aorta. Aber er beruhigte den ängstlichen Arzt mit den Aussichten einer Heilung und veranlasste ihn, mit der Behandlung sofort zu beginnen.

Es war sein Glück, dass Abrams ihn diagnostizierte. Sonst wäre es ihm ständig – vielleicht irreparabel – schlechter gegangen, ohne dass er gewusst hätte, was mit ihm nicht stimmte.

In diesem kurzen Abschnitt lassen sich nur ein paar von Abrams' Entdeckungen im Verlauf vieler Jahre unzähliger Experimente von großer Vielfalt und Vorstellungskraft schildern. Denn er erlaubte sich nur wenig Ruhe und weigerte sich sogar, mit dem Arbeiten aufzuhören, als er seine letzte Krankheit hatte, denn er vertrat die Auffassung „Es ist viel zu tun und die Zeit ist kurz.“

Sein Buch, *New Concepts*, reflektiert den erbarmungslosen Druck, unter dem er arbeitete, weil sich vieles davon liest wie zufällige Anmerkungen in einem Notizbuch. Und es ist schade, dass er sich nicht mehr Zeit für das Schreiben genommen hat, denn es ist wahrscheinlich, dass viele der Dinge, die er entdeckt hat, nicht berichtet wurden. Eines Tages jedoch, wenn sein einzigartiger Beitrag für die Medizin allgemein anerkannt wird, werden sein Leben und seine Arbeit ein wundervolles Thema für einen medizinischen Historiker abgeben.

In der Zwischenzeit ist es wichtig anzumerken, dass er der erste Mensch war, der Diagnosen über weite Entfernungen durchführte – heute Allgemeingut in der Radionik. Zuerst versuchte er, die Erde selbst dazu zu verwenden, die Strahlung des entfernten Patienten oder des Blutmusters zu dirigieren - eine Methode, die er Georadiodiagnose nannte. Sie war nur über Kurzdistanzen verlässlich.

Dann benutzte er die Oberleitungen der damaligen Telefone, um sich mit dem Patientenmuster zu verbinden, das nahe des Telefonapparats eines entfernten Arztes platziert wurde. Abrams diagnostizierte dann den Fall und seine Ergebnisse wurden daraufhin durch normale Labortests bestätigt. Er war in der Lage, auf diese Weise über Distanzen von 500 Meilen oder mehr erfolgreich zu 'telediagnostizieren'.

Dann versuchte er ohne eine sichtbare Verbindung zwischen ihm und dem Patienten zu diagnostizieren, aber mit seiner Technik konnte er das nicht über eine Entfernung von mehr als einer Meile. Diese Experimente nahmen jedoch die moderne Radionik vorweg, die keine sichtbare Verbindung zwischen Anwender und Patient benötigt, wie groß auch immer die Entfernung zwischen ihnen sein mag.

Ob sich Abrams der Wichtigkeit dieser Experimente bewusst war oder nicht, sie waren vielleicht ein erster Hinweis darauf, dass die 'Elektronische Reaktion von Abrams' nicht – im akzeptierten Sinn – wirklich elektronisch war, sondern etwas Feinstofflicheres. Dies wird nun allgemein anerkannt.

Aber Abrams gebührt der Verdienst, dies experimentell erstmals gezeigt zu haben, was ohne Zweifel diejenigen inspirierte, die seinen Hinweisen folgten.

4

Die Nachrichten von Abrams' Entdeckungen und seinem Erfolg bei der Behandlung von Patienten verbreitete sich schnell und Ärzte aus aller Welt kamen nach San Francisco, um seine Methoden zu studieren. Zeitungen und Magazine veröffentlichten Nachrichten über ihn und Upton Sinclair, der berühmte Romanschriftsteller, nannte sein Labor das 'Haus der Wunder'.

In England war der Autor unter den ersten, die Abrams' Arbeit mit Artikeln in der altmodischen aber respektierten *Morning Post*[13] publizierten. Dies rief nicht nur großes Leserinteresse hervor, sondern auch Briefe von Lesern, die offen zugaben, dass sie durch Oszilloklast-Behandlung von verschiedenen Beschwerden geheilt worden waren.

Obwohl mindestens fünf ausgezeichnete britische Ärzte Abrams' Doktorandenkurs absolviert hatten und sich für seine Methoden und Ergebnisse aus erster Hand verbürgen konnten, ignorierte die britische Ärztegesellschaft sie als Ganzes und verspottete die Berichte über Abrams' Arbeit oder versuchten, das ganzen Thema unter den Teppich zu kehren.

Das öffentliche Interesse jedoch wuchs und im September 1924 erhielt die *Morning Post* einen Brief von dem berühmten Oberrichter eines Hochgerichts in Indien zur Veröffentlichung. Dieses bemerkenswerte Dokument – geschrieben mit aller Vorsicht und so ausgewogen, wie man es von einem Oberrich-

13 Morgenpost

ter erwarten würde – war ein beredtes Gesuch, Abrams' Entdeckungen und Methoden sorgfältig zu studieren. Der Schreiber schlug die Bildung eines Komitees zur Durchführung von Experimenten und Berichterstattung über die erhaltenen Ergebnisse an die Öffentlichkeit vor.

Mit großem Mut zur Öffentlichkeit überwand der Oberrichter seine natürliche Zurückhaltung und gab seine ganze medizinische Geschichte preis. Kurz, ein Chirurg in Indien hatte ein Gewächs, das seinen Blinddarm umschloss, entfernt, war aber nicht in der Lage weitere Gewächse mit einem Gesamtgewicht von drei oder vier Pfund ebenfalls zu entfernen. Labortests des entfernten Gewebes hatten 'Rundzellensarkom' ergeben. Als die Ärzte in Indien keine weitere Besserung versprechen konnten, kehrte der Oberrichter nach England zurück.

Zu dieser Zeit wuchsen die zurückgebliebenen Gewächse schnell und 'sichtbar' und der Oberrichter war nicht dazu in der Lage, einen britischen Chirurgen oder Arzt zu finden, der ihm Hoffnung machen konnte. Als sein eigener Arzt ihm nur noch sechs Wochen zu leben gab, ging er glücklicherweise zu einem der Ärzte, der die Abrams Methode verwandte. Er bekam 26 Tage lang Oszilloklast-Behandlung und ging dann zurück zu seinem Hausarzt, der sein 'Erstaunen' über die Verbesserungen im allgemeinen Gesundheitszustand und über die Reduktion der Größe des Gewächses ausdrückte.

Nach weiteren sechs Wochen Behandlung untersuchte ihn derselbe Arzt und stellte fest, dass das Gewächs schneller verschwunden war, als es der Fall gewesen wäre, wenn es eine 'spontane' Rückbildung gegeben hätte, und dass er sicher nach Indien zurückkehren und seine Arbeit wieder aufnehmen könne.

Der Oberrichter war sehr darauf bedacht, keine 'Krebsheilung' zu versprechen, sondern drängte höchst vernünftig darauf, dass die neue Behandlung erforscht werden sollte.

> Wenn heilsame Ergebnisse, wie klein sie auch immer aussehen mögen, erreicht werden können, [schrieb er] und sogar dann, wenn diese Resultate auf nicht bösartige Gewächse beschränkt sein sollten, sogar dann wird ein öffentlicher Nutzen daraus erwachsen...
>
> Wenn diese Ergebnisse den akzeptierten wissenschaftlichen und pathologischen Annahmen zuwider zu laufen scheinen, wen kümmert das, wenn *Resultate* herauskommen?

Offensichtlich war ein solcher Brief eines berühmten Mannes von größter Wichtigkeit und von großem öffentlichen Interesse. In kleinen Typen gesetzt füllte er zwei Spalten. Die Nachweise – von denen der Autor immer noch eine Zusammenstellung hat – wurden dem Herausgeber übermittelt.

Unglücklicherweise meinte Letzterer, dass dies so wichtig sei, dass er vor der Veröffentlichung die Meinung von einigen der führenden medizinischen Autoritäten in England einholen sollte, die schockiert waren, als sie die Nachweise lasen.

Obwohl der Oberrichter peinlich darauf geachtet hatte, keine falschen Hoffnungen zu erwecken und nur eine professionelle Erforschung vorgeschlagen hatte, überzeugten die Autoritäten den Herausgeber gemeinsam, dass es nicht 'im öffentlichen Interesse' sei, den Brief zu veröffentlichen. Sie rieten ihm auch ab, weiteres über Abrams' Methoden zu veröffentlichen.

Ein Jungreporter kann das Urteil seines Herausgebers nicht erfolgreich in Frage stellen, vor allem nicht, wenn es von den Hohepriestern der Medizin gestützt wird. So wurde der Brief 'gekillt', die Typen weg geräumt und eine wichtige Zeitungsgeschichte abgewürgt. Dem Reporter wurde gesagt, er solle die Abrams-Geschichte vergessen, was er natürlich nicht tat.

Der Fairness halber gegenüber dem Herausgeber sollte gesagt werden, dass er einen feinen Sinn für Verantwortlichkeit hatte – eine Qualität, die nicht alle Herausgeber besitzen – und immer sein Bestes gab, um seine Leser nicht auf irgend eine Weise irrezuführen. Er hatte eine schwierige Entscheidung zu treffen: er musste die Meinung eines wichtigen Laien gegen das professionelle Urteil führender Experten abwägen.

Auf der anderen Seite ist es überraschend, dass sich die Autoritäten – von denen anzunehmen sein sollte, dass sie sich der Heilkunst gewidmet haben –, obwohl sie wegen der Veröffentlichung des Briefs besorgt waren, nicht sofort das Angebot des Oberrichters ausnutzten, 'jede Information zu geben... und zwar an jeden Mediziner, der sich auf die Erkrankungen spezialisiert hat, die ich hier diskutiert habe.'

Zwei Punkte sollten betont werden. Es gab nach der Operation keinen Zweifel daran, dass der Oberrichter an tödlichen Sarkomen litt – sein Arzt gab ihm nur noch sechs Wochen zu leben. Unter 'Oszilloklast'-Behandlung jedoch verschwand das Gewächs – seinem eigenen Arzt zufolge – viel schneller, als das nach einer spontanen Rückbildung der Fall gewesen wäre.

Weil der Brief nie veröffentlicht wurde, sieht der Autor davon ab, den Namen des Oberrichters anzugeben. Aber über 40 Jahre nach diesen Ereignissen war er erfreut zu lesen, dass dieser immer noch am Leben war und sich mit öffentlichen Angelegenheiten befasste.

5

Obwohl die britischen Berufsmediziner in ihrer Gesamtheit nichts von dem Brief des Oberrichters wussten, war ihnen doch bekannt, dass das öffentliche Interesse an Abrams' Methoden wuchs. Mehr und mehr Patienten verließen ihre Ärzte zugunsten solcher, die Abrams' Methoden anwandten, und erzählten ihren Freunden, dass sie von der Behandlung profitiert hatten. Es sollte betont werden, dass Abrams seine Instrumente nur an ordentlich qualifizierte und ethische Ärzte verkaufte, die in die Bedienung eingewiesen worden waren[14]. Der Autor kannte mindestens fünf persönlich und kann sich für ihren Sinn für Ethik und Verantwortlichkeit verbürgen, wenn auch ihre Begeisterung manchmal mit ihnen durchging.

Begeisterung für Abrams' Methoden war in jenen Tagen natürlich, als es noch keine 'Wunderdroge' gab und der durchschnittliche Arzt nichts weiter tun konnte, als Bettruhe und 'den achten Teil der Mischung wie zuvor' – normalerweise rot und bitter – 'dreimal täglich vor den Mahlzeiten einzunehmen' zu verschreiben. So waren die progressiveren Ärzte genauso begierig auf etwas Besseres wie die Öffentlichkeit. Abrams Anwender hatten mehr Patienten, als sie handhaben konnten, während der Rest des britischen Medizinerberufs darauf hoffte, dass die 'Elektronische Reaktion von Abrams' bald vorbeigehen würde und sich nicht bemühte, mehr darüber herauszufinden.

---

14 Zu dieser Zeit waren grobe Imitationen oder Modifikationen von Abrams' Instrumenten im Umlauf, speziell in den USA; und einige ihrer Förderer waren nicht gerade ethisch in ihren Verkaufsmethoden, was Abrams nicht kontrollieren konnte. Im Gegensatz dazu waren die Instrumente, die von Abrams entworfen und autorisiert waren, gut verarbeitet – wie der Autor durch persönliche Anschauung sehen konnte. Er hörte nie eine Klage seitens der qualifizierten Ärzte, welche sie benutzten, weder über Qualität noch Preis. Im Gegenteil, sie waren von ihnen begeistert.

Es gab jedoch eine Ausnahme, die meinte, sie sollte erforscht werden. Es war Dr. C.B. Heald, medizinischer Berater des Direktors für zivile Luftfahrt. Er wurde mit Vorarbeiten für die Erforschung der Abramsmethoden beauftragt. Das Ergebnis war ohne Beweiskraft und so ging Dr. Heald das Wagnis ein, inoffiziell weiterzumachen und rekrutierte dazu Oberstleutnant H.P. Lefroy, Leiter der Radioforschung im Luftfahrtministerium, Dr. Whately Smith, einen Arzt des Luftfahrtministeriums, und M.D. Hart, einen Arzt des Kriegsministeriums. Sie luden Sir Thomas Horder – der spätere Lord Horder, Arzt des Königs – ein, als Vorsitzender ihre Arbeit zu 'koordinieren'.

Ungefähr zwei Jahre zuvor, im Mai 1922, hatten Dr. Heald und Oberstleutnant Lefroy ein Experiment mit Dr. Mather Thomson, einem von Abrams' Schülern, durchgeführt. Sie gaben ihm vier Blutmuster, ein normales und je eines mit Syphilis, Krebs oder Diabetes belastet. Mit Dr. Heald als Subjekt und unter Benutzung der regulären Abrams Instrumente und Techniken identifizierte Dr. Thomson das normale, das syphilitische und das Krebsblut korrekt und das vierte als tuberkulös, was richtig sein könnte, weil Diabetes manchmal die Folge von einer tuberkulösen Infektion der Bauchspeicheldrüse sein kann. Dieses Experiment ließ keine Zweifel offen und veranlasste Dr. Heald, den Direktor der zivilen Luftfahrt zu bitten, die Forschung zu autorisieren.

Als Dr. Heald und seine Kollegen die 'Elektronische Reaktion von Abrams' inoffiziell erforschten, taten sie das 1924 in London und Glasgow in Zusammenarbeit mit Dr. W. E. Boyd aus Glasgow, der eine Modifikation der Abramsmethode benutzte. Anstatt der variablen Widerstände benutzte er ein Instrument, das er 'Emanometer' nannte und das variable Induktivitäten, Luftschlitze und einen variablen Kondensator mit Mikroeinstellung enthielt. Um seine Experimente vor ungewollten 'Emanationen' zu schützen, schirmte er sein Labor sorgfältig mit Kupfergaze ab, welches über die Kupferplatten, die den Boden bedeckten, sorgfältig geerdet war.

Innerhalb dieses Faraday'schen Käfigs befanden sich zwei Gallowgate[15]-Jungen. Dr. Boyd hatte einen von ihnen darauf trainiert, als 'Operator' die Bauchdecke des anderen Jungen abzuklopfen, der als Subjekt diente. Wie Abrams fand er heraus, dass das Subjekt nach Westen gerichtet sein musste. Testmuster wurden durch eine abgeschirmte Luke hereingereicht, die während der Experimente geschlossen gehalten wurde. Und während der meisten – wenn nicht allen – Tests befanden sich Dr. Boyd und seine Sekretärin außerhalb des Käfigs in einem anderen Raum.

Dies ist heute aus zwei Gründen interessant. Als Erstes zeigt dies, dass es nicht allzu schwierig ist, die Kunst des Abklopfens zu erlernen. Zweitens ist es unwahrscheinlich, dass die Jungen emotional beteiligt waren. Selbst wenn sie über die Wichtigkeit der Tests informiert gewesen wären, waren sie wahrscheinlich überhaupt nicht nervös und kümmerten sich nicht viel um die Ergebnisse; sie wurden für einen unpersönlichen Job bezahlt, der für sie Routine war und den sie so gut machten, wie sie konnten.

Wie wir später noch sehen werden, ist der Geist des Operators bei der Radionik beteiligt und ein guter Operator muss so ruhig wie möglich bleiben. Dies war ohne Zweifel der Grund, warum die Tests mit Dr. Boyd's Jungen so erfolgreich waren, im Gegensatz zu anderen Tests mit Abrams Anwendern – die ihre eigenen Operatoren waren. Sie waren vielleicht zu nervös – zu ängstlich darauf bedacht, Abrams' Methoden zu verteidigen –, um erfolgreiche Tests vor einem kritischen Publikum zu absolvieren.

---

15 Eine Arbeitersiedlung in Glasgow

Auch dies ist vielleicht ein Grund dafür, warum manche Tests in den USA durch die *Scientific American*[16] und andere nicht erfolgreich waren.

Ein Vortest – ein Versuch, 20 Sputumpaare[17] korrekt voneinander zu trennen – wurde im Mai 1924 in London mit Dr. Heald und Whately Smith unter Mitarbeit von Dr. Boyd durchgeführt. Dieser ergab keine besseren Resultate, als man durch Zufall erwarten konnte, und Dr. Boyd brachte verschiedene Gründe für den Fehlschlag vor. Der wahre Grund ist aber wahrscheinlich schon oben angegeben – er war sein eigener Operator und überbesorgt.

Whately Smith – ein sorgfältiger und gewissenhafter Wissenschaftler – ging dann im Juni nach Glasgow, um die Tests in Dr. Boyd's eigenem Labor durchzuführen. Herr Smith unternahm alles, um unbewussten oder bewussten Betrug auszuschließen; der Test lief in der Form ab, dass zwischen fast identischen Substanzen in identischen Flaschen, die heimlich markiert waren, unterschieden werden sollte. Herr Smith, Dr. Boyd und seine Sekretärin blieben im vorderen Büro, von dem aus Herr Smith Muster durch die Luke an den Operator im Käfig gab.

Im ersten Test waren alle 25 aufeinander folgenden Versuche erfolgreich und Herr Smith berechnete die Wahrscheinlichkeit, dieses Ergebnis aufgrund von Zufall zu erhalten, als 1 : 33.554.432.

> Für jeden Versuch [berichtete Herr Smith] hob ich die Klappe der Luke, stellte eine Flasche hinein, schloss die Luke und wartete auf den Operator, der sagte, ob die beobachtete Reaktion 'dumpf' (korrespondiert mit der 'aktiven' Substanz) oder 'klar' (kor-

16 Wissenschaftlicher Amerikaner
17 Sputum (lat.) = Speichel

> respondiert mit der neutralen Substanz) war. Die Entscheidung wurde praktisch immer innerhalb einer Sekunde nach dem Schließen der Luke gefällt und bei machen Gelegenheiten sogar bevor ich meine Hand ganz zurückgezogen hatte; eigentlich fand ich es sogar schwierig, mit dem Tempo des Operators Schritt zu halten.

Der zweite und dritte Test beinhalteten bei allen Fällen die Auswahl und Identifikation einer spezifischen Substanz aus einer Reihe von anderen. Beide Tests waren vollständig erfolgreich und Herr Smith berechnete die Wahrscheinlichkeit, diese Ergebnisse aufgrund von Zufall zu erhalten, auf 1:180 und 1 : 7.776. Im vierten Test gab der Operator 18 korrekte Antworten bei 20 Tests und Herr Smith dachte, dass die beiden Fehler eher auf unvollkommene Handhabung durch den Operator zurückzuführen seien. Aber auch wenn das ignoriert würde, betrug die Wahrscheinlichkeit eines Zufallsergebnisses 1 : 5518.

Im fünften und letzten Test waren alle 16 Versuche erfolgreich und die Chancen dagegen, dass dies ein Zufall oder Raterei war, betrugen 1 : 65.536.

6

Heute ist der 'Horder Report' vor allem wegen Herrn Smith's eindrucksvollen Ergebnissen interessant, die im Report zusammengefasst und in voller Länge im Nachwort zu finden sind. Der Report gibt auch eine unterhaltsame Einsicht in die emotionale Haltung der Mediziner gegenüber etwas Neuem wieder.

Unwissentlich rechtfertigte dies Abrams' Aussage, die er gut 10 Jahre zuvor gemacht hatte: „Verurteilung vor Erforschung hat viele wichtige Wahrheiten in die Vergessenheit gedrängt.“

Und wenn die Geister von Lister, Simpson oder Pasteur diesen Report gekannt hätten, wären sie wohl über eigene Erinnerungen ins Schmunzeln gekommen.

Die Mitglieder der Royal *Society of Medicine*[18] waren sich nicht ganz sicher, ob es schicklich wäre, dem Report über ein Thema, das – für sie – nicht einmal der Verachtung wert schien, auch nur zuzuhören. Wie das britische Medizinjournal, *The Lancet*[19], sagte:

> Dass die Entscheidung... für die Anhörung der Berichte getroffen wurde, haben wir mit leichtem Widerstreben verstanden, insofern dass die vorgeblichen Entdeckungen von Abrams den eingestandenen Ausgangspunkt für die Erforschung bilden. Und diese Entdeckungen scheinen bisher der Medizin keine Anhaltspunkte zu liefern, die der Diskussion wert gewesen wären, die Behauptungen über Heilung sind beispiellos und unkontrolliert und die zugrunde liegenden Manifestationen sind auf wissenschaftlicher Basis unerklärlich... Der von Sir Thomas Horder verlesene Bericht legt nahe, dass – während die Mühen von Abrams wertlos seien – diejenigen von Dr. Boyd, Glasgow, welche ihren Ausgangspunkt in Abrams' Arbeit haben, Merkmale aufweisen, die im Hinblick auf mögliche Entwicklungen nicht zu erschließen ein Fehler wäre.

Nachdem sie jedoch ihren Widerstand überwunden hatten, rafften sich die Abteilungen Medizin und Elektrotherapeuten der Königlich Medizinischen Gesellschaft am 16. Januar 1925 tapfer zu der unangenehmen Aufgabe auf, den Horder Report

18 Königliche Medizinergesellschaft
19 Die Lanzette

anzuhören. Sir Thomas trug ihn für sich selbst, Dr. Heald, Oberstleutnant Lefroy, Herrn Hart und Herrn Smith vor.

Bei den schwergewichtigen Beratungen der Royal Society waren Reporter von 'Laien'-Zeitungen – speziell von einer, die Abrams' Methoden veröffentlicht hatte – so unwillkommen wie ein weißer Jäger bei einer geheimen Zusammenkunft afrikanischer Medizinmänner. Aber der Autor erlangte Zutritt durch den einfachen Trick, sich ein Stethoskop auszuborgen und ein Ende aus seiner Tasche heraus baumeln zu lassen, wie es die Mode vieler Ärzte dieser Tage war. Das überzeugte den Türsteher, dass er ein Arzt sein müsste.

Mit unbewusstem Humor begann Sir Thomas mit einem Dank an die Zuhörerschaft für ihre 'freidenkerische Entscheidung', seinen Bericht zu akzeptieren. Das führte dazu, dass sie sich wegen ihrer frechen – und wahrscheinlich unerhörten – Zustimmung, etwas Unorthodoxes anzuhören, viel besser fühlten. Es gab selbstzufriedenes Lächeln und man konnte fast die Doktoren hören, wie sie sich selbst auf die Schulter klopften, hier so großzügig zu sein.

Sir Thomas sorgte dafür, dass sie sich noch besser fühlten, als er versicherte, dass sein Bericht nicht von der Abrams Methode sondern vom 'Emanometer' von Dr. W. E. Boyd handelte, das, wie er sagte, keine Variation von Abrams' Instrument sondern ein Neuentwurf eines anderen Konzepts der beteiligten Phänomene sei. Er gab jedoch zu, dass Dr. Boyd ein menschliches Subjekt abklopfen musste, das nach Westen gerichtet auf geerdeten Platten steht.

Dieses Placebo zur Beruhigung der Nerven der Zuhörer war Teil einer trügerischen – jedoch ohne Zweifel unbewussten – Irreführung. Tatsache war, dass Dr. Boyd die 'Elektronische Reaktion von Abrams' benutzte – und das Komitee diese getestet hatte. Die grundlegende Frage, die sie zu entscheiden hatten, war, ob eine Substanz durch das Phänomen des von Abrams entdeckten Magenreflexes erkannt werden konnte; und die verwendeten Instrumente waren eine untergeordnete Betrachtung. Analog könnte man mit verschiedenen Instrumenten das Phänomen der Elektrizität überprüfen und es ist immer noch das Phänomen, das wichtig ist.

Obwohl Dr. Boyd Induktivitäten und einen Kondensator statt Widerstände benutzte, verwandte er den von Abrams entdeckten Magenreflex und gab immer großzügig seine Anerkenntnis dieser Entdeckung zu. Wie anderen, die ihm nachfolgten und ziemlich unterschiedliche Geräte benutzten, war ihm bewusst, dass er E.R.A. weiter entwickelte.

Wahrscheinlich hatte das Komitee Sir Thomas bei der Zusammenstellung des 'Berichts' geholfen; und falls es ihnen untereinander nicht klar war, dass diese Darstellung Abrams gegenüber irreführend und unfair war, kann die Zuhörerschaft dafür entschuldigt werden, dass sie das nicht in Frage stellte – speziell deswegen, weil es ihr den bequemen Eindruck vermittelte, dass sie nicht darum gebeten wurde, die Entdeckung des vermutlich verrufenen Abrams zu bewerten.

Sir Thomas fuhr fort und drückte seinen Dank an Dr. Boyd aus für dessen volle Unterstützung des Komitees bei der Forschung. Er war jedoch so vorsichtig zu betonen, dass dies keinerlei Anerkenntnis homöopathischer Regeln von ihm oder seinen Kollegen beinhaltete, obwohl Dr. Boyd einige Studien in Homöopathie gemacht hatte.

Diese formelle Nichtanerkenntnis muss Dr. Boyd zu einem stillen Schmunzeln veranlasst haben, denn er hatte sein 'Emanometer' erfolgreich zur Diagnose und Testung der Potenz homöopathischer Arzneimittel eingesetzt. Wie andere *hatte er Magenreflexe von Medikamenten in homöopathischer Dosierung erhalten. So hatte er nicht nur festgestellt, dass homöo-*

pathische Medikamente physische Effekte hervorrufen können, sondern auch, dass die Elektronische Reaktion von Abrams real und empfindlich genug ist, sogar homöopathische Substanzen wahrzunehmen.

Zweifellos waren die Testmuster, die von Whately Smith kamen, nicht homöopathisch[20]. Aber es ist seltsam, dass das Komitee anscheinend über diesen Aspekt der Forschungen von Dr. Boyd nichts wusste. Vielleicht zum Glück, denn wenn sie es gewusst hätten, hätten seine medizinischen Mitglieder wohl einen irreversiblen Schock erlitten.

Nach der Beschreibung der Techniken von Abrams und Boyd bezog sich Sir Thomas auf die 'vielen hunderte' von Verfechtern von Abrams' diagnostischen und heilerischen Methoden 'allein in den USA' und räumte ein, dass, während die meisten 'Werbespezialisten' seien, eine Minderheit ehrlich sein könnte. Er kritisierte Abrams dafür, Aufsehen erregende Behauptungen mit dünnsten Beweisen aufzustellen, Testbedingungen aus dem Weg zu gehen, wegen seines Ausdrucks in einer für Scharlatanerie charakteristischen Weise, wegen 'des skrupellosen Verkaufs oder Leasing von Apparaten zu hohen Preisen, die grob konstruiert und bestenfalls unvollkommen entwickelt seien.'

„Aber all dies ist“, gab Sir Thomas großzügig zu, „trotz der Anzeichen eines Mangels sowohl an wissenschaftlicher Methode als auch an wissenschaftlichem Gewissen, keine Rechtfertigung für die Art und Weise, wie die Angelegenheit durch die Kritiker behandelt wurde. Denn man hätte nicht die Mög-

20 Aber Dr. Perkins berichtet, dass in einer der Tests 25 Phiolen waren, von denen einige einen homöopathischen Anteil von Sulfur (Schwefel) und andere keinen enthielten. Diese wurden korrekt identifiziert. Wenn Dr. Perkins Recht hatte, erscheint Sir Thomas' Nichtanerkenntnis um so amüsanter.

lichkeit außer Acht lassen sollen, dass Dr. Abrams tatsächlich Licht auf eine Entdeckung von wahrer wissenschaftlicher Bedeutung geworfen haben könnte und entschieden hat, sie für seinen sofortigen Vorteil auszubeuten, statt sich auf eine längere mühselige und finanziell unprofitable Forschung einzulassen."

Dieses wohlklingende Vorwort gefiel der Zuhörerschaft offensichtlich, aber der Autor bemerkte mit Amüsement, dass weder Sir Thomas noch seine Kollegen sich die Mühe gemacht hatten herauszufinden – was sie leicht hätten tun können –, dass Abrams tatsächlich viele Jahre 'langer, mühseliger und finanziell unprofitabler Forschung' selbst finanziert hatte. Obwohl sie jede Vorsichtsmaßnahme gegen möglichen Betrug durch Dr. Boyd ergriffen und sich sogar der Unterstützung eines Forschungsoffiziers der *Society of Psychical*[21] versichert hatten, hatten sie keine Erkundigungen über den eigentlichen Entdecker des Phänomens, das sie erforschten, eingezogen.

Nach diesem Einstieg beschrieb Sir Thomas den Ursprung und die Arbeit seines Komitees in großer Genauigkeit und fasste die von Herrn Whately Smith durchgeführten Tests zusammen, die bereits oben beschrieben sind. Er bezog sich auf ähnliche Tests, die von einem Experten der *Royal Society for Psychical Research* zusammen mit Dr. Boyd durchgeführt worden waren und sagte, dass bei diesen das Ausmaß des von Dr. Boyd erreichten Erfolgs 'nicht weniger eindrucksvoll' war.

Im Hinblick auf diese Beweise meinten Sir Thomas und seine Kollegen gerechtfertigt schließen zu können, dass 'gewisse Substanzen, wenn sie in richtiger Entfernung zum Emanometer des Dr. Boyd platziert seien, zweifelsfrei Veränderungen an der Bauchdecke eines Subjekts hervorrufen, die durch Abklop-

21 Gesellschaft für psychische Forschungen

fen wahrgenommen werden können. Dies ist gleichbedeutend mit der Aussage, dass die Grundannahme, die sowohl dem Original wie auch einigen anderen Formen des Gerätes zugrunde liegt, welches zu dem Zweck entworfen wurde, die so genannte elektronische Reaktion von Abrams hervorzurufen, zu einem sehr hohen Maß an Wahrscheinlichkeit bewiesen ist.

Eine weitere Schlussfolgerung war, dass 'es bis jetzt keine Beweise gibt, die diese Schlussfolgerung auch für die Arbeiten jener rechtfertigen würde, die das Gerät benutzen, das Abrams selbst entworfen hat'. Denn es schien durch einige spätere Bemerkungen von Sir Thomas, dass mit einem Abrams Anwender durchgeführte Experimente ein 'deutlicher Fehlschlag' gewesen waren.

Dann zog Sir Thomas alle Register und erging sich in scharfer Kritik an Abrams' Schülern. Er 'züchtigte' sie wegen der Widersprüchlichkeiten ihrer Ergebnisse, wegen ihres Versagens, ihre Fehlschläge öffentlich zuzugeben oder irgend einen Beitrag zur Pathologie zu leisten.

„Patienten“, so intonierte er, „leiden nicht an 'Reaktionen', sie leiden an anatomischen und physischen Störungen.“

Er schloss ernst:

> Die erarbeiteten Schlussfolgerungen in diesem Bericht bleiben bei der Position, dass der praktizierende Elektroniker[22] als ebenso wissenschaftlich unlauter und ethisch nicht gerechtfertigt angesehen wird wie zuvor. Sie geben keinerlei Bestätigung für die Anwendung von E.R.A. in der Diagnose oder Behandlung von Krankheiten. Es gibt zu dieser Zeit auch keine andere Gutheißung für diese Art der Praxis.

---

22 Gemeint ist derjenige, der die Elektronische Reaktion von Abrams praktiziert.

Als der Präsident die Zuhörerschaft fragte, ob sie den Report jetzt oder in Zukunft diskutieren wollten, entschieden sie mit Nein. Stattdessen vertagten sie sich glücklich zum Tee, zufrieden damit, dass Sir Thomas und seine Kollegen die beunruhigende E.R.A. wirkungsvoll vernichtet hatten.

Aber die E.R.A. weigerte sich, sich hinzulegen und gehorsam zu sterben. Und die Abrams Anwender – viele von ihnen waren ebenso qualifiziert wie Sir Thomas – weigerten sich, niedergeprügelt zu werden. Während sie fortfuhren, dankbare Patienten zu behandeln, schlugen sie zurück. Sie nahmen jede Gelegenheit wahr, darauf hinzuweisen, dass der Horder Report die Realität der Elektronischen Reaktion von Abrams 'mit einer sehr hohen Wahrscheinlichkeit' bewiesen hatte und dass das Komitee entschieden hatte, 'zeitweise alle Fragen über Art und Ausmaß, in welchen die Reaktionen – wenn es überhaupt welche gab – mit Krankheit oder mit irgendwelchen anderen physiologischen Zuständen der Person, von dem das Muster abgenommen sein könnte, in Beziehung stehen, beiseite zu lassen.'

Kurz, das Komitee hatte die Reaktionen bestätigt, jedoch ihre medizinischen Anwendungen nicht erforscht. Die meisten Ärzte nahmen diesen Unterschied jedoch nicht wahr und leiteten von Sir Thomas' Kritik ihrer Kollegen ab, dass E.R.A. nicht nur wertlos, sondern auch irgendwie rufschädlich wäre. Aus diesem Grund schreckte der Report unzweifelhaft vom Anwerben weiterer Anwender sowie auch von weiterer Forschung ab.

Durch Abrams' Tod vor knapp einem Jahr waren seine Kritiker vor ihm sicher und konnten ihn verleumden, ohne Angst vor Vergeltungsmaßnahmen haben zu müssen. Wenn er noch gelebt hätte, hätte er möglicherweise – mit seiner Reizbarkeit und seinem Reichtum – einige seiner Kritiker wegen Verleumdung erfolgreich verklagt. Auf der anderen Seite war er sich seiner so sicher und so in seinen Forschungen eingetaucht, dass es genau so möglich gewesen wäre, dass er sie mit Verachtung gestraft hätte. „Kommt und lernt, wenn ihr wollt, oder bleibt weg“, sagte er oftmals gleichgültig.

Die verletzenden Diskussionen wurden in den medizinischen Kreisen und in der Presse für einige Zeit fortgesetzt. Am 23. Mai 1925 meinte *Nature*[23], die gewichtige wissenschaftliche Zeitschrift, dass das Thema immer noch von ausreichendem Interesse wäre, um aktiviert zu werden. Man publizierte ein langes Editorial, das mit dem 'Kult' von Abrams Anwendern kritisch ins Gericht ging, aber mit einer Ohrfeige für das Komitee endete:

> Es sollte eine nachhaltige Anstrengung unternommen werden, um die Beschränkungen, unter denen Sir Thomas' Komitee scheinbar arbeiten musste, aufzuheben, und so die Untersuchung schnellstmöglich zu einer Schlussfolgerung zu treiben. So wie die Sache jetzt da steht, ist sie wissenschaftlicher Erforschung nicht würdig.

So weit es den britischen Medizinerberuf *offiziell* angeht, wurde die Sache seitdem auf sich beruhen gelassen.

7

Wie Abraham Lincoln bemerkte: „Man kann eine Idee nicht totschießen.“ Obwohl also Sir Thomas ein großes Gewehr der britischen Mediziner war, entmutigte seine Salve in keinster Weise jene mit offenem Geist, welche die Mühe auf sich genommen hatten, Abrams' Entdeckungen für sich selbst zu er-

23 Natur

forschen, und zu der Entscheidung gelangt waren, dass er etwas von großer Wichtigkeit gefunden hatte.

Mit dem Tod des dynamischen Abrams verlor die Entwicklung der E.R.A. etwas von ihrem früheren Schwung, speziell als Sir Thomas' schlecht informierte Kritik die meisten Ärzte entmutigt hatte, auch nur zu versuchen, mehr über die Abrams Methoden herauszufinden. Aber Ideen sind wie Samen, die zufällig verstreut werden; wenn sie fruchtbar sind, werden ein paar davon wurzeln und sprießen in der aufnahmebereiten Erde offener, phantasievoller Geister, wie rar diese auch sein mögen.

Dies geschah mit den Ideen, die Abrams verstreute. Auf beiden Seiten des Atlantiks gab es ein paar Individuen, die Abrams' Methoden und Ergebnisse für sich selbst beurteilten und sie der Mühe wert befanden, weitere eigene Forschungen und Entwicklungen zu unternehmen.

Wir wir noch sehen werden, führte deren Arbeit zur Entwicklung der modernen Radionikmedizin. Aber Abrams' Ideen inspirierten auch die Entwicklung von etwas, das – soweit das feststellbar ist – sogar Abrams selbst nicht vorhergesehen hatte: *Dies war die Anwendung seiner Entdeckungen in der Landwirtschaft.*

Diese wichtige, aber wenig bekannte Forschung ist für zwei der großen Probleme von heute relevant: wie man die explodierende Weltbevölkerung ernähren und zur gleichen Zeit die Agrarproduktion ohne die Verwendung von giftigen Pestiziden erhalten oder steigern kann.

Weil diese Forschung bald nach Abrams' Tod begann, scheint dieser Zeitpunkt so gut wie jeder andere zu sein, sie näher zu betrachten. Lassen wir die medizinische Entwicklung also eine Weile friedlich keimen, während wir im nächsten Kapitel das betrachten, was sich als gleichermaßen für die Zukunft der Welt wichtig erweisen könnte – die großen landwirtschaftlichen Möglichkeiten, die sich aus Abrams' grundlegenden Entdeckungen ableiten.

Kapitel Drei

Neue Hoffnung für die Landwirtschaft

Der Leichtgläubige glaubt zu viel, der Wissenschaftliche zu wenig.

Albert Abrams

1

Abrams' grundlegende Entdeckungen waren:

1. Jede Materie 'strahlt'.
2. Diese 'Strahlung' unterscheidet sich entsprechend der jeweiligen molekularen oder atomaren Zusammensetzung der Probe.
3. Welcher Natur sie auch sein mag, diese 'Strahlung' kann das menschliche Nervensystem beeinflussen.

Während seines Lebens und lange nach seinem Tod beflügelten diese fundamentalen Entdeckungen die Vorstellungskraft einer Reihe talentierter Individuen an verschiedenen Orten und mit verschiedenen Lebensläufen.

Unter diesen war auch Curtis P. Upton, der Sohn eines Kollegen von Thomas A. Edison, der seines Vaters Erfindungsgeist geerbt hatte. Er graduierte 1904 als Ingenieur an der Princeton Universität und machte einige Jahre in Kalifornien in der Ölindustrie Karriere.

Als er von Abrams' Entdeckungen hörte, kam es ihm sofort so vor, dass diese auf *alle* Lebewesen anwendbar sein müssten. Insbesondere dachte er, dass es möglich sein müsste,

Abrams' Methoden *in der Diagnose und Behandlung der Krankheiten von Pflanzen und Feldfrüchten einzusetzen.*

Er war entschlossen, das herauszufinden, und studierte zunächst Abrams' Methoden und Ausrüstung. Er entwarf dann seine eigene Diagnose- und Behandlungsausrüstung und war einer der ersten – wenn nicht *der* Erste –, der statt der menschlichen Bauchdecke eine Gummiplatte als Detektor einsetzte. Diese bestand hauptsächlich aus der Oberseite eines elektrischen Kondensators, der – durch eine Art elektrostatischen Effekt - bewirkte, wenn er mit den Fingerspitzen gerieben wurde, dass diese hängen blieben[24], wenn Strahlung festgestellt wurde.

Dieses Gerät wurde seitdem von verschiedenen Forschern in großem Maße weiterentwickelt und verbessert und ist heute noch in Gebrauch. Seine Anwendung erfordert eine gewisse Praxis, ist aber weniger schwierig – und viel bequemer –, als Bauchdecken menschlicher Subjekte abzuklopfen.

Mit der Hilfe eines Elektronik- und Radioingenieurs, William J. Knuth, modifizierte er auch Abrams' Oszilloklast. Anstelle von Abrams' gepulsten negativen Ladungen und Radiofrequenzen baute er eine ständige Radiofrequenzübertragung ein. Er benutzte eine höhere Radiofrequenz als Abrams das getan hatte, obwohl die tatsächliche Frequenz anscheinend keine große Rolle spielt. Zunächst hatte der Sender Röhren und wurde durch das Stromnetz gespeist – er verbrauchte nur ungefähr 50 Watt. Später wurden Sender auf Transistorbasis entwickelt, die mit Batterien betrieben wurden.

Mit dem Eingang des Schaltkreises war eine 'Kollektorplatte' aus Kupfer verbunden, die von der einen Seite des Instru-

---

24 (Engl.) to stick – daraus abgeleitet der 'Stick'

ments hervorstand. Aus der anderen Seite ragte die Antenne heraus.

Da er keinen Blutstropfen verwenden konnte, wie Abrams das mit seinen menschlichen Patienten getan hatte, nahm Upton ein Blatt von der zu behandelnden Pflanze und legte sie auf die 'Kollektorplatte'. Genau wie der Blutstropfen den menschlichen Patienten mit dem radionischen Behandlungsinstrument verbindet, so verbindet das Blatt die Pflanze oder den Baum, der behandelt werden soll, mit Uptons Sender.

Wenn eine Parzelle oder eine großes Gebiet von Pflanzen behandelt wurde, verwendete Upton eine Fotonegativ, entweder von einem Flugzeug aus aufgenommen oder – im Fall kleiner Parzellen – von der Spitze einer Stehleiter. Er stellte fest, dass dies als effektiver 'Schlüssel' funktionierte.

Upton benutzte seine Instrumente auf zwei Arten. Wenn er nur das Wachstum einer Parzelle oder von Feldfrüchten stimulieren wollte, legte er ein Blatt oder einen fotografischen Schlüssel auf die Kollektorplatte und schaltete sein Instrument für fünf bis zehn Minuten an. Dies wurde etwa einmal pro Woche wiederholt, öfter – sogar täglich – in der Wachstumsperiode. In einer irgendwie geheimnisvollen Weise wurde das 'Strahlungsmuster' des Blatts oder des 'Schlüssels' verstärkt und zur Pflanze oder Feldfrucht zurückgesandt. Dies kräftigte den Baum oder die Feldfrucht: die grüne Farbe wurde dunkler und neues Wachstum fand länger statt als bei unbehandelten Pflanzen.

Wenn der Baum oder die Pflanze von, sagen wir, Blattläusen befallen war, legte Upton ein Blatt mit einer kleinen Menge eines Reagens auf die Kollektorplatte, das sich in Versuchen als für das Insekt widerlich gezeigt hatte. Schaltete man das Instrument an, wurde das 'Strahlungsmuster' des Reagens zur Pflanze zurückgesendet und die Insekten wurden entweder getötet oder verließen die Pflanze innerhalb von 48 Stunden. *Das Instrument konnte viele Meilen von den zu behandelnden Feldfrüchten entfernt angewendet werden.*

Wenn er ein mit, sagen wir, japanischen Käfern befallenes Kornfeld behandeln wollte, nahm er ein Luftfoto des ganzen Gebiets auf und beschnitt das Negativ so, dass nur das zu behandelnde Gebiet übrig blieb. Als Kontrolle schnitt er noch einen Streifen oder eine Ecke des verbleibenden Negativs ab. Manchmal kennzeichnete er Kontrollgebiete mit weißen Markierungen, die als schwarze Flecken auf dem Negativ erschienen. Er schnitt diese Gebiete aus dem Film heraus und verbrannte sie.

Er nahm dann eine kleine Menge eines passenden Reagens, wie zum Beispiel Rotenon, platzierte dies auf die Kollektorplatte zusammen mit dem Negativ, wobei dieses mit der Emulsionsseite nach unten lag, und schaltete sein Instrument ein paar Minuten lang ein. Er fand heraus, dass einige Behandlungen ausreichten, um 80 bis 90 Prozent der Käfer vom behandelten Gebiet zu töten oder zu vertreiben, während sie in ihrer vorherigen Anzahl die Kontrollgebiete und angrenzenden unbehandelten Gebiete weiter befielen.

Eines von Uptons faszinierendsten Experimenten war die Vertreibung von Würmern von einem Baum mittels einer Geranienblüte. Er nahm ein Blatt des befallenen Baums und legte es auf die Kollektorplatte mit einer Geranienblüte daneben. Wenn er den Sender anschaltete, 'verband' sich die Geranie mit dem entfernten Baum und gab ihm damit eine Art von 'Geschmack' oder Ausstrahlung, welche die Würmer nicht ertrugen und sie somit veranlasste, den nächsten Ausgang zu suchen und herunterzufallen. Dies geschah gewöhnlich innerhalb von fünf Minuten und aus geringer Entfernung fast sofort. Aber je kräftiger der Wuchs desto länger brauchte es.

Bei einer anderen Gelegenheit übrigens bekam er ein bemerkenswert anderes Ergebnis. Als er Käfer eines Luzerne-Felds eliminieren wollte, versuchte er den Effekt mittels einer Probe einer Stinkwurzel auf der Kollektorplatte zu erzielen. Zu seinem Erstaunen stimulierte dies die sexuelle Aktivität der Käfer und sie vermehrten und vervielfachten sich wie verrückt!

Seine Methoden können natürlich erfolgreich bei der Behandlung vieler verschiedener Bäume, Sträucher und Feldfrüchte angewandt werden – was sie auch wurden – und sie erwiesen sich als effektiv bei der Vernichtung des Maiszünslers[25]. Es ist nicht immer möglich, eine natürliche Substanz wie Geranium zu finden, die effektiv ist, und es ist oft notwendig, chemische Stoffe zu verwenden, jedoch nicht notwendigerweise jene, die normalerweise als Pestizide angesehen werden.

Es sollte betont werden, dass es nie einen *physischen* Kontakt zwischen dem Reagens auf der Kollektorplatte und dem befallenen Baum oder der befallenen Feldfrucht gibt; die 'Verbindung' ist rein radionisch. Eine große Menge der Reagenzien oder der chemischen Stoffe ist nicht erforderlich. Ein kleiner Spritzer auf der Kollektorplatte reicht für jede Anzahl von Bäumen oder Morgen von Feldfrüchten aus. Kurz gesagt, es ist möglich, das Wachstum von Feldfrüchten ohne Düngemittel zu fördern sowie auch Schädlinge zu bekämpfen, ohne die Felder mit Unmengen giftiger Chemikalien zu besprühen oder zu bestäuben.

2

Um ein beliebtes Klischee der Wissenschaftler auszuborgen, dieses erstaunliche Phänomen 'wird nicht gut verstan-

25 (lat.) Ostrinia nubilalis

den'. Gerade heraus, niemand weiß bis jetzt wirklich, *wie* es funktioniert, aber es gibt keine Zweifel daran, dass es das *tut*. Denn es wurde von unabhängigen Beobachtern verifiziert und bestätigt.

Im Jahr 1949 wies die *Pennsylvania Farm Bureau Federation* ihre Forschungsabteilung an, sorgfältige Untersuchungen von Uptons Entdeckung und Experimenten durchzuführen. Nach einem Jahr mit Tests und Beobachtungen, während dessen Forscher Uptons Ergebnisse wiederholten, wobei sie seine Ausrüstung verwendeten, schloss das *Farm Bureau* einen Vertrag mit Upton und seinen Gesellschaftern zur exklusiven Verwendung seines Verfahrens in Pennsylvania. Verifikationen vieler Tests und Behandlungen wurden vom *Farm Bureau* sorgfältig aufbewahrt und sind wahrscheinlich dort immer noch einsehbar.

Drei Jahre später gab es sogar noch eindrucksvollere Beweise dafür, dass Uptons Verfahren Resultate erbrachte. Zu dieser Zeit waren eine Reihe von Farmen in Pennsylvania behandelt worden, um höhere Erträge zu erzielen und Schädlinge zu bekämpfen. Die Ergebnisse waren in Begriffen von Geldprofit für die Farmer so erfolgreich, dass im Jahr 1952 dreißig von ihnen – alles praktische, pfennigfuchsende Iren oder Pennsylvania-Holländer – es für Wert befanden, nicht weniger als 25.000 US$ für weitere Forschung und Entwicklung zu spenden. Ihnen wurde gesagt – und dem stimmten sie zu –, dass sie es sich nicht leisten konnten, das *nicht* zu tun.

In der Zwischenzeit hatte Knuth 1950 in Kalifornien mit 44 Artischockenzüchtern Verträge abgeschlossen, um für ihre Feldfrüchte die Federmotte zu bekämpfen, und zwar auf der Basis keine erfolgreiche Bekämpfung, keine Bezahlung. Die Motten wurden erfolgreich bekämpft und *alle Züchter waren bereit zu zahlen*. Der größte Züchter mit 440 Morgen zahlte eine Servicegebühr von 330 US$; der kleinste Züchter mit 20 Morgen zahlte 15 US$. In keinem Fall betrug die Gebühr mehr als 1 US$ pro Morgen – *kaum ein Bruchteil der Kosten konventionellen Sprühens*.

Da nur wenige Farmer für einen Service zahlen würden, solange sie nicht überzeugt sind, einen Gegenwert zu erhalten, ist dies ein weiterer Beweis dafür, dass Uptons Verfahren sowohl praktisch als auch profitabel war.

Das waren natürlich ausgezeichnete Nachrichten für die Farmer, für Ökologen und jene, die mit der Nahrungsmittelproduktion einer expandierenden Weltbevölkerung befasst waren. Es waren aber schlechte Nachrichten für die chemische und Düngemittelindustrie, die bald von dieser seltsamen Bedrohung ihrer Profite hörte, als begeisterte Farmer die frohe Botschaft von Ereignissen wie dem folgenden verbreiteten:

Einer der ersten von Upton und Knuth durchgeführten Großversuche betraf 80 Morgen Aoala X-44 kurzfaserige Baumwolle inmitten von 480 Morgen auf der Cortaro Ranch, in der Nähe von Tucson, Arizona. Mit einer Luftaufnahme nur der 80 Morgen behandelten sie diese zusammen mit 160 angrenzenden Morgen, die einem Herrn Anway gehören, gegen Käfer.

Am 25. September 1950 schrieb Herr W. S. Nicholas, Präsident der Cortaro Management Co.[26] (Kursivschrift durch den Autor):

> Unsere Erfahrung war, und frei heraus, wir sind einigermaßen verblüfft, dass *wir auf unseren 80 Morgen und den 160 Morgen Testgebiet von Herrn Anway keine Gelegenheit fanden, irgendwelche Insektizide einzusetzen*. Auf den anliegenden Feldern

26 Alle Briefe aus diesem Kapitel stammen aus den Akten der *Homeotronic Foundation* und werden mit deren Erlaubnis zitiert.

betrugen unsere Kosten für Insektizide, die sowohl per Traktor als auch per Flugzeug ausgebracht wurden, mehr als 8 US$ pro Morgen. Herrn Anways Erfahrung war die gleiche. Alle zur Verfügung stehenden Leute überprüften die Testfelder auf Käfer.

Unsere Erfahrung war, dass es einen leichten Befall von schädlichen Insekten gab und wir leiden natürlich unter dem Maisohrwurm und Ähnlichem, *aber die Insekten kommen und gehen bei fortgesetzter Behandlung ohne schädliche Folgen.*

Auf unserem anliegenden Land und auf dem Land vieler Züchter in der gesamten Gegend trat ein ziemlich schwerwiegender Blattlaus-Befall auf. Dieser war ernst genug, dass der Landesvertreter eine spezielle Zusammenkunft einberief.... und mehr als 60 Züchter und deren Repräsentanten erschienen. Sie fanden überall Blattläuse, *jedoch keine auf den Testparzellen.*

... wir haben zwar keine wissenschaftliche Untersuchung gemacht, aber die praktischen Ergebnisse führen uns zu der Schlussfolgerung, dass... wir dieses Verfahren im nächsten Jahr auf unsere gesamten 2800 Morgen Baumwolle anwenden werden....

Frei heraus gesagt, wir erwarten Magengeschwüre, wenn wir nächstes Jahr Käfer zählen, aber wenn wir die gleichen Resultate mit dem gesamten Projekt erzielen wie auf dem Testgebiet, sparen wir ungefähr 20.000 US$ und wir wollen für diese substanzielle Summe beträchtliche Anstrengungen unternehmen.

Bitte verstehen Sie dies weder als Empfehlung noch als Werbung. Unsere Ergebnisse können Zu-

> fall sein; der Repräsentant von UKACO (Uptons Firma) hatte sich jedoch etwas zum Ziel gesetzt und es erreicht. *Wir meinen entschieden, dass dieses Verfahren möglicherweise einen deutlichen Fortschritt in unserem immerwährenden Kampf gegen die Insekten verspricht.*

Es wird berichtet, dass diese Züchter aus Arizona mit dem Erfolg dieser Experimente so zufrieden waren, dass sie etwas von ihren übrig gebliebenen Chemikalien an weniger glückliche Nachbarn verkauften – was die lokalen Chemieverkäufer weniger erfreute, als sie die Nachricht bekamen.

Herr Edward Anway aus Marana, Arizona, schieb am 7. Juni 1951 einen offenen Brief 'An alle, die es angeht':

> Ich beziehe mich auf die Insektenbekämpfung durch Elektronik in dieser Gegend. Es gab verschiedene Beispiele, von denen ich glaube, dass sie ihre Wirksamkeit bewiesen haben.
>
> Ich beackere 400 Morgen, die unter elektronischer Kontrolle stehen und habe keine Insekten auf diesem Feld. Mein Nachbar auf der anderen Straßenseite, der nicht unter Elektronik steht, musste bereits bestäuben.
>
> Es gibt in diesem Tal ungefähr 14.000 Morgen bebautes Land, von denen 6.000 Morgen unter elektronischer Kontrolle stehen. Nichts vom elektronisch kontrollierten Land wurde bestäubt, aber das meiste andere Land musste.
>
> Ich persönlich denke, die Elektronik ist sehr effektiv.

In der gleichen Woche schreibt Herr Harm Stubbe, aus Route No. 1, Tucson, Arizona, an Uptons Repräsentanten:

> Dies ist eine Erklärung über das, was hier mit dem Blattwurm in den letzten 48 Stunden passierte.
>
> Wir bemerkten vorgestern und gestern einen sehr starken Befall mit Blattwürmern. Heute, ohne offensichtlichen Grund außer Ihrer Behandlung mit Elektronik, sind die Würmer verschwunden und nach sehr genauer Untersuchung konnten wir keinen Wurm mehr finden.
>
> Dies ist keine Empfehlung sondern nur eine Aussage darüber, was ich mit eigenen Augen gesehen habe.

In den vorherigen Jahren hatten Uptons Repräsentanten Beutelmelonen in der Nähe von Phoenix, Arizona behandelt und der Eigentümer, Herr H.F. Lundberg, schrieb am 25. Januar 1951:

> Ich würde gerne die Ergebnisse für die Beutelmelonen kommentieren, die mit Ihrer Elektronik behandelt wurden. Alle Beobachtungen stellten sich als vorteilhaft heraus.
>
> Das gesamte Feld war während der gesamten Wachstumssaison insektenfrei, obwohl die umgebenden Felder von Zeit zu Zeit bestäubt werden mussten.
>
> Die Produktion war außergewöhnlich für späte Beutelmelonen und ich meine, die Behandlung war sehr erfolgreich, zumindest würde ich sie gerne in der kommenden Saison wieder benutzen...

Als sich die Kunde verbreitete, wurden die chemische und die Düngemittelindustrie immer besorgter. Deren Repräsentanten taten ihr Möglichstes um das neue Verfahren lächerlich zu machen und die Farmer zu entmutigen, es auszuprobieren.

Es dauerte jedoch noch mehrere Jahre, bis sie es schafften, von weiteren Versuchen so erfolgreich abzuschrecken, wie es die medizinischen Autoritäten im Bereich der Behandlung menschlicher Patienten taten, wie wir in Kürze sehen werden.

3

Curtis Upton starb 1966. Weil der Autor ihn leider nie traf, ist er nicht in der Lage, exakt herauszufinden, wann Upton die Idee der Feldfrüchtebehandlung zuerst hatte oder wie viele Jahre er dazu benötigte, seine Ausrüstung zu entwickeln und seine ersten erfolgreichen Ergebnisse zu bekommen. Es scheint wahrscheinlich, dass er diese Forschung in seiner Freizeit durchführte, während er seine Karriere als Ingenieur verfolgte und bis der Ausbruch des 2. Weltkriegs ohne Zweifel seine Arbeit unterbrach. Man weiß aber, dass er nach dem Krieg im Jahre 1947 von seinem alten Freund und Zimmergenossen in Princeton, Howard H. Armstrong aus Newport, Pennsylvania, besucht wurde, dem er seine Ausrüstung und Resultate seiner Experimente vorführte.

Armstrong war ebenfalls der Sohn eines Erfinders und ein brillanter Metallurge und Chemieingenieur. Mit seinem scharfen und erfinderischen Geist sah er die potenzielle Bedeutung der Entdeckungen seines alten Freundes sofort – wie bizarr sie dem ersten Anschein nach auch gewirkt haben müssen – und beschloss sein Bestes zu tun, um ihm zu helfen.

Er kehrte mit Uptons Ausrüstung von Kalifornien nach Harrisburg zurück, um Pflanzen und Feldfrüchte zu behandeln und hatte das große Glück, das Interesse eines weiteren Freundes, Brigadegeneral Henry M. Gross, USA (pensioniert), zu erwecken sowie auch dessen Unterstützung zu erwerben.

Als Mitglied einer der ältesten Familien in Pennsylvania ist General Gross einer der bekanntesten und beliebtesten Menschen im Staat. Er hatte eine ausgezeichnete Militärakte in beiden Weltkriegen und war zu dieser Zeit – und für viele Jahre danach – in der verantwortungsvollen, wenn auch undankbaren Position des Leiters des *Selective Service System* für ganz Pennsylvania. Seine dynamische Persönlichkeit, seine gesellschaftliche Stellung und sein Ruf als fairer und neutraler Richter sollten sich als äußerst wertvoll erweisen, um die neue Wissenschaft in Gang zu bringen.

Nebenbei bemerkt ist es interessant festzustellen, dass diese drei Männer als Ingenieure ausgebildet waren – die ursprüngliche Ausbildung des Generals war die eines mechanischen Ingenieurs. Und ungefähr zur selben Zeit war auf der anderen Seite des Atlantiks ein anderer Ingenieur, George de la Warr, aktiv in der Radionikforschung engagiert. Dies bedeutet wohl, dass ein Ingenieurstudium den Geist nicht verschließt oder die Vorstellungen in solchem Maße versteift, wie das einige andere Studien zu tun scheinen. Dies ist vielleicht so, weil die Ingenieurskunst Visualisierung *neuer* Dinge und *neuer* Möglichkeiten erfordert.

Als sie zum ersten Mal zusammen arbeiteten, um Uptons Entdeckungen zu entwickeln, gründeten Upton, Knuth und Armstrong eine Firma mit dem Namen U.K.A.C.O. – abgeleitet aus den ersten Buchstaben ihrer Familiennamen. Als Gross sich zu interessieren begann, gewann er noch einen weiteren Freund hinzu, Roland M. Benjamin, *Executive Secretary of the Pennsylvania Farm Bureau*[27], und zusammen gründeten sie die *Homeotronic Foundation*[28]. Dies war eine gemeinnützige

27 Ausführender Sekretär des Pennsylvania Farm Büros

28 Stiftung ('homeotronic' = Kunstwort aus den Wortteilen 'Homöo' (homoios, gr. = ähnlich) [(bzw.: 'Homöo' (-pathie)] und (elec-)'tronic')

Forschungseinrichtung, die gegründet wurde, um U.K.A.C.O zu übernehmen und die wissenschaftliche Arbeit Uptons zu fördern. Gross war Präsident der Stiftung; Benjamin Vizepräsident und Upton wissenschaftlicher Berater[29].

Da die Stiftung gemeinnützig war, durfte sie nicht kommerziell tätig werden. Sie hatte aber nicht die finanziellen Ressourcen, den zunehmenden Anfragen der Farmer nachzukommen, die ihre Feldfrüchte behandelt haben wollten aber nicht aus wissenschaftlichem Interesse sondern als rein kommerzielles Geschäft.

Obwohl die Kosten für Ausrüstung und Versorgungsmaterial gering waren, bedeutete die Behandlung vieler über den Staat verteilter Gebiete einen großen Aufwand an persönlichem Service und Reisekosten. Luftfotografien waren ebenfalls teuer. So befanden es General Gross und seine Freunde für notwendig, eine Gesellschaft zu gründen, welche *Radiurgic*[30] *Corporation* genannt wurde, die als Geschäft auftrat und die Feldfrüchte kommerziell behandelte.

Diese Basis konnte nicht fairer sein und fand bei den Farmern sofortigen Anklang. Die Verträge der Gesellschaft mit den Farmern führten aus, dass diese nur für den Service der Gesellschaft zahlen sollten, *nachdem die radionische Behandlung Erfolge erzielt hatte*. Die nominellen Gebühren wurden auf einen geringen Prozentsatz jeglichen Zuwachses an Geldwert der Feldfrüchte festgelegt, der aus der Radionikbehandlung resultierte. Diese Zuwächse konnten durch den Unterschied der Erträge zwischen behandelten Feldfrüchten und

29 Gründungsmitglieder der Homeotronic Foundation waren H.H. Armstrong, R.N. Benjamin, Henry M. Gross, William J. Hale (Forschungsdirektor der Dow Chemical Corp.), Ben G. Helsel, Sterling G. McNees und Raymond J. Norton

30 Kunstwort, das den Wortteil Radio enthält

angrenzenden, unbehandelten Kontrollgebieten geschätzt werden. Ohne Zuwachs bezahlte der Farmer nichts. Diesem machte jedoch eine Gebühr für erhöhten Ernteertrag nichts aus noch schmerzte sie ihn, insbesondere, da er in den meisten Fällen von den Kosten für Düngemittel und Pestizide entlastet war.

Zuerst wurden diese Behandlungen 'Elektronik', 'Radiotonik', 'Biotonik' oder 'Homeotronic' genannt. Aber schließlich verwendete die Gesellschaft den Begriff 'Radiurgik', um ihren aktiven Einsatz in der praktischen Anwendung von den Forschungsfunktionen der Stiftung *Homeotronic Foundation* abzugrenzen. Seit diesen Tagen hat sich der Begriff 'Radionik' allgemein eingebürgert, und um Verwirrung zu vermeiden, wird er in diesem Buch – einschließlich der Berichte im Anhang - nun ebenfalls verwendet.

Leider existiert die *Radiurgic Corporation* aus Gründen nicht mehr, die noch erklärt werden. Jedoch freuen wir uns berichten zu können, dass es die *Homeotronic Foundation* in Harrisburg noch gibt, mit General Gross als Präsident, bereit die Wissenschaft der landwirtschaftlichen Radionik wiederzubeleben, wenn weitere Ressourcen und entsprechende Menschen gefunden werden können, um die Arbeit fortzuführen.

Obwohl die Stiftung und die Gesellschaft nur mit Landwirtschaft befasst waren, war Upton als Privatmann großzügig in der Anwendung seiner radionischen Talente, um den Kranken zu helfen, wofür er niemals Geld annahm. Unglücklicherweise wurde 1960, gegen Ende seines Lebens, seine Frau überlistet, eine kleine Summe markierten Geldes von einem vorgeblich dankbaren Patienten anzunehmen, der dies dann prompt der Polizei meldete.

Als Ergebnis wurde der gutherzige Upton in Tucson, Arizona, für zwei Tage ins Gefängnis geworfen, bis ihn seine

Freunde gegen Bürgschaft herausholen und einen Anwalt zu seiner Verteidigung engagieren konnten. Er bekam eine Bewährungsstrafe, aber natürlich beeinflusste das seine Arbeit für die Stiftung und die Gesellschaft überhaupt nicht.

Wenn Upton der erste war, der wegen des Gebrauchs seiner radionischen Fähigkeiten im Dienste kranker Menschen verfolgt wurde, so war er nicht der Letzte, wie wir noch sehen werden. Denn wenn er sich in seinen Dogmen oder in seinem Auskommen potenziell bedroht sieht, dann kann der medizinische Berufsstand so rachsüchtig wie uninformiert sein – wie die Geschichte der großen medizinischen Entdeckungen zeigt.

Als Resultat ist die professionelle, medizinische Anwendung der Radionik in den USA illegal. Amerikanische Radionikanwender müssen ihre Fähigkeiten im Exil anwenden, um ihren Patienten in anderen Ländern zu helfen. Großbritannien ist da toleranter, trotz der Anstrengungen von Sir Thomas Horder und einiger Mitglieder des britischen Medizinerberufsstands. Radionische Behandlung von Kranken ist in England legal. Als Folge davon ist die Wissenschaft der Radionik gegenwärtig in England viel weiter fortgeschritten als in den USA.

4

In den Akten der Gesellschaft befinden sich unschätzbare Berichte von Experimenten, Spezifikationen von Instrumenten, Einzelheiten von 'Reagenzien', Statistiken von Erfolgen[31] und – nicht weniger wichtig – Beschreibungen von Fehlschlägen und zu vermeidenden Techniken. All diese wissenschaftlichen Daten und all das praktische 'Know-how' wird von höchster Bedeutung sein, wenn verantwortliche und ideenreiche Men-

31 Einige davon werden im Anhang aufgeführt.

schen gefunden werden können, welche die Arbeit fortführen. Das wird ihnen natürlich auch eine Menge Zeit und Kosten einsparen, denn bei dieser Arbeit ist Know-how überaus wichtig und sogar kleinere Variationen von Uptons Methoden können negative Ergebnisse hervorbringen.

Um die Bedürfnisse für die radionische Behandlung von Feldfrüchten zu befriedigen, musste die Gesellschaft eine Reihe von Behandlungsinstrumenten herstellen. Diese gab es in zwei Größen – eine in der Größe einer tragbaren Nähmaschine und die andere etwa zweimal so groß wie ein Schuhkarton. Um sicherzustellen, dass sie richtig angewandt wurden, wurden sie nie an Außenstehende verkauft und befanden sich stets unter der strikten Kontrolle der Gesellschaft.

Fünf Männer, von denen jeder in einem von fünf Landkreisen arbeitete, waren mit der Arbeit befasst. Nachdem Upton oder einer seiner Gesellschafter den Luftaufnahmen-'Schlüssel' vorbereitet und die Erfordernisse für diese spezielle Feldfrucht diagnostiziert hatte, kam ein Repräsentant der Gesellschaft und installierte ein Instrument in eines Farmers Haus oder Scheune und schloss es an dessen Stromversorgung an. Der 'Schlüssel' und das Reagens wurden auf die Kollektorplatte gelegt und der Farmer angewiesen, das Instrument jeden Tag für so und so viele Minuten während der entsprechenden Saison einzuschalten.

Die Durchführung dieses geheimnisvollen und schwer fassbaren Verfahrens war reine Psychologie. Dem Farmer wurde das Gefühl vermittelt, dass er etwas tat und dass 'wirklich etwas passiert'.

Gelegentlich hatte in den frühen Tagen ein Farmer keine Stromversorgung und die Gesellschaft musste ihm einen tragbaren Generator leihen. Aber mit der Entwicklung Batterie getriebener, mit Transistoren ausgerüsteter Geräte war dies nicht länger notwendig.

In den Unterlagen sind viele Berichte von Uptons genialen Ideen. Zum Beispiel entdeckte er – der Himmel mag wissen wie –, dass eine Bleistiftmarkierung auf einem Stück Papier als 'Schlüssel' für die Diagnose und Behandlung seines Freundes genau so effektiv war wie ein Blutstropfen. Diese Markierung musste jedoch auf eine bestimmte Weise gemacht werden. Er bat seinen Freund, einen gewöhnlichen, an *beiden* Enden angespitzten Bleistift über ein Blatt Papier zu halten. Upton hatte zuvor einen kräftigen Stabmagneten über den Stift und das Papier geführt, um ungewollte 'Strahlung' zu entfernen. Dann bat er seinen Freund, einige Markierungen auf das Papier zu malen oder seine Unterschrift so zu schreiben, dass er mit dem Daumen das Graphit des einen Endes berührte, während das andere Ende auf das Papier gedrückt wurde.

Upton nahm dann das Papier mit Gummihandschuhen auf, legte es auf sein Instrument und stellte die Diagnose. Und seine Freunde waren oftmals in der Lage, seine Treffsicherheit durch eine gewöhnliche ärztliche Diagnose zu bestätigen.

Einen Graphitstift-'Schlüssel' kann man auch von einem Baum oder einem Strauch bekommen. Mit Gummihandschuhen hält der Anwender das eine Ende eines Stifts gegen den Stamm eines Baums unter das Kambium und reibt ein Stück Papier gegen das andere Ende.

Obwohl diese Art von 'Schlüssel' – oder Muster, wie es die Engländer nennen – heute selten verwandt wird, ist er zumindest von wissenschaftlichem Interesse und mag vielleicht für zukünftige Forscher noch irgend eine Nützlichkeit und Bedeutung haben.

Upton war vermutlich der Erste, der fotografische Negative als 'Schlüssel' benutzte – wie früher schon erwähnt. Gewiss war er der Erste, der diese Form des 'Schlüssels' in der radionischen Landwirtschaft anwandte. Und es war sein fruchtbarer Geist, der diesen genial einfachen Plan entwarf, unbehandelte Streifen als Kontrollgebiete in einem offenen Feld abzugrenzen. Es sollte betont werden, dass Upton und seine Gesellschafter von Anfang an äußerst sorgfältig darauf achteten, unbehandelte Kontrollgebiete in allen ihren landwirtschaftlichen Experimenten einzurichten, damit sie ihre Ergebnisse überprüfen konnten.

Einige Leser könnten sicherlich meinen, dass die Verwendung von Blättern, Negativen oder Bleistiftmarkierungen zum Verbinden der Behandlungsinstrumente mit einem Patienten oder einer Feldfrucht nach reiner Hexerei riecht, sogar mehr noch als die Verwendung von Blutstropfen in der Diagnose und Behandlung von Menschen. Zugegeben, all das ist schwer zu glauben – und noch schwerer zu erklären – aber der Leser wird um Geduld gebeten. Später in diesem Buch wird, wie versprochen, der Versuch unternommen, diese Phänomene zu erklären. Das geht aber erst, nachdem weitere Entdeckungen und Entwicklungen – einige davon auf anderen Gebieten – beschrieben worden sind.

Für den jetzigen Zeitpunkt sei der Leser gebeten, sein Urteil aufzuheben und zu bedenken, dass die beschriebenen Phänomene *praktische Ergebnisse* hervorgebracht haben, die – wie die zitierten Briefe gezeigt haben – von unabhängigen, praktischen, intelligenten und integren Beobachtern bezeugt wurden.

5

Upton, Knuth und Armstrong führten ihr erstes Großexperiment in Pennsylvania auf einigen Maisfeldern durch. Sie platzierten Luftaufnahmen der Felder auf die Kollektorplatte zusammen mit einem Spritzer einer ungewöhnlichen Substanz, die Armstrong bei vorangegangenen Experimenten als höchst effektives Reagens zur Eliminierung des Maiszünslers gefunden hatte.

Dieses Experiment war so erfolgreich, dass Armstrong ermutigt war, weitere an verschiedenen Feldfrüchten mit verschiedenen Schädlingen auf Farmen und in Gärten um Harrisburg durchzuführen. Er lud B.A. Rockwell – Forschungsdirektor der *Pennsylvania Farm Bureau Co-operative Association* – ein, die Experimente zu bezeugen und die Ergebnisse zu überprüfen.

Es sollte angemerkt werden, dass Rockwell ein vollständig unabhängiger und neutraler Zeuge war, der niemals irgendwelche Honorare von der *Hometronic Foundation* oder der U.K.A.C.O. bekam.

Rockwell war so beeindruckt, dass er am 24. November 1948 einen bemerkenswerten offenen Brief 'Wen es angeht' schrieb, aus dem die folgenden Zitate stammen (Kursivschrift vom Autor):

> Im letzten August beobachtete ich ein höchst ungewöhnliches Experiment in der Insektenbekämpfung. *Mittels Radionik tötete Herr H.H. Armstrong anscheinend Japankäfer aus einer Entfernung von 32 Meilen*[32]... Aus den vorliegenden Beweisen können wir annehmen, dass mittels radionischem Sprühprozess Japankäfer, Blattläuse in Kartoffeln und Mais und vielleicht viele andere Schadinsekten, die Farm- und Handelsfeldfrüchte, Obstgärten, Holzstapel oder Zierbäume und -sträucher schädi-

32 ca. 51 km

> gen, von einer zentralen Stelle aus über ein Gebiet von 30 bis 40 Meilen oder noch größeren Entfernungen im Durchmesser bekämpft werden können. *Weiterhin sind die Kosten für eine solche Behandlung so klein, dass es kaum glaubhaft erscheint...*

Rockwell trug dann eine Theorie vor, um die Wirkung des radionischen Prozesses zu erklären und erläuterte die vier verschiedenen benutzten 'Schlüssel' - ein Teil eines Blatts der zu behandelnden Pflanze, Foto, Markierungen mit Graphitstift und die Verwendung eines Katalysators – Letzterer wurde nur sehr selten eingesetzt.

Diese Methode wurde von Armstrong entwickelt, um einzelne Pflanzen oder kleine Pflanzengruppen zu behandeln. Von einem geeigneten, fein pulverisierten Erz wurde ein Kohlenstift-'Schlüssel' genommen und das Pulver dann um die Pflanze herum verstreut, wobei etwas auf die Erde und etwas auf die Wurzel der Pflanze gestreut wurde. „Dann", so schreibt Rockwell, „... erhalten die Pflanzen eine Stresssendung von Giftspray auf der Schwingungswelle des Pulvers. Warum das so ist, weiß heute keiner... Durch Luftbestäubung (mit Flugzeugen) könnte die Katalysemethode für große Flächen praktikabel werden."

Er fährt fort:

> Jedes normale Leben auf dieser Erde ist das Ergebnis elektrochemischer Balance. Wenn diese beiden Faktoren im Gleichgewicht sind, ist die Pflanze oder das Tier stark und kräftig, widersteht Krankheiten und macht das Beste aus seiner Umgebung. Wenn elektrochemisches Ungleichgewicht herrscht, übernehmen verzögertes Wachstum und Krankheiten das Kommando.

Bis kürzlich hat der Autor jedoch noch nie etwas erlebt, das diese elektrochemische Theorie so überzeugend bestätigt hat. Im letzten Sommer prüfte der Autor persönlich Rhabarber, Pfingstrosen und Obstbäume, die mit der Schwingung ihrer eigenen verstärkten Spannung besendet wurden.

Der Rhabarber und die Pfingstrosen waren viel größer und kräftiger als die benachbarten unbehandelten Pflanzen, während die Obstbäume bei weitem größer wurden als ihre Nachbarn in der gleichen Umgebung. Es schien, dass diese radionisch behandelten Pflanzen einen Nutzen daraus gezogen hätten...

Wäre es ein Irrtum daraus zu schließen, dass sie von Giften gereinigt, harmonisiert und in elektrochemisches Gleichgewicht gebracht wurden? Wenn es möglich ist, Pflanzen durch Radionik Gutes zu tun, warum dann nicht auch Tieren und Menschen?

Es scheint daher, dass Armstrong diese Pflanzen kräftigte, indem er sozusagen ihre eigenen radionischen Frequenzen 'recycelte'. Denn bei diesen Experimenten benutzte er keinerlei Dünger auf der Kollektorplatte – nur einen 'Schlüssel'. Mit anderen Worten, er schaffte es die Pflanzen dazu zu bringen, *sich selbst* ohne zusätzliche chemische Hilfe *zu kräftigen*. Diese Methode führte zu dem Namen 'Homeotronic'.

Rockwell fährt dann mit der Diskussion der radionischen 'Giftstress'-Projektion zur Schädlingsbekämpfung fort und stellt fest:

Die im radionischen Prozess verwendeten Gifte bestehen aus natürlichen Giften, wie Pyrethrum, Rotenon, Nikotin, Schierling, dunkelroter Geranie, Schachtelhalm, Sumach und Ähnlichem. Andere (künstlich hergestellte) Chemikalien, wie Quecksilber- oder Arsen-Verbindungen scheinen nicht annähernd so effektiv zu sein.

Rockwell schließt seinen Brief:

> Diesem Artikel liegt ein Bericht über ein Experiment zur Vernichtung japanischer Käfer bei, welches der Autor im August beobachtete. Ich besuchte auch Herrn H.H. Armstrong in seinem Haus und das einzige Insekt, das ich auf seinem Grundstück finden konnte, war ein Blatthüpfer. [*Armstrong und seine Gesellschafter behandelten natürlich ihre eigenen Gärten radionisch – Anm. des Autors.*]
>
> *Deshalb glaubt die Pennsylvania Farm Bureau Co-operative Association, dass genügend positive Beweise zur Verfügung stehen, die ein ziemlich ausgedehntes Versuchsprogramm im Jahre 1949 rechtfertigen, um die radionischen Möglichkeiten der Insektenbekämpfung noch weiter zu bestimmen.*

Dieser Brief eines unabhängigen und hochqualifizierten Landwirtschaftsforschers ermutigte Armstrong und seine Freunde natürlich, weitere Experimente durchzuführen. Viele Farmer in Pennsylvania, die Rockwells neutralem Urteil vertrauten und denen er von dem neuen Verfahren erzählte, bekamen Interesse und wurden begierig darauf, ihre Feldfrüchte behandeln zu lassen.

Wie man aus den technischen Berichten im Anhang ersehen wird, wurde in den nächsten Jahren eine beeindruckende Anzahl von erfolgreichen Experimenten erzielt. Aber diese Berichte zeigen nicht die Unmenge sorgfältiger Arbeit – vieles davon durch Versuch und Irrtum –, die jene Erfolge erst möglich machte. Und, wie man sich vielleicht schon denken kann, war das überhaupt keine einfache Aufgabe. In einem späteren Bericht schreibt Rockwell:

> So erstaunlich diese Ergebnisse auch sein mögen, es gibt immer noch massenhaft Stolpersteine und zahlreiche Hindernisse zu überwinden. Man ist da überhaupt nicht auf Rosen gebettet. Es waren für den Autor zum Beispiel Jahre notwendig, um zu lernen, wie man die Larve des schwarzen Weidenkäfers durch Homeotronic tötet. Unsere Ergebnisse mit Kohl waren, wenn wir ihn fotografierten, gleich Null. Darüber hinaus haben sich alle Anstrengungen an der Cornell Universität und am Pennsylvania State College, schädliche Insekten zu bekämpfen, als vergeblich erwiesen, wenn die Wirtspflanze in einem Tontopf war.
>
> Mit vermehrter Anstrengung werden also auch die Probleme größer. Das Wissen ist in der Tat noch sehr gering, aber es gibt eine Menge zu lernen.

Die Homeotronic Stiftung wurde natürlich ins Leben gerufen, um die radionische Landwirtschaft zu entwickeln und zu lenken und bis zum heutigen Tag sind nicht alle Geheimnisse gelüftet oder Probleme gelöst. Zum Beispiel ist sich niemand ganz sicher, wie oder warum die Transmitter so erfolgreich funktionierten, wie sie es taten. Ursprünglich dachte man, die radionische Frequenz des 'Schlüssels' und des Reagens würde irgendwie die Radiofrequenz modulieren und in gleicher Weise zu den Feldfrüchten gesendet werden wie Radioprogramme zu Radioempfängern. Aber General Gross erzählte dem Autor, er denke, dass diese Analogie nicht korrekt sei. Er glaube, dass eine Art 'Resonanzphänomen' beteiligt ist und dass die Instrumente nicht im eigentlichen Sinne 'senden'. Wir müssen diese Frage jedoch zurückstellen, bis wir die Natur der Radionik zu erklären versuchen.

Gleichwohl brachten die ersten beiden Jahre in Harrisburg genügend Erfolg, um alle Beteiligten zu überzeugen, dass ihre Arbeit von höchster Bedeutung war, und sie zum Weitermachen zu ermutigen.

Zum Beispiel fasst Rockwell im gleichen Bericht einige Erfolge davon zusammen (Kursivschrift durch den Autor):

> Im Jahre 1949 wurde die Forschungsabteilung der *Pennsylvania Farm Bureau Co-operative Association* von H.H. Armstrong von UKACO gefragt, ob sie unter seiner Anleitung und Führung Homeotronic Experimente durchführen würden. 85 verschiedene Tests wurden gemacht, 30% davon waren positiv. Im folgenden Jahr, 1950, war die Forschungsabteilung des *Farm Bureau* dank der vorangegangenen Trainingsperiode in der Lage, etwas unabhängiger zu arbeiten und vollendete 78 verschiedene Experimente, von denen 66% *positive Werte zeigten.*
>
> Ein paar der außergewöhnlicheren Ergebnisse während der beiden vergangenen Jahre, die von verantwortungsbewussten Individuen bezeugt und überprüft wurden, sind folgende:
>
> Kartoffeln haben die beste Reaktion auf Homeotronic Behandlungen gezeigt. 1949 wurden deshalb Kartoffelgebiete in Nord- und Südpennsylvania aus Entfernungen *bis zu 220 Meilen behandelt und brachten 13% mehr Ertrag als die Kontrollgebiete ein, die nach konventioneller Methode siebenmal gesprüht werden mussten.*

1950 wurde das Experiment wiederholt und der Ertrag der mit Homeotronic behandelten Flächen war um 22% größer als der der Kontrollflächen, welche die konventionellen Sprays erhielten.

In zwei aufeinander folgenden Jahren wurde der Schwarze Walnussbaumkäfer in Northampton, Pennsylvania, auf eine Entfernung von 80 Meilen getötet. Unbehandelte Bäume wurden in allen Experimenten als Kontrolle benutzt.

Ulmen, die von der Holländischen Ulmenkrankheit befallen waren, wurden aus einer Entfernung von bis zu 14 Meilen stimuliert und wiederbelebt.

In einem Test mit vier Maisfeldern, zwei davon im Dauphin County und zwei im Northampton County, Pennsylvania, *zeigten mit Homeotronic behandelte Teile der Maisfelder in der aktuellen Zählung 65% verbesserte Kontrolle der zweiten Brut des europäischen Maiszünslers. Bis heute hat keine praktische oder ökonomische Behandlung eine solche Effizienz erreicht*.

Fast perfekte Kontrolle des Maisohrwurms und des europäischen Maiszünslers wurde bei Tests in drei Süßmaisfeldern erreicht, zwei im Cumberland County, Pennsylvania, und eines im Dauphin County ...

Zum Schluss... Homeotronic weist möglicherweise ungewöhnliches Potenzial auf, das zu weitergehender Forschung anregen sollte. Sobald mehr Wissen gewonnen ist und eine verbesserte Technik entwickelt wurde, um die Homeotronic zu 80 – 90% effektiv zu machen, wird unser gesamtes Schädlingsbekämpfungsprogramm revolutioniert werden und viele werden davon profitieren. Bis jetzt lässt sich das viel zu oft gebrauchte Wort 'Das geht nicht' in Bezug auf Homeotronic nicht rechtfertigen.

6

Bei einem der größten und erfolgreichsten Experimente, das von der Radiurgic Corporation unter Lizenz der Homeotronic Stiftung durchgeführt wurde, ging es um die Behandlung von nicht weniger als 91 einzelnen Maisfeldern, die alle mit dem gleichen Käfer befallen waren. Die beschädigten Fasern waren stumme Zeugen des Befalls.

Für diese Groß-Operation benötigte man Luftaufnahmen von jedem einzelnen Kornfeld und die Bestimmung von Vertretern zur Überwachung der Behandlung in jedem County. Upton hatte das beste Reagens zur Vernichtung der Käfer vorgeschrieben; und die Behandlungsinstrumente – mit diesem Reagens und dem Fotonegativ-'Schlüssel' auf der Kollektorplatte – wurden in geeigneten Farmhäusern installiert.

Erfolgreiche Experimente anderer Art wurden mit Kartoffeln im 'Kartoffelkamp' durchgeführt – einem Jagdgebiet, das von der *Pennsylvania Potato Growers Association*[33] zur Kartoffelforschung geliehen wurde. Als Teil des Forschungsprogramms markierten Armstrong und Benjamin einige Stellen für die Radionikbehandlung und erzielten einen 30%-igen Zuwachs an Ertrag im Vergleich zu unbehandelten Flächen.

Tests mit Radionikbehandlung im 'Kartoffelkamp' in drei aufeinander folgenden Jahren, durchgeführt von der *Pennsylvania Potato Growers Association*, erbrachten einen solchen Erfolg, dass Kartoffelanbauer aus dem ganzen Staat um Be-

33 Pennsylvania Kartoffelzüchter Gesellschaft

handlung ihrer Felder baten. Die *Radiurgic Corporation* bediente so viele wie möglich ohne Kosten zu berechnen.

Dann geschah ein Unglück. Eine Kartoffelfäule suchte die meisten Pflanzen in Pennsylvania heim. Dies traf den Staat mit solcher Plötzlichkeit, dass Upton und Armstrong keine Zeit fanden, auch nur zu versuchen, ein Gegengift zu finden. So musste dieses vielversprechende Experiment abgebrochen werden.

Sieht man sich die Berichte dieser Jahre an, ist man erstaunt über die Menge der durchgeführten Arbeit und den in relativ kurzer Zeit und mit begrenzten Ressourcen und Personal erreichten Erfolg. Was die *Radiurgic Corporation* erreicht hat, hätte einer viel größeren Firma mit viel größeren Ressourcen zur Ehre gereicht.

Nach normalen Standards war die Corporation absurd unterbesetzt. Upton, Armstrong und – zeitweise – Knuth brachten sich als Vollzeitkräfte ein. Armstrong steuerte seine praktische Erfahrung bei und arbeitete die besten Methoden und die beste Organisation aus. Aber General Gross war mit seinen Pflichten als Leiter des *Selective Service System* des Staats schwer beschäftigt und konnte nur einen begrenzten Teil der Mühen auf sich nehmen. Seine weise Führung jedoch, seine immer bereitwillige Ermutigung und seine große Reputation waren von unschätzbarem Wert.

Benjamin hatte umfangreiche Pflichten als Ausführender Sekretär des *Pennsylvania Farm Bureau*, während Rockwell als Leiter der Forschungen des Farm Bureau ständig Forderungen zur Lösung normaler landwirtschaftlicher Probleme nachkommen musste und der Radionik nur in Teilzeit zur Verfügung stehen konnte.

Curtis Upton war – wie Abrams – ein klassisches Beispiel dafür, was eine Gesellschaft einem Individuum verdankt – etwas, das viel zu oft vergessen wird. Denn heute gibt es – speziell in den USA – das Vorurteil, dass jedes Problem mit genügend Männern und Geld gelöst werden kann. Für einige trifft das natürlich zu, aber jedes Problem, das *eine vollkommen neue Idee* erfordert, kann nur durch den kreativen Geist eines *Individuums* gelöst werden. Noch nie wurde eine neue Idee durch ein Komitee produziert, obwohl Komitees manchmal dazu beitragen, sie zu entwickeln. Öfter jedoch wird ein Komitee sie abwürgen, wie Charles Kettering, der große amerikanische Erfinder, beißend beobachtete.

Die Radionik wurde von Albert Abrams entdeckt; landwirtschaftliche Radionik durch Curtis Upton. Ohne Uptons ideenreichen und genialen Geist wäre Homeotronic gar nicht erst entstanden. Ohne seine Vision und seinen Enthusiasmus hätte er nicht den Beistand seiner Gesellschafter gewinnen und ihre Vorstellungskraft entzünden können.

Upton löste eine kleine Kettenreaktion aus, deren Energie die begrenzten Ressourcen dieser frühen Gruppe hingebungsvoller Pioniere mehr als wettmachte.

Der Autor hat weder eine Bilanzaufstellung ihrer Operationen gesehen noch um eine gebeten. Aber er würde zu schätzen wagen, dass diese potenzielle Revolution in der Landwirtschaft viel weniger kostet als ein Astronautenanzug.

Wenn also eines Tages Homeotronic ihren vorbestimmten Part bei der Erleichterung der Lasten der Farmer der Welt spielt, wird – in Erinnerung an die kleine Gruppe in Harrisburg – jemand versucht sein, Sir Winston Churchill zu zitieren und erklären, dass 'niemals so viele Farmer so Wenigen so vieles zu verdanken haben.'

7

Nach einem solch viel versprechenden Beginn ist es traurig zu berichten, dass diese wichtige Arbeit innerhalb von ein paar Jahren nachließ und schließlich ganz endete. Seit ein paar Jahren sind keine weiteren Entwicklungen vonstatten gegangen. Dies ist – paradoxerweise - hauptsächlich deswegen so, weil Homeotronic zu erfolgreich war.

Begeisterte Berichte der Farmer aus Kalifornien und Pennsylvania, einige Publicity über dieses bemerkenswerte neue Verfahren in Zeitungen, rückläufige Verkaufszahlen von Düngemitteln und Pestiziden in diesen Gebieten erschreckte die Hersteller und veranlasste sie, subtile Gegenmaßnahmen einzuleiten, um Homeotronic unter den Teppich zu kehren.

Dies war nur zu leicht, weil sie zwei natürliche Phänomene nutzen konnten, mit denen die meisten Erfinder zu kämpfen haben. Das erste – Russells Gesetz – lautet, dass 'der Widerstand gegenüber neuen Ideen im Quadrat ihrer Wichtigkeit ansteigt.' Und wenn neue Ideen schwierig zu erklären sind und auch im Konflikt zu althergebrachten Interessen stehen, schießt der Widerstand natürlich in die Höhe. Das zweite Phänomen ist der 'N.H.E.-Faktor' (Nicht Hier Erfunden). Das bedeutet, dass, wenn etwas Neues nicht von einer Gruppe oder Organisation entdeckt wurde, deren ängstliche – und eifersüchtige - Angehörige ihr Möglichstes tun werden, um die angenommene Wirkung auf sie selbst und die mögliche Bedrohung ihrer Arbeitsstellen abzuwürgen. Der 'N.H.E.-Faktor' ist oftmals ein ernsthaftes Hindernis für eine Erfindung oder Entwicklung. Und wenn das noch von Lobbyisten verstärkt wird, kann das unüberwindbar sein.

Dies bringt uns zu einer wahren Geheimgeschichte – 'Das seltsame Schicksal der Homeotronic' – der nur eine Agatha Christie wirklich gerecht werden könnte. Und hier sind die Fakten, die ihr Hercule Poirot oder ihre Miss Marple in Betracht zu ziehen hätten:

Im Frühjahr 1951 erhielt General Gross einen Anruf von einem leitenden Wissenschaftler vom *Beltsville U.S. Agricultural Research Center*[34], welcher darum bat, die Insektentötung zu erörtern, von der er gehört hätte. General Gross arrangierte bereitwillig ein Treffen in Harrisburg, an dem dieser Wissenschaftler und zwei begleitende Doktoren der Philosophie teilnahmen.

In der Diskussion der Homeotronic-Arbeit benutzte Howard Armstrong das Wort 'senden'; und als der Wissenschaftler fragte, welche Wellenlänge er verwendete, konnte er das nicht sagen! Dies war ein solcher Schock für deren wissenschaftlichen Geist, dass sie sich verabschiedeten und wie verbrühte Katzen ohne weitere Diskussion nach Beltsville zurückkehrten.

Während dieses Sommers ging Armstrong durch Cumberland Valley südlich von Harrisburg und behandelte Feldfrüchte für jeden Farmer, der um einen Test bat. Obwohl Armstrong nicht zurück kehrte, um die Ergebnisse im Herbst zu überprüfen, wurden dem Insektizidverkäufer, der kam um den Farmern seine Produkte zu verkaufen, die viel versprechenden Ergebnisse von Armstrongs Behandlung gezeigt oder erzählt.

Irgendwie sickerte dies nach Beltsville durch und im Frühjahr 1952 telefonierte der gleiche leitende Wissenschaftler mit General Gross, sagte, dass er von den vielversprechenden Ergebnissen im Cumberland Valley gehört hätte und sich fragte, ob er helfen könnte.

General Gross schlug vor, dass Beltsville fünf Mann schicken sollte, um mit fünf seiner Männer einen Sommer zu verbringen, von denen jeder Felder in seinem speziellen County

34 Landwirtschaftliches Forschungszentrum der USA in Beltsville

behandeln sollte. Auf diese Weise, so meinte General Gross, könnten die Beltsville-Leute selber sehen, ob Homeotronic ehrlich oder betrügerisch war.

Aber dieser Vorschlag wurde nicht angenommen. Stattdessen sandte der leitende Wissenschaftler einen Doktor der Philosophie aus dem New Jersey Büro mit einem Assistenten – zwei wissenschaftliche Stanleys auf Safari nach Pennsylvania, um den angeblichen Livingstone der Homeotronic zu finden.

Diese inspirierten Forscher waren beide kompetent und von fairer Gesinnung; und es wurde ihnen jede Unterstützung gegeben. Am 7. August fuhren sie mit U.K.A.C.O. (Homeotronic) Männern im Lande umher und wählten zufällige Felder aus, um die Ergebnisse der Behandlung zu überprüfen. Bei einem Feld im York County zum Beispiel überprüften sie vier ziemlich getrennte Reihen von Mais mit 100 Stengeln in jeder Reihe. In der von U.K.A.C.O. behandelten Reihe fanden sie 65 Gewebeschäden durch den japanischen Käfer, in der unbehandelten Reihe 346.

Als nächstes überprüften sie 400 Pflanzen in einem Feld im Dauphin County. In den von U.K.A.C.O. behandelten Pflanzen fanden sie 64 lebende Käfer, aber 339 lebende in den unbehandelten Reihen. Dann wurde ihnen ein anliegendes Feld gezeigt, das mit einem anderen Instrument behandelt worden war, da nichts vor ihnen verheimlicht werden sollte. Erstaunlicherweise waren dort die Ergebnisse genau umgekehrt als bei den mit der normalen Ausrüstung behandelten Feldern – sie fanden 120 Käfer im behandelten Gebiet und nur 64 im unbehandelten. Obwohl das aus der Sicht des Farmers unbefriedigend war, war es vom wissenschaftlichen Standpunkt aus von Interesse, weil es die Leistungsfähigkeit von Homeotronic zeigte, selbst wenn sie umgekehrt wirkte – wie Upton herausfand, als er unbeabsichtigt die sexuelle Aktivität der Käfer mit dem Stinkholz 'Reagens' anregte.

Obwohl noch viele weitere Felder für Untersuchungen zur Verfügung standen – und in der Folge mit exzellenten Ergebnissen überprüft wurden, – schienen die wissenschaftlichen Besucher mit den vorgenommenen Tests zufrieden. Sie deuteten B.A. Rockwell, dem Leiter des *Pennsylvania Farm Bureau*, an, dass ihr Bericht positiv ausfallen würde und baten, dass dies nicht im Journal des Farmbüros publiziert werden solle, da Beltsville den Bericht selbst würde herausgeben wollen.

Rockwell stimmte bereitwillig zu, weil er meinte, dass eine *Druckerlaubnis* seitens der Päpste aus Beltsville Homeotronic wissenschaftlich achtbar machen und es dann rechtens sein würde, von den Kanzeln der Landwirtschaft darüber zu predigen.

Als man zwei Wochen lang nichts hörte, rief General Gross den leitenden Wissenschaftler an, der sagte, er sei überrascht, dass sie noch keine Kopien des Berichts erhalten hätten und fragte, wie viele er haben wolle.

Es passierte aber nichts, bis Rockwell einen Brief von einem der Päpste aus Beltsville erhielt – datiert vom 5. November. Dieses merkwürdige Dokument behauptete, seine Repräsentanten, die in Pennsylvania gewesen waren, hätten ihm berichtet, „dass die sichergestellten Zählungen keine adäquate Basis dafür seien, um den Wert der Behandlung mit dem U.K.A.C.O. - Verfahren einschätzen zu können, weil unseren Repräsentanten keine Gelegenheit gegeben wurde, Daten über die Population in den Testfeldern vor der Behandlung oder die Veränderungen der Population während der Wachstumsperiode zu gewinnen.“

Diese Versicherung ignorierte die Tatsache – die den wissenschaftlichen Besuchern wohl bekannt war –, dass die Harrisburg Gruppe Bilder der Felder aufnahm und die Behandlung begann, *bevor dort ein Maiskorn gekeimt oder irgend ein Käfer aufgetreten war*. Der ganze Zweck der Behandlung war ja eigentlich, *das Auftreten der Käfer zu begrenzen*. Die Klage der Beltsville Repräsentanten, dass sie keine Gelegenheit gehabt hätten, 'Daten über die Population.... vor der Behandlung zu gewinnen', zeigte deshalb zumindest, dass der Oberpriester seine Hausaufgaben über das Verfahren, das er verurteilte, nicht gemacht hatte.

Er schien jedoch erkannt zu haben, dass Rockwell – ein hoch kompetenter Landwirtschaftsforscher – seine Repräsentanten begleitet hatte und deren ermutigende Tests bezeugt und aufgezeichnet haben musste. So fuhr er also mit einer strengen Warnung an Rockwell fort:

„Weil die sichergestellten Daten die Effektivität des U.K.A.C.O.-Verfahrens nicht anzeigen, sind sie nicht von wirklichem Wert und können nicht veröffentlicht werden. Das bedeutet, dass sie in Ihrer Literatur nicht verwendet werden sollten."

So weit den Unterlagen entnommen werden kann, hat Rockwell die erfolgreichen Tests der Beltsville Wissenschaftler nicht veröffentlicht, entweder weil er Männer nicht verärgern wollte, die fair und freundlich gewesen waren, oder weil er wusste, dass seine Behauptungen von Beltsville prompt dementiert werden würden.

Der Brief geht noch weiter: „Das Experiment war bei dieser Art der Durchführung für keinen von uns wertvoll. Wir sind definitiv an jeder Methode interessiert, welche die Wissenschaft der Insektenbekämpfung vorwärts bringt. Deswegen sind wir einverstanden, mit Ihnen in der Erforschung des U.K.A.C.O.

-Verfahrens zusammenzuarbeiten... nächstes Jahr, sofern geeignete Vereinbarungen getroffen werden können..."

Trotz dieser Versicherung, dass 'die Experimente ohne Wert seien' und des erklärten Willens, 'weitere Tests zur Erforschung des Verfahrens' zu arrangieren, merkte die Harrisburg Gruppe bald, dass Beltsville eine aktive Kampagne gegen sie vorantrieb. Behauptungen wurden aufgestellt, die Howard Armstrong verleumdeten und das Verfahren lächerlich machten. Als einige wichtige zukünftige Kunden von U.K.A.C.O. Beltsville über das Verfahren befragten, wurde ihnen mitgeteilt, dass es Betrug sei.

Warum verleugnete der Beltsville Papst den offensichtlich positiven Report seiner eigenen Repräsentanten, die sorgfältige Arbeit über das Thema mit allen von ihnen für notwendig erachteten Tests geleistet hatten? Warum ignorierte er die positiven Berichte der vielen vertrauenswürdigen Pennsylvania Farmer, von denen auch die Repräsentanten Kenntnis hatten? Warum versuchte er Homeotronic zu diskreditieren, wenn nach seinem eigenen Vorschlag weitere Tests mit dem Verfahren gemacht werden sollten?

General Gross versuchte natürlich, das Geheimnis zu lüften. Er stellte Anfragen an 'verantwortliche Kreise', um herauszubekommen, was passiert war. Er fand es aber bedeutsam, dass die 'verantwortlichen Kreise' entweder seinen Fragen auswichen oder woanders dringende Verabredungen hatten. Ihr Widerstreben, Anfragen auch nur zuzulassen, überzeugte die Gruppe in Harrisburg, dass die mächtige Chemielobby aktiv war.

Dies ist etwas, was zu beweisen selbst einer Miss Marple oder einem Poirot Schwierigkeiten bereitet hätte. Denn selbst die Hauptstadt ist mit Lobbyisten verseucht – was sogar radionische Behandlung nicht eliminieren könnte – und deren Aktivitäten scheinen weit geheimer und unantastbarer zu sein als die Pläne des Pentagons oder die Aktionen des CIA. Aber die Tatsache, dass viele Industrien diese teuren Aktionen unterstützen, weist darauf hin, dass diese ihr Geld wert sind.

Es ist deshalb nicht unwahrscheinlich, dass die Oberpriester der Bürokratien manchmal verborgenem und unwiderstehlichem Druck durch die Päpste der Politik und die Kardinäle der Lobbys ausgesetzt sind.

Was auch immer der Grund war, Beltsvilles Kampagne gegen sie war ein schwerer Schlag für die Homeotronic Stiftung und die *Radiurgic Corporation*, weil sie zu einer Zeit kam, als sich wichtige Lebensmittel produzierende Firmen für Homeotronic zu interessieren begannen und bei der Entwicklung hätten helfen können. Wenn diese hörten, dass Beltsville darüber geforscht hatte, fragten sie natürlich nach Beltsvilles Meinung – und prompt machte Beltsville die Homeotronic lächerlich.

In anderen Ländern hätten solche Firmen sich vielleicht die Mühe gemacht, die staatlichen Wissenschaftler zu überprüfen, indem sie eigene Forschungen angestellt hätten. In den USA aber wird die Meinung eines Ph.D.[35] – speziell wenn er bei der Regierung angestellt ist – als Äquivalent zur Heiligen Schrift angesehen und nicht in Zweifel gezogen.

Dies ist so, weil die menschliche Natur in der ganzen Welt die gleiche ist und eine Art von Aristokratie braucht – selbst wenn es eine von Kommissaren ist –, die sie respektieren kann. Ohne Kommissare, Königswürden oder Titel musste Amerika sich deshalb eine Scheinaristokratie aneignen und eine entsprechende Verbeugung vor dem 'Herrn Professor Doktor' machen, was ursprünglich von den Deutschen erfunden wurde. So also, gefangen in dieser Tradition von unbestrittenem Respekt gegenüber den Universitätsdiplomen, kam

35 Doktor der Philosophie

es den Direktoren der Firmen nicht in den Sinn, an der Meinung der Autoritäten von Beltsville zu zweifeln – ähnlich wie es den meisten britischen Ärzten nicht in den Sinn kam, die Meinung von Sir Thomas Horder in Zweifel zu ziehen.

Beltsvilles Haltung zerstörte nicht nur jede Chance zur Kooperation mit mächtigen Firmen; sie dämpfte auch die Begeisterung der Farmer. Denn es verbreitete sich die Mär zu all den zahllosen Vertretern des Landwirtschaftsministeriums im ganzen Land, dass Homeotronic nicht ernst zu nehmen sei und sogar betrügerisch wäre. Dies war die Art unterschwelliger, weit verbreiteter Propaganda, der gegenüber die kleine Gruppe in Harrisburg mit ihren begrenzten Ressourcen und begrenztem Personal machtlos war.

Die *Radiurgic Corporation* behandelte Feldfrüchte von zufriedenen Kunden weiter, bis diese starben, weggingen oder den Blendungen der Verkäufer von Pestiziden und Düngemitteln erlegen waren. Aber dank der Propaganda von Beltsville konnten sie keine neuen Kunden gewinnen.

Trotz der Rückschläge fuhr die Gruppe in Harrisburg damit fort, ihr Äußerstes zu geben, um Hometronic zu entwickeln. Zum Beispiel initiierten und unterstützten sie eine Untersuchung von unabhängigen Wissenschaftlern in der Hoffnung, einen professionellen Bericht zu erhalten, der Beltsville widerlegen würde. Komischerweise musste dies zeitweise eine 'Spionage'-Operation sein, denn um den Ruf ihrer Angestellten zu schützen, mussten einige der Wissenschaftler die Forschung im Geheimen betreiben.

Um Ärger für die Beteiligten zu vermeiden, können deshalb keine Einzelheiten dieser Forschung bekannt gemacht werden außer der Tatsache, dass sie, obwohl erfolgreich, wegen eines Zusammentreffens von fehlerhaften Techniken und schierem Pech nicht ihren vollen Sinn erfüllte.

Mit dem Tod von Upton erlitten die Stiftung und die Corporation natürlich einen vernichtenden Schlag, weil sie keinen Ersatzmann mit seinem Wissen über landwirtschaftliche Radionik und mit seinem außergewöhnlichen Talent für radionische Diagnosen finden konnten.

Ein paar Jahre später verloren sie ihren vertrauten Freund und Berater Rockwell. Dann, im Jahr 1972, starb Howard Armstrong nach einigen Jahren schwindender Gesundheit. Seinem Schwung und seinem praktischen und erfinderischen Geist schuldet die Homeotronic unsagbar viel.

Im Angesicht all diesen Unglücks konnte die Corporation nicht weiter machen und wurde schließlich aufgelöst. Aber glücklicherweise gibt es die Stiftung noch.

8

Jede neue Idee muss – ihrer Definition gemäß – ihrer Zeit voraus sein; und es ist normalerweise unmöglich zu wissen, ob sie Tage, Wochen, Monate oder Jahre voraus ist. Upton und seine Kollegen konnten nicht wissen, dass sie ihrer Zeit ungefähr ein Vierteljahrhundert voraus waren, was für grundlegende neue Ideen normal ist; tatsächlich sind einige sogar noch weiter voraus.

Magnetisches Aufnehmen zum Beispiel wurde von dem großen dänischen Erfinder Poulsen vor dem Beginn des 20. Jahrhunderts entdeckt. Dies wurde aber mindestens 30 weitere Jahre nicht verwendet und für weitere 50 Jahre kein Allgemeingut. Der Elektrokardiograph benötigte 35 Jahre um vom Berufsstand der Medizin allgemein angenommen zu werden. Und Dr. Harold Burrs lebenswichtige Entdeckung der elektrodynamischen 'Lebensfelder' – die später beschrieben werden

– wurde erstmals 1935 publiziert und man beginnt erst heute, sie anzuerkennen.

Historisch gesehen ist es also nicht ungewöhnlich, dass die medizinische und landwirtschaftliche Radionik ihrer Zeit so weit voraus war. Ungewöhnlich und ermutigend ist, dass in einem ungünstigen – ja manchmal feindseligen – 'Klima' professioneller und öffentlicher Meinung so viel Fortschritt möglich war.

Heute jedoch ändert sich dieses 'Klima' rapide. Die öffentliche Meinung ist über die Gefahren von Pestiziden empört – und die Pestizidindustrie in der Defensive. Es gibt weltweite Befürchtungen über unsere Fähigkeit, eine explodierende Bevölkerung zu ernähren und eine damit korrespondierende Bereitschaft, hoffnungsvolle Lösungen in Augenschein zu nehmen. Es gibt ein wachsendes Interesse an – und den Willen zur Prüfung von – Phänomenen, die jenseits der heutigen Kenntnis orthodoxer Wissenschaft liegen.

Zum Beispiel rufen Cleve Backsters Experimente, welche zeigten – von anderen bestätigt –, dass Pflanzen auf menschliche Gedanken und Gefühle reagieren, nicht so viel Spott hervor, wie sie das noch 25 Jahre zuvor getan hätten, und werden allgemein mit wohlwollendem Interesse studiert. Jene, die solche experimentellen Hinweise akzeptieren können, werden es nicht schwierig finden, die Effekte von Radionik auf Pflanzen zu akzeptieren, vor allem weil sie praktische Resultate bringen.

In diesem positiveren 'Klima' könnte die öffentliche Meinung nicht nur die Realität der Radionik anerkennen, sondern auch ihre Anwendung in der Landwirtschaft verlangen, genauso wie sie die Kontrolle der Pestizide erzwungen hat.

Wenn diese Zeit gekommen ist, muss es von der praktischen Seite her keine großen Schwierigkeiten geben. Obwohl

Curtis Upton einzigartig war, stehen talentierte Radioniker, Männer und Frauen, – nicht notwendigerweise in den USA – bereit, um das von ihm begonnene Werk fortzuführen. Und die Stiftung ist jederzeit bereit, mit jedem zu kooperieren, der die rechten Motive und Qualifikationen hat und die dringende Notwendigkeit sieht, landwirtschaftliche Radionik zu entwickeln.

In Harrisburg gibt es sozusagen eine unauslöschbare Zündflamme, die eines Tages die Flammen der sich ausbreitenden Homeotronic entzünden wird.

In der Zwischenzeit ist die Pionierarbeit der Homeotronic Stiftung nicht nur für die Zukunft der Landwirtschaft von höchster Bedeutung, sondern auch für die Zukunft der Medizin. Denn *sie hat überzeugende Beweise erbracht, dass die radionischen Prinzipien effektiv sind*, wie der Leser sehen kann, wenn er die Statistiken im Anhang studiert.

Diese Ergebnisse – von verlässlichen Zeugen bestätigt – räumen auch mit der manchmal geäußerten Kritik effektiv auf, dass Radionik 'nur Einbildung' sei. Denn es ist unwahrscheinlich, dass sich eine große Anzahl praktischer Farmer den Nutzen für ihre Feldfrüchte 'eingebildet' haben könnte – und noch unwahrscheinlicher ist es, dass Millionen japanischer Käfer und Maiszünsler sich irgend einen Grund 'eingebildet' haben könnten, zum hastigen Rückzug zu trommeln.

In einem späteren Kapitel werden wir einige weitere Experimente in landwirtschaftlicher Radionik prüfen. In der Zwischenzeit nehmen wir die Geschichte der Entwicklung der medizinischen Radionik wieder auf.

Kapitel Vier

Das Weitertragen der Fackel

Abrams errichtete das Gebälk des Gebäudes, das wir erbauen, seine Nachfolger fügten die Steine hinzu.

Guyon Richards

1

Die Neuigkeiten von Abrams' unorthodoxen Methoden und erfolgreicher Praxis verbreiteten sich schnell und in den frühen 20ern kamen verwegene Ärzte aus der ganzen Welt zu Abrams' Klinik in San Francisco, um seine Fortgeschrittenenkurse in E.R.A. zu besuchen. Die meisten von diesen – wie die schon erwähnten britischen Ärzte – nahmen die von Abrams entwickelten Instrumente mit nach Hause und benutzten sie in ihren Praxen; 1928 fand der Autor sogar einen Arzt in Südafrika, der dies tat.

Es konnte kein Geheimnis über die Konstruktion von Abrams' Instrumenten geben, weil jedermann sie öffnen und hineinschauen konnte. Dies führte natürlich zu Versuchen, das Originaldesign zu verbessern, was, für das Protokoll, später beschrieben wird.

Zuerst sollten wir aber die Geschichte einer bemerkenswerten Frau, Ruth Beymer Drown, betrachten, die ein Vierteljahrhundert nach Abrams' Tod das Zentrum im Drama der medizinischen Radionik bildete; und die die Speerspitze der weiteren Entwicklung war.

Einer, der sie gut kannte, Herr Arthur M. Young – ein hoch qualifizierter Beobachter, der viele Jahre lang Radionik studierte, – schrieb an den Autor:

„Ich habe viele Radioniker gekannt und respektiert; schon als solche sind sie außergewöhnlich. Aber Ruth Drown war eine Große unter ihnen. Das war auch aus dem Einfluss ersichtlich, den sie hatte."

Ruth Drown war Chiropraktikerin, die wohl von Abrams' Arbeit zuerst von einem seiner Schüler gehört hatte. Nach Dr. Leonard Chapman jedoch – ein früher Radioniker, der von Dr. Riley Hansard Crabb zitiert wird – arbeitete sie in den frühen 20er Jahren ab und zu in der Abramsklinik als seine Sekretärin.

In jedem Fall besuchte sie einen Kurs in den Abramsmethoden, eröffnete ihre eigene Praxis und ging daran, die Abramsinstrumente zu verbessern. Im Gegensatz zu manchem frühen Pionier entwarf sie nicht nur selbst neue Instrumente, sie war auch ungewöhnlich geschickt in deren Gebrauch.

Sie war eine Frau großer Fähigkeiten mit umfassender Bildung. Und zum Glück für die Radionik hatte sie die positiv-vertrauende Persönlichkeit, die die frühe Wissenschaft brauchte, um sie voranzubringen und ihre Entwicklung zu fördern. Sie war dazu in der Lage, andere mit ihren Überzeugungen und ihrer Begeisterung anzustecken; und es ist vielleicht nicht zu viel gesagt, dass die Radionik in ihrer Frühzeit ohne die Arbeit und die Persönlichkeit von Ruth Drown verdorrt wäre. Die Wissenschaft verdankt ihr sicherlich unschätzbar viel.

Offensichtlich hatte sie keine formale wissenschaftliche oder medizinische Ausbildung. Liest man ihre Bücher, bekommt man tatsächlich den Eindruck, dass einige ihrer Theorien und dogmatischen Behauptungen weitgehend auf außergewöhnlicher weiblicher Intuition beruhten. Dr. Crabb sagt, sie habe ihm erzählt, dass ihre Pionierarbeit in Radionik übersinnlich inspiriert war. Herr Young drückt das so aus:

> Ihr Fehler war, dass ihre inspirierten und intuitiven Erklärungen nicht in die eher plattfüßigen und dogmatischen Erklärungen der Wissenschaft passten.
>
> Im Gespräch mit ihr konnte man den Eindruck gewinnen, dass sie mit einem enorm komplexen inneren System geformter Unterschwingungen in Kontakt war, ein selbstregulierendes System von 'Resonanzschwingung', von dem ich nur sagen kann, dass ich davon überzeugt war, dass sie wusste, was sie sagte, obwohl es eigentlich nicht in Begriffe übersetzt werden konnte, die mit Mustern gegenwärtiger Physik übereinstimmten.

Was jedoch auch immer den Ursprung oder die Gültigkeit ihrer Theorien anging, es gibt keinen Zweifel daran, dass sie bei den meisten ihrer Patienten so erfolgreich war, dass sie im Laufe der Zeit eine große, ergebene und dankbare Gefolgschaft versammelte.

Sie begann mit einer kompakten Modifikation von Abrams' Instrumenten, mit neun Schaltern, die in Reihen von jeweils drei auf der Vorderseite platziert waren. Sieben davon konnten auf zehn verschiedene Positionen gesetzt werden. Die anderen beiden waren Widerstände von einem Ohm Gesamtwiderstand, die mit skalierten Schaltern von 1 bis 100 einstellbar waren. Ein weiterer Schalter ermöglichte eine Auswahl von zehn verschiedenfarbigen Lichtern innerhalb des Instruments. Es gab einen Behälter, in den das Patientenmuster platziert wurde und der mit dem Farbschalter und dem ersten Widerstand verbunden war.

John Wilcox rechnet ihr das Verdienst zu, in ihren Instrumenten den ersten Gummidetektor der Art eingebaut zu haben, wie er später in vielen Instrumenten Verwendung fand und bis heute benutzt wird. Um die Anwendung zu erleichtern, montierte sie eine 25 Watt Lampe darunter, um ihn warm zu halten. Außer dafür und für die Farblichter gebrauchte sie in ihrem Schaltkreis keinen Strom.

Dieses Instrument – oder spätere Abwandlungen – wurde von Herrn J. Cecil Maby getestet, der ausgedehnte wissenschaftliche Studien in der Radiästhesie unternahm. In seinem Bericht über seine Tests gibt er an, dass bei der Verwendung des Drown Apparats zur Testung von organischen und anorganischen Mustern die Schalterstellungen „fast perfekt mit unseren eigenen physikalischen und Pendelwerten übereinstimmen *und so auch die Molekular- oder Atomgewichte und -zahlen*". (Kursivschrift durch den Autor)

Maby erklärt, dass sie in seiner Kriegszeit bei Experimenten mit Herrn T. B. Franklin und Captain W. H. Trinder zur Entdeckung von Minen und Bomben mittels Pendel Reaktionen von elementaren, zusammengesetzten und gemischten Substanzen bekamen. Und es wurden die Werte einer großen Anzahl von Substanzen gemessen und mit deren Atom- und Molekulargewichten in Beziehung gesetzt.

Obwohl er in diesem Bericht nicht erklärt, wie dieses In-Beziehung-Setzen gemacht wurde, scheinen seine Tests mit dem Drown Instrument sowie seine Pendelexperimente einige Unterstützung für Guyon Richards' Entdeckung – die gleich beschrieben werden wird – einer Beziehung zwischen Schalterstellung und Atomgewichten zu bieten, obwohl das Drown Instrument weit kleinere Widerstandswerte benutzte als Richards'.

In einem späteren Drown Instrument, das der Autor besichtigen konnte, hatte sie die Widerstände anscheinend weggelassen. Unter den Einstellschaltern befanden sich Kupferscheiben, die mit Isoliermaterial in Segmente eingeteilt waren, mit denen ein Wischblatt Kontakt herstellte. Diese dürften eigentlich gar keinen Widerstand gehabt haben und sind vielleicht der Ursprung der Einstellungsform, die später so erfolgreich von George de la Warr verwandt wurde und über die wir später berichten werden. Drown war daher wohl die Erste, die Ohm oder Scheinwiderstände vollkommen wegließ und sich nur auf die *rotierenden Muster* verließ, um sich in die geheimnisvollen Energien einzuschalten.

Sie hat noch drei weitere 'Erste' auf ihrer Liste. Sie war die Erste, die eine reguläre Praxis mit Fernbehandlungen – oder was sie als Radiotherapie bezeichnete – von Patienten führte, nur mit einem Blutstropfen oder anderem Muster in ihrem Instrument und keiner anderen Verbindung zum Patienten. Sie behandelte immer auch einige Patienten, indem sie diese direkt mit dem Instrument verband. Sie war die Erste, die die Wichtigkeit der Behandlung der endokrinen Drüsen erkannte. Sie war auch die Erste, die Fotos der inneren Organe mittels ihrer Instrumente erhielt.

Das tat sie, indem sie ihre Ausrüstung auf die inneren Organe oder Gewebe, die sie fotografieren wollte, einstellte und durch eine Drahtverbindung von ihrer Schalterausrüstung zum unbelichteten farbsensitiven Film. Als der Film entwickelt wurde, zeigte er ein Abbild des Organs oder Gewebes innerhalb des Patienten. Interessanterweise wird berichtet, dass das Foto, wenn der Patient direkt mit dem Schalterinstrument[36] ver-

36 Eine volle Beschreibung des Instruments, das Ruth Drown benutzte, um Fotos zu erhalten, findet sich im britischen Patent 515.866, erteilt an Ruth Drown am 15. Dezember 1939. Der Titel lautet: 'Methode und

bunden wurde, die Außenseite des Organs zeigte, das eingestellt war. Wenn ein Blutmuster eines entfernten Patienten eingestellt wurde, zeigte das Foto die Innenseite des Organs.

Wie andere inzwischen festgestellt haben, als sie Drowns Experimente wiederholen wollten, hängt diese bemerkenswerte Form der Fotografie von einer unbekannten und schwer fassbaren persönlichen Qualität ab, die nur bestimmte Menschen haben und ohne die keine Fotos produziert werden können, wie wir später sehen werden. Gegen Ende ihres Lebens verlor Ruth Drown offensichtlich diese Qualität und konnte diese Fotos nicht länger aufnehmen.

Sie erklärte den Prozess der Aufnahme dieser Fotos – den sie 'Radio-Vision' nannte – etwas kryptisch:

> Die Tatsache, dass unsere Radio-Vision Bilder aufgenommen werden, indem wir einen Blutstropfen als Radiostrahl benutzen, wird so erklärt: Wenn Blut auf einen Tupfer kommt, kristallisiert es, so wie Eis kristallisierter Dampf ist, und jedes kleine Atom ist das niedergeschlagene kristalline Ende einer unsichtbaren Schnur, die in die Äther reicht...
>
> Diese unsichtbare Schnur ist die Lebenskraft des Körpers.... Wenn der Körper nicht mehr mit dieser Lebenskraft beseelt wird – mit anderen Worten, wenn der Tod kommt – können wir uns nicht mehr mit unseren Instrumenten einschalten. Die Lebenskraft oder der Radiostrahl wurde weggenommen.

Mittel zur Erlangung von fotografischen Abbildungen von lebenden und anderen Objekten.' Der Leser sei aber gewarnt, dass er, sogar wenn er ein Instrument exakt in Übereinstimmung mit den Spezifikationen konstruiert, mangels der geheimnisvollen und schwer fassbaren persönlichen Qualität, die dafür erforderlich scheint, nicht in der Lage sein könnte, Fotos zu erhalten – siehe Text.

Weil Blut kristallisiertes Licht ist, fungiert es als Licht der eigentlichen lebenden Gewebe im Körper...

Diese Passage aus einem ihrer Bücher[37] illustriert die Schwierigkeit des Verstehens einiger ihrer Theorien, denn ihre Ausdrucksfähigkeit war nicht gleich ihrer Intuition. Daran kann man auch erkennen, wie ihre Schriften ihren Feinden in der Ärzteschaft 'Munition' geboten haben müssen.

Sie machte auch die interessante Entdeckung, dass sie nicht in der Lage war Radio-Vision Fotos von betäubten Patienten aufzunehmen, weil der 'Mentalkörper' während der Betäubung abwesend ist.

Ruth Drown nannte ihre Behandlungsmethode und die von ihr benutzten Instrumente 'Homo Vibra Ray' oder abgekürzt H.V.R. Dieser Name stammt aus ihrer Basistheorie, dass sie sich auf die Lebenskraft einstellt oder sich auf sie fokussiert, von der sie annahm, dass sie in Allem gegenwärtig ist. Sie verwendete keine äußere Energiequelle – außer für ihre Lichter und zur Detektorerwärmung – und verließ sich auf die Mobilisierung und das 'Recycling' der gesamten patienten*eigenen* Lebenskraft und deren 'Lokalisieren' im erkrankten Organ.

> Es kann nicht stark genug betont werden [schrieb sie], dass die eigene Körperenergie des Individuums die einzige Kraft oder Energie ist, die bei der Drown'schen Diagnosemethode, der Medikamentenauswahl oder der Behandlung verwendet wird; und es ist keine kommerzielle Elektrizität auf eine wie immer geartete Weise mit dem Diagnosegerät verbunden. Würde sie verwendet werden, wäre sie verschwendet, weil sie nicht ihre eigene Schwingungsrate im Körper finden würde. Außerdem wür-

37 Ruth Beymer Drown, Theorie und Technik der Drown H.V.R. und der Radio-Vision Instrumente, Radionik Verlag 2005.

de der Fluss der menschlichen Energie nur einen Teil der Behandlung erhalten, die er haben würde, würde er mit seiner eigenen ungehinderten Körperenergie behandelt...

Das Arbeiten mit dem Drown Radio-Vision Instrument hat gezeigt, dass diese Energie Eigenschaften von Licht aufweist (ein unsichtbarer weißer Strahl etwas höher im Spektrum als weißes Licht...), weil sie auf lichtempfindlichem Film oder Fotoplatten durch direktes Abtasten der Wellenlänge der Gewebeenergie aufgenommen werden kann. Diese unsichtbare Lichtenergie wird mit ihren eigenen Frequenzen vom Diagnosegerät empfangen und jede Abweichung von der normalen Wellenlänge kann festgestellt und gemessen werden.

Andere Schwingungswellenlängen werden eliminiert, wenn die Schalter auf den Empfang einer Wellenlänge eines bestimmten Körperteils oder einer bestimmten Erkrankung eingestellt werden. Wenn diese Erkrankung gegenwärtig ist, sendet sie unaufhörlich, und wenn wir uns auf diese Frequenz einstellen, empfangen wir die 'Sendung'. Wenn sie nicht da ist, empfangen wir keine Sendung, auch wenn wir die Schalter auf diese Frequenz eingestellt haben, weil die Frequenz nur einem molekularen Arrangement allein zugeordnet ist... Jede Blutzelle, jede Zelle, die aus Urin besteht, usw. hat ihre eigene Masseform und deshalb ihre eigene Frequenz und kann präzise gemessen werden.

Im gleichen Buch gibt sie weitere Erklärungen ihrer Instrumente und Methoden:

> Jeder Schalter ist eine Oktave, jede Zahl eine Note. Wenn diese Noten richtig kombiniert werden, wählt die Schwingungsrate, die in Resonanz durch sie hindurch geht, nur bestimmte Teile des Körpers an, um Energie schneller oder langsamer zu machen, je nachdem. Dabei wird die Lebenskraft, die normalerweise versucht durch ihre eigenen Kanäle zu fließen, benutzt, um die Gesundheit zu fördern.
>
> Wenn wir deshalb in unserer Diagnose Schwingungsraten des Körpers finden, die in ihrer Funktion höher oder niedriger liegen als durchschnittlich normal, wählen wir den Teil für die Normalisierung aus und die animierende Lebenskraft oder das Licht des Körpers tut den Rest.

Sie unterscheidet zwischen Diagnose und Behandlung mit den gleichen Instrumenten folgendermaßen:

> Bei der Diagnose wollen wir die Energie empfangen, die von der erkrankten Formation selbst ausgeht, und wir kümmern uns nur darum. Beim Behandeln wird diese Energie jedoch nicht in ihrer eigenen Schwingung in den Teil zurück geschickt, obwohl die Schalterstellung die gleiche ist wie bei der Diagnose. Stattdessen wird die gesamte Körperenergie durch das Behandlungsinstrument lokalisiert; durch die Schalterstellung wird das Gebiet lokalisiert, in das die Energie gesendet wird...

Obwohl sie in ihre Theorien und Methoden vollständiges Vertrauen hatte, behauptete sie nicht, unfehlbar zu sein; das zeigt diese Passage:

> Mit der Drown Methode hat der Arzt ein genaues und detailliertes Funktionsbild und die Möglichkeit der fehlerfreien Diagnose. Ich sage 'Möglichkeit', weil man sich immer darüber klar sein muss, dass das Drown Instrument ein Instrument ist, *keine* Maschine. Diagnose 'durch Erraten' kann durch seine intelligente Anwendung vollkommen aus dem Feld der Therapie verbannt werden. Es ist für jeden Arzt eine entscheidende Hilfe.

Wir brauchen keine weiteren Details ihrer Instrumente und Methoden zu betrachten, weil sie heutzutage in der von ihr verwandten Form selten benutzt werden. Wenn wir aber dazu kommen, eine Erklärung der Radionik zu versuchen, werden wir feststellen, dass einige von Ruth Drowns Theorien – wie fremdartig und kryptisch sie auch immer ausgedrückt sein mögen – nicht zu weit von der Wahrheit entfernt sind.

2

Mit ihren Instrumenten arbeitete Ruth Drown eine Liste von Diagnose- und Behandlungsraten für die meisten Teile und Organe des Körpers und für fast alle Erkrankungen oder Beschwerden aus, die ihn betreffen können. Dr. Chapman zufolge arbeitete sie mit anderen Ärzten zusammen und lehrte ihre Methoden auch, sie erzählte ihm aber nie, wie man eine Behandlungsrate erhält. Er musste ein Blutmuster an sie schicken und warten, bis sie ihm die zu verwendende Behandlungsrate für die Einstellung auf ihren Instrumenten mitteilte, die er benutzte.

Dieses Geheimnistuerei machte sie und ihre Instrumente nicht populär; und Dr. Chapman und andere, die ihre Kurse besucht hatten, wechselten schließlich auf andere Arten radionischer Ausrüstung und entwickelten ihre eigenen Raten. Später, so erfuhr er, beendete sie diese Politik und lehrte ihre Studenten, wie man mit ihrer Ausrüstung Behandlungsraten entwickelt.

Offensichtlich hoffte sie immer, von der Ärzteschaft akzeptiert zu werden. Aber wenn es da je eine kleine Chance gegeben hätte, wurde sie zerstört durch diese Aura des Geheimnisvollen, durch ihre unabhängige Einstellung und durch ihren Erfolg bei Patienten.

Stattdessen, so sagte Dr. Chapman, bekämpfte die Ärzteschaft 'Dr. Drown bis zum Ende':

„Sie hatten Angst vor ihr!', teilte er Dr. Crabb mit. 'Sie hatte etwas, dass sie nie hatten und nie bekommen würden. Sie boten ihr viel Geld dafür, ein Monopol auf ihre Maschinen zu erhalten, so dass sie 2.500,00 US$ für ein Gerät bekommen könnten – für einige ihrer Krebsfälle – aber sie lehnte ab."

Wenn das richtig ist, ehrt es Ruth Drown sehr und widerlegt die Behauptungen ihrer Feinde, sie sei nur aufs Geld aus gewesen.

Kurz vor dem 2. Weltkrieg brachte sie ihre Instrumente nach England und lehrte viele ihre Methoden. Ihre Schüler waren u.a. Dr. Hugh Wylie und Dr. Mary Walker aus Oxford, die die Drown Methoden viele weitere Jahre praktizierte.

Ruth Drown kehrte in die Vereinigten Staaten zurück und danach machten es Kriegseinschränkungen unmöglich, mehr ihrer Instrumente nach England zu importieren. Aber das Schicksal nahm es in die Hand, der Radionik einen epischen Schub zu geben.

Kurz nach Dünkirchen zeigte jemand, der ein weiteres Drown Instrument haben wollte und keines importieren konnte, dieses einem Freud und fragte ihn, ob er es nachbauen könne. Zum Glück war dieser Freund George (Bill) de la Warr, der bereits einige Forschungen über Strahlungen von Pflanzen gemacht hatte und dessen brillanter und fruchtbarer Geist sofort für die Bedeutung von jeglichem Neuen aufgeschlossen war.

Wir werden seine außergewöhnliche Arbeit in den nächsten Kapiteln beschreiben. Für jetzt ist es ausreichend zu sagen, dass Bill de la Warr und seine hoch talentierte Frau Marjorie sofort entschieden, die Drown Instrumente zu verbessern, sozusagen den radionischen Ball anzunehmen und mit ihm davon zu rennen.

Um zu Ruth Drown zurückzukehren, es ist traurig, berichten zu müssen, dass sie noch ein wenig beneidenswertes „Erster" erlangte. Obwohl Abrams und andere belästigt und kritisiert worden waren, scheint die verletzlichere Ruth Drown die Erste gewesen zu sein, die wegen ihrer radionischen Arbeit aktiv verfolgt wurde.

Es ist wahrscheinlich, dass sie überselbstbewusst und überenthusiastisch war – wie so viele Pioniere das sein mussten, wenn sie etwas erreichen wollten; und diese Qualitäten sind immer noch ein berufliches Risiko für einige derer, die sich in dieser neuen aufregenden Wissenschaft engagieren. Sie können sie, in aller Unschuld, dazu verleitet haben, Fehler in ihren Behandlungen zu machen – wie das sogar der beste Arzt gelegentlich macht – und auch mehr Patienten anzunehmen, als sie adäquat behandeln konnte; es muss für jemanden ihres Charakters hart gewesen sein, jemanden abzulehnen, der ihre Hilfe suchte, nachdem die orthodoxe Medizin versagt hatte.

Was immer auch der Grund gewesen sein mag, jemand, der für eine 'gesendete' Behandlung bezahlt hatte und keine Resultate sah, verklagte sie. Ob seine Klage spontan oder von jemand anderem eingegeben war, es gab jedenfalls der Ärzteschaft und der Gesundheitsbehörde die Gelegenheit, auf die sie gewartet hatten, und im Jahr 1951 rückten sie aus, um sie zu vernichten.

Obwohl es viele andere Radionikanwender gab, der Berufsstand und die Gesundheitsbehörde wussten, dass Ruth Drown der Dreh- und Angelpunkt der Radionik war und sie waren darauf aus, sie zu zerstören. Ohne Zweifel hofften sie, dass im Erfolgsfall andere zu viel Angst vor der Weiterführung einer Radionikpraxis haben würden.

Herr Arthur Young – der nach Kalifornien ging, um für sie auszusagen – hat dem Autor freundlicherweise seine Eindrücke ihres Prozesses aus seinen dort gemachten Aufzeichnungen überlassen:

„Meine Frau und ich waren während ihres Prozesses 1951 dabei. Unserer Meinung nach hatten viele im Gericht den Eindruck, dass die Anklage erfunden war.

Bemühungen, ihre Patienten bezeugen zu lassen, dass ihre Behandlungen nicht effektiv waren, scheiterten vollständig. Alle Patienten bezeugten ihre korrekte Diagnose und Behandlung.

Am Dienstag und Mittwoch (ungefähr am 24. September 1951) traten die Zeugen der Verteidigung auf. Einer nach dem anderen – sehr bodenständige und gesunde Leute – bezeugten sie, dass sie von allen möglichen Arten von Erkrankungen und Beschwerden geheilt worden waren. Sie waren nicht nur ganz überzeugend, sondern brachten jedes Mal, wenn der Staatsanwalt ihre Beweise in Zweifel zog, noch mehr Hinweise vor, die mehr beitrugen, als der Verteidiger vorgebracht hatte.

Herr Dalton – ein Schriftsteller, der viele Jahre krank war und viele Diagnosen zu hören bekam – kam schließlich zu Drown, die seinen Zustand als Beschwerden durch Gallensteine diagnostizierte und eine Operation anriet. Er wurde daraufhin operiert, die Gallensteine entfernt und seitdem erfreute er sich bester Gesundheit. Er sandte ihr einen der Gallensteine als Souvenir.

Eine Frau erzählte eine sehr überzeugende Geschichte. Dann versuchte der Staatsanwalt sie zu verwirren, indem er einen imaginären Fall aufbaute. Angenommen, sie hätte einen schweren Unfall in sagen wir Moskau – fragte er – könnte sie dann Drown anrufen und daraufhin diagnostiziert und behandelt werden? Sie unterbrach ihn, um zu sagen, dass dies tatsächlich geschehen sei und erzählte, wie sie in einen schweren Autounfall verwickelt war. Ihr Mann hatte sich dabei seinen Rücken, Hals und andere Knochen gebrochen.

Sie brachte Drown dazu, ihn zu behandeln und sie, Drown, hatte die Brüche korrekt diagnostiziert – was später durch Röntgenbilder bestätigt wurde. Als Ergebnis der Behandlungen von Drown war er in der Lage, nach drei Wochen wieder zu gehen und nach drei Monaten zur Arbeit zurückzukehren.

Verschiedene Ärzte sagten unter Eid zu Drowns Gunsten aus wie der Dekan der Chiropraktik Hochschule.

Als die Jury hinaus ging, war der Stenograph sicher, dass sie freigesprochen werden würde. Zu jedermanns Überraschung wurde sie das nicht. Als wahrscheinlichsten Grund dafür muss man annehmen, dass die Jury mehr von den Radioexperten beeindruckt war, die bezeugten, dass die Instrumente nicht als Radio funktionieren konnten."

Ruth Drown wurde wegen Betruges und medizinischer Quacksalberei verurteilt und ging in Berufung. Ihre Berufungen schleppten sich über Jahre ohne Erfolg dahin und schließlich musste sie in den Sechzigern eine kurze Zeit in einem kalifornischen Gefängnis zubringen. In der Zwischenzeit beschlagnahmte und zerstörte die Staatsgewalt ihre gesamte Ausrüstung.

Sie kam völlig mittellos und erschöpft aus dem Gefängnis und hatte keine Instrumente, mit denen sie arbeiten konnte; und ein paar Monate später erlitt sie einen Schlaganfall. Diesem folgte kurz darauf ein weiterer und sie starb.

Unzweifelhaft hat ihre Verurteilung zu ihrem Tod beigetragen; und so starb sie als erste – und, so ist zu hoffen, als letzte - Märtyrerin der Wissenschaft der Radionik. Sie wird jedoch in der Geschichte als eine ihrer größten Pionierinnen erinnert werden und jene, die sie jagten, werden zum Glück vergessen.

3

Diese Tragödie kann durch die historische Tatsache erklärt – nicht jedoch entschuldigt – werden, dass sie dem Lebenslauf großer Medizinpioniere entsprach. Ruth Drown musste der gleichen beklemmenden und nachtragenden Eifersucht ins Gesicht sehen, wie das Simpson, Lister, Pasteur und andere im Laufe des vorhergehenden Jahrhunderts hatten tun müssen. Der einzige Unterschied war der, dass in ihrem Fall Mittel gefunden wurden, sie nach dem Gesetz zu verurteilen.

Technisch gesehen hat Ruth Drown vielleicht das Gesetz gebrochen – unklug oder unwissentlich. Aber dessen erbarmungslose Durchsetzung wirft kein gutes Bild auf die Verantwortlichen. Es wurde ihr offensichtlich keinerlei Anerkennung für ihre guten Absichten zuteil, keine Ehre für die Hundertschaften von kranken Leuten, die sie geheilt hatte. Sie scheint tatsächlich weniger Beachtung gefunden zu haben als der durchschnittliche gefühllose amerikanische Kriminelle.

Unglücklicherweise für sie waren die Anklagen nicht so beschaffen, dass sie die Sympathie oder die Gefühle der Öffentlichkeit erregten. Wenn sie des versuchten Mords angeklagt worden wäre, hätte ihr Fall den sofortigen und mächtigen Einspruch tausender Amerikaner hervorgerufen, die – aus geheimnisvollen psychologischen Gründen – immer mehr Sympathie für den Kriminellen als für sein Opfer haben. Ihre Verurteilung hätte die speziellen Hormone jedes amerikanischen 'blutenden Herzens' stimuliert. Als Ergebnis wäre ihr lautstarke öffentliche Unterstützung zuteil geworden, finanzielle Hilfe und ohne Zweifel eine viel sympathischere Behandlung.

So aber hatte sie nur versucht, den Kranken auf eine neue und unorthodoxe Weise zu helfen, ohne einen Mitgliedsausweis der entsprechenden medizinischen Handelsgesellschaft vorweisen zu können; und dieses Verbrechen war natürlich viel zu langweilig und technisch, um irgendwelche Hormone hervorzukitzeln. Nach dem Gerichtsurteil hatte diese zarte, zerbrochene Frau – ihr Lebenswerk in Trümmern – wahrscheinlich auch weder den Willen noch die Ressourcen, das amerikanische Rechtssystem durch Revisionen zu nutzen, wie das so viele normale Kriminelle tun.

Nachdem die Jury – vielleicht verwirrt von ungewohnten technischen Beweisen – ihren Spruch einmal gefällt hatte, fühlte sich der Richter ohne Zweifel daran gebunden, die vom Gesetz vorgeschriebene Strafe zu verhängen. Und es ist möglich, dass diejenigen, die die Verurteilung angestrebt hatten, aufrichtig glaubten, sie würden damit die Öffentlichkeit vor Betrug schützen. Der Fall wird aber als klassisches Beispiel für die verstockte Unwilligkeit derjenigen, die sich – so sollte man meinen - der Hingabe an die Heilkunst verschrieben haben, in die Geschichte eingehen, etwas Außergewöhnliches, das sie weiter bringen könnte, auch wenigstens nur zu überprüfen.

Verantwortliche Bürger bezeugten unter Eid, dass Ruth Drown ihnen geholfen hatte, nachdem die orthodoxe Medizin versagt hatte. Aber offensichtlich erschien es keinem ihrer Ankläger so, dass diese beschworene Aussage mindestens die Möglichkeit anzeigte, dass Drown einen konstruktiven Beitrag zur Medizin leisten konnte und dass dies sorgfältig und objektiv untersucht werden sollte. Es scheint, dass sie nur mit ihrem angeblichen Gesetzesbruch befasst und nicht im Mindesten daran interessiert waren herauszufinden, ob und wie sie den Kranken helfen konnte.

Alle Beteiligten müssen sich deshalb einen phänomenalen Mangel an Vorstellungskraft vorhalten lassen, eine solch große Gelegenheit für den Fortschritt in der Medizin ausgelassen zu haben. Die amerikanische Medizin verlor hier eine gute Gelegenheit, etwas Neues und Nützliches zu lernen, wie es die britische Medizin tat, als die Autoritäten der Harley Street[38] das Angebot des Oberrichters ignorierten, seinen Fall zu untersuchen.

Ruth Drowns Verurteilung versetzte der amerikanischen Radionik einen Schlag, von dem sie sich – nach nunmehr fast 20 Jahren – noch nicht wieder erholt hat. Was dies die amerikanische Öffentlichkeit an unnötiger Krankheit und Ausgaben gekostet hat, kann natürlich überhaupt nicht abgeschätzt werden. Denn in all den Jahren haben die Vereinigten Staaten – radionisch gesehen – im Zustand eines 'Entwicklungslandes' stagniert.

Zum Glück erblüht die Radionik im toleranteren England. Wenn also die amerikanischen Gesundheitsbehörden[39] und

---

38 In Harley Street (Harleystraße) residierten alle Topberater im Medizinbereich und zu Russells Zeit war das, was sie in Bezug auf medizinische Dinge sagten, das letzte Wort. (Anm. d. Red.)

39 Früh im Jahr 1973 schrieb der Autor an die *U.S. Food, Drug and Product Safety Division of the Department of Health, Education and Welfare* (das amerikanische Gesundheitsministerium), um deren gegenwärtige Haltung der Radionik gegenüber zu erfragen. Der Sprecher antwortete am 25. Januar 1973:

die amerikanische Ärzteschaft irgendwann eine offenere Haltung gegenüber den Möglichkeiten der Radionik gewinnen sollte, wären die Engländer ohne Zweifel gern bereit, eine 'Mission technischer Unterstützung' hinüber zu senden, um den rückständigen Amerikanern die Basis wiederzugeben, die sie durch die Unterdrückung dessen, was ironischerweise ursprünglich eine große amerikanische Entdeckung war, verloren haben.

4

Bevor wir zwei weitere Pioniere besprechen, sollten wir kurz auf einige Entwicklungen nach Abrams' Tod eingehen, die

---

'Das Gesundheitsministerium reguliert die Praxis der Medizin nicht. Wir kontrollieren die zwischenstaatliche Verteilung von medizinischen Geräten, das in ihrem Brief erwähnte Gerät eingeschlossen. Jede Auslieferung eines Geräts mit unbewiesenen Behauptungen verletzt das Bundesgesetz für Lebensmittel, Medikamente und Kosmetik.'
Ein weiterer Brief vom 23. Februar 1973 traf von der Abteilung für die Zulassung medizinischer Geräte ein. Das Folgende sind Auszüge:
'Das Bundesgesetz für Lebensmittel, Medikamente und Kosmetik, für das wir zuständig sind, behandelt vordringlich die Fehlauszeichnung oder Verfälschung von Lebensmitteln, Medikamenten oder Kosmetik und Geräten und die Strafen für die Verletzung von Verboten in Beziehung zu solchen Geräten. Um mit den Statuten im Einklang zu sein, muss ein Gerät der 'Radionischen Medizin' sicher, effektiv und richtig ausgezeichnet sein. Frei heraus, wir kennen keinen Weg, ein Gerät so auszuzeichnen, dass es adäquate Anweisungen zur Verwendung in der Radionischen Medizin enthält.'
'Um Ihre spezifische Frage zu beantworten, die 'Praxis der radionischen Medizin' ist von der Gesundheitsbehörde nicht verboten, jedoch können Geräte, die für eine solche Anwendung vorgesehen sind, 'falsch ausgezeichnet' sein im Sinne dieses Begriffs unter dem Bundesgesetz für Lebensmittel, Medikamente und Kosmetik....'
Wenn ein potenzieller amerikanischer Anwender einen Weg durch diese gesetzlichen Verwicklungen finden könnte, würde er zweifellos immer noch mit der Opposition der amerikanischen Ärzteschaft zu kämpfen haben.

zeitlich ungefähr mit der Arbeit von Ruth Drown zusammenfallen. Um 1930 waren vier Haupttypen von Geräten – abgesehen von Drowns – verfügbar. Eines nannte sich Calbro- Magnawave, benannt nach *Cal*dwell und *Bro*nson, die eine Gesellschaft gründeten, welche die Ausrüstung entwickelte und herstellte, von welcher angeblich über 1000 Stück verkauft wurden. Es wird berichtet, dass sie nützliche Verbesserungen eingebaut hatten, wie zum Beispiel 24 Schalter, die ein verbessertes Einstellen erlaubten.

Ungefähr 1926 produzierten ein Dr. J. W. Wigglesworth und seine Firma, die *Pathometric Corporation*, den *Pathoclast*, von dem eine Reihe von Modellen hergestellt wurde. Das Instrument verwandte variable Kondensatoren zum Einstellen und Röhren für die Verstärkung, was die Behandlungszeit verkürzen sollte.

Ungefähr zur gleichen Zeit wurde von einer Organisation in Ohio der Radioclast entwickelt, der ebenfalls Vakuumröhren enthielt; und obwohl seine Einstellung offensichtlich nicht so präzise war wie die des Calbro-Magnawave, fanden ihn angeblich einige Anwender zweckmäßig – vor allem in den östlichen Bundesstaaten und Südostkanada.

Von Mitte der Dreißigerjahre bis zum Ausbruch des 2. Weltkriegs führte die *Art Tool and Die Co.* aus Detroit, Michigan, einer der führenden Instrumentenhersteller dieser Zeit, auf Anweisung eines Herrn A. Stanley Rogers Verbesserungen am Calbro-Magnawave durch, die noch mehr Schalter für noch feineres Einstellen einschlossen. Nach dem 2. Weltkrieg begann Herr Kenneth Hunters, der für *Art Tool and Die Co.* gearbeitet hatte, ein im wesentlichen ähnliches Instrument herzustellen, von dem angeblich mehrere Hundert verkauft wurden.

Später fügte Mark L. Gallert verschiedene grundlegende Verbesserungen hinzu, unter Anderem einen neuen Detektoraufbau. Heute ist Dr. Gallert als eine der führenden Autoritäten auf dem Gebiet der Radionik und tatsächlich auch auf dem Gebiet wenig bekannter therapeutischer Energien aller Arten anerkannt, wie sein gutes und interessantes Buch[40] darüber zeigt.

Als letzte, aber auf keinen Fall schlechteste der frühen Instrumententypen kamen dann noch die von Ruth Drown entwickelten hinzu und die von Thomas G. Hieronymus, dem wir uns in Kürze zuwenden werden.

Verschiedene frühe Pioniere haben sich Verdienste bei der Entwicklung des Gummiplatten-Detektors erworben, der in den meisten frühen Instrumenten eingebaut war und immer noch weit verbreitet ist. In einer Geschichte der frühen Entwicklungen gibt es einen Bericht, für den der Autor wegen einiger der oben geschilderten Fakten dankbar ist.

Dieser Bericht erzählt, dass Dr. Earl Smith, einer derjenigen, die Abrams' erste Fortbildung in E.R.A. besuchten, schlussfolgerte, dass wenn man einen 'Stick' bekommen kann, indem man einen Glasstab über die Bauchhaut des Subjekts reibt, es dann auch möglich sein sollte den 'Stick' zu bekommen, wenn der Operator die Haut seiner eigenen Fingerspitzen benutzt und diese über Glas reibt.

Dr. Smith verband die Patientenstrahlung vom Schaltkreis mit einer Metallplatte unter einer Glasscheibe, fand aber heraus, dass er keinen 'Stick' mit seinen Fingerspitzen bekommen konnte, es sei denn das Glas wurde mit einem geeigneten Material bedeckt. Nachdem er einige Abdeckmaterialien ausprobiert hatte, fand er heraus, dass er das Glas weglassen und stattdessen andere Materialien verwenden konnte. Diese

---

40 Gallert, Mark L., N.D., M.Sc., New Light on Therapeutic Energies. London: James Clark and Co, Ltd., 1966 (Therapeutische Energien in neuem Licht)

waren Gummi, Leder, Holz oder Plastik. Für einige ist Gummi problematisch anzuwenden, aber nachdem die Kunst gemeistert wurde, geben ihm die meisten Anwender den Vorzug. Leder gibt einen starken 'Stick', braucht aber eine kräftige Reibung, während Plastik unzuverlässig ist. Heute bevorzugen Praktiker eine Reibeplatte aus einem bestimmten, fein gemaserten Hartholz; Mahagoni und Manzanita bringen gute Resultate, brasilianisches Rosenholz oder Macumba werden für noch besser gehalten.

Obwohl es nicht zu schwierig ist, zu lernen, wie man mit einem Glasstab über die Oberfläche des Bauchs streicht – verglichen mit dem Abklopfen –, hat die Verwendung des menschlichen Bauchs doch offensichtliche Nachteile, denn vollständig Gesunde sind schwierig zu finden und teuer in der Anstellung; und nicht viele junge Männer oder Frauen sind bereit stundenlang zu stehen, während ein Operator ihren Bauch bestreicht.

Deswegen war die Entwicklung der Reibeplatte – die seitdem von Gallert, de la Warr und anderen verbessert wurde – ein größerer Durchbruch und hat viel dazu beigetragen, die allgemeine Verwendung von Radionikgeräten aller Arten zu unterstützen.

Es wäre langwierig und nutzlos, die technischen Unterschiede zwischen diesen frühen Instrumenten zu diskutieren, weil die meisten modernen Anwender eine ganz andere Ausrüstung verwenden. Aber ihnen allen, die Standardausrüstung von Abrams eingeschlossen, scheint eine Sache gemeinsam gewesen zu sein – Einstellung durch *Dreh*schalter, ob die Schalter nun einen Widerstand, eine Induktivität, einen Kondensator – oder eine Kombination aus diesen einstellten. Dies ist wichtig, wie wir später sehen werden.

Nach einem halben Jahrhundert sind Einzelheiten von Beiträgen anderer früher Pioniere schwer zurückzuverfolgen. Aber zumindest können einige Namen genannt werden, und wenn der Autor die Arbeit einiger Pioniere auslässt, ist damit keine Wertung verbunden – das kommt nur daher, dass er keine Berichte darüber gefunden hat.

Schon im Jahr 1924 bekam Arthur Whiting, Victoria, B.C., ein Patent über die 'Verbesserung von oder Beziehung zu Apparaten zur Anwendung in der Diagnose und Behandlung von Erkrankungen'. In den frühen 20ern entwickelte Dr. Wood aus Chicago einen Detektor aus Bakelit, den er mit der Handfläche rieb.

In seinem ausgezeichneten Buch[41] schreibt John Wilcox, dass Dr. Wood und ein anderer Arzt aus Dakota wahrscheinlich als Erste entdeckten, dass es möglich war, einen Patienten mittels eines Blutstropfens auf Entfernung zu *behandeln*.

Andere, die zu der neuen Wissenschaft beitrugen, waren Dr. Oskar Brunler, Dr. L.E. Eeman und natürlich Dr. W. E. Boyd vom berühmten Horder Komitee.

Unter den Laien führte der Engländer J. Cecil Maby viele Jahre Forschung über die Physik von Pendeln und Radiästhesie durch, die in Beziehung zur Radionik steht; und wie schon erwähnt, war er beim Ausbruch des 2. Weltkriegs in der Lage, im Auftrag der Regierung mit einigem Erfolg Pendeltechniken bei der Lokalisation versteckter Bomben und Minen anzuwenden. Die meisten seiner Aufzeichnungen wird man in den Ausgaben des *Journal of the British Society of Dowsers*[42] finden.

Obwohl Maby zuerst mit der Errichtung einer respektablen wissenschaftlichen Basis für das Rutengehen befasst war,

---

41 Wilcox, John, M.A., Radionic Theory and Practice. London, Herbert Jenkins, Ltd. 1960. (Radionische Theorie und Praxis)

42 Journal der britischen Gesellschaft für Rutengänger.

trug er auch zur Radionik bei, indem er demonstrierte, dass Pendeln und Radiästhesie wirkliche Phänomene sind. Bei vielen seiner Forschungen begleitete ihn T. Bedford Franklin und zusammen entwarfen sie viele geniale Instrumente und Experimente.

Einen weiteren Beitrag zu den wissenschaftlichen Aspekten des Rutengehens – und damit einen indirekten Beitrag zur Radionik – leistete ein niederländischer Geologe – Professor S. W. Tromp.[43]

Radionik steht in Beziehung zum Rutengehen, weil beide menschliche Reflexe zur Wahrnehmung verschiedener Phänomene nutzen. Abrams entdeckte, wie wir gesehen haben, dass durch Muster erkrankten Gewebes oder Blutmuster Reflexe im menschlichen Bauch ausgelöst werden können; und später fanden Anwender heraus, dass sie auch Reaktionen in den eigenen Fingerspitzen hervorrufen konnten. Rutengänger haben herausgefunden, dass unterirdische Wasseradern oder Mineralien einen Reflex in ihrem Nervensystem stimulieren können, wodurch die traditionellen Wünschelruten sich nach unten biegen.

Wir werden später zu diesem Thema zurückkehren.

---

43 Tromp, S. W., Psychical Physics. London: Elsevier Publishing Co. (Übersinnliche Physik)

5

Ein herausragender Pionier aus der Zeit nach Abrams war Dr. W. Guyon Richards aus London, dessen Arbeit in Vergessenheit zu geraten droht. Sie kann sich aber für zukünftige Radionikforscher als sehr wertvoll erweisen und sollte aus diesem Grund vor dem Vergessen bewahrt werden.

Richards war von Temperament und Persönlichkeit vollkommen anders als Ruth Drown. Der Autor kannte ihn persönlich als bescheidenen, hingebungsvollen Arzt der alten Schule, reich an menschlicher Erfahrung und medizinischer Weisheit und mit viel gesundem Menschenverstand. Er arbeitete ohne den missionarischen Eifer von Ruth Drown ständig an seiner radionischen Praxis und Forschung und machte deshalb weniger Eindruck auf andere außerhalb seiner unmittelbaren Umgebung von Freunden und Patienten. Und obwohl einige seiner Theorien - wie im Fall von Abrams – fehlerhaft gewesen sein mögen, kann es keine Zweifel an seiner Integrität oder an der ehrbaren und übergenauen Art und Weise geben, in der er seine Experimente über viele Jahre hinweg ausführte.

Bevor er sich mit Radionik befasste, hatte Richards bereits eine bemerkenswerte Karriere als Chirurg und Verwalter im indischen Gesundheitswesen hinter sich und später im 1. Weltkrieg. Bei seinen Forschungen erhielt er die finanzielle und moralische Unterstützung einiger bemerkenswerter Ärzte und Laien, darunter auch Sir James Barr; und zu seinen Freunden und Beratern zählten auch einige interessierte Wissenschaftler.

Durch einen der kuriosen Zufälle in der Geschichte lebte und arbeitete er in einem Haus in Park Crescent – in der Nähe desjenigen von Dr. Eric Perkins –, welches früher das Eigentum von Lord Lister war, des Entdeckers der Antisepsis, der es mit der Ärzteschaft so schwer hatte wegen seiner Behauptung, dass Keime in der Chirurgie etwas Schlechtes seien. Und wenn der Schatten von Lister jemals sein früheres Heim besucht hat, muss er mitfühlend darüber gelächelt haben, dass eine weitere revolutionäre Theorie in diesen Mauern erforscht wurde!

Glücklicherweise schrieb Dr. Richards (oder vielleicht 'Herr' Richards, nach den Gebräuchen der britischen Chirurgen?) den größten Teil seiner Arbeit in einem Buch[44] auf, das nur zehn Jahre nach Abrams' Tod veröffentlicht wurde.

Es ist unmöglich, dieses Buch adäquat zusammenzufassen. Es ist voll gepackt mit interessanten Beobachtungen, Theorien und Reflektionen über das Leben. Moderne Radionikforscher, die es nicht gelesen haben, könnten feststellen, dass es sich lohnt dies zu tun, weil es einige Ideen anzubieten hat. Wir müssen uns mit der Betrachtung einiger wichtiger Punkte dieses Buchs zufrieden geben.

Richards sagt in diesem Buch nicht aus, ob er tatsächlich an Abrams' Fortgeschrittenenkurs teilgenommen hatte oder nicht – vielleicht hatte er das, denn er berichtete über eine Reise in die USA. In jedem Fall aber war er mit den britischen Ärzten befreundet, die das getan hatten und konnte so zumindest Berichte über dessen Arbeitsweise aus erster Hand von ihnen bekommen haben. Gewiss räumte er Dankesschuld gegenüber Abrams mit dem Zitat am Anfang dieses Kapitels und auch mit den folgenden prophetischen Worten ein:

> Die Hauptprinzipien seiner Lehren werden in der einen oder anderen Form weiterleben, auch wenn die Welt sie vielleicht nur allmählich anerkennt. Die Menschen, die nun ihre Arbeit auf seine Entdeckun-

44 Richards, W. Guyon, The Chain of Life. London: John Bale, Sons and Daniellson, Ltd, 1934. Rustington, Sussex: Health Science Press. (Die Lebenskette)

gen gründen, sollten diesem unermüdlichen Enthusiasten huldigen...

Richards installierte Abrams' Instrumente, einschließlich des Oszilloklast, mit dem er Patienten behandelte; er meinte aber, mehr darüber wissen zu müssen, was er da tat, und über die Bedeutung der verschiedenen 'Raten' von Abrams. So entwarf er nach vielem Experimentieren eine Modifikation des Abrams'schen Diagnoseschaltkreises, die einen Hochfrequenzverstärker einschloss, der 'dafür gedacht war, die Ultrakurzwellen, also die mit Wellenlängen von drei bis vier Metern, zu verstärken'.

Im Gegensatz zu Boyd platzierte er sein männliches Subjekt *außerhalb* des Faraday'schen Käfigs, aus dessen *Innen*raum er seine Geräte bediente und durch eine Klappe die Bauchdecke des Subjekts bestrich. Seine Theorie war, dass statt des Subjekts eher der Operator und seine Ausrüstung gegen externe Effekte abgeschirmt sein sollten.

Es ist sehr zweifelhaft, ob sein Schaltkreis mit den primitiven Röhren jener Tage überhaupt nur die 'ultrakurzen Wellenlängen' im konventionellen elektronischen Sinne verstärken konnte – von der 'Strahlung' der Patientenmuster ganz abgesehen. Aber durch persönliche Tests kann der Autor bezeugen, dass die Verwendung des 'Verstärkers' es irgendwie einfacher machte, die Reaktionen auf dem Bauchraum des Subjekts zu fühlen.

Wie Abrams fand Richards heraus, dass sein Subjekt nach Westen gerichtet sein musste, und dass Luftschlitze im 'Dynamisierer' und auch zwischen Elektrode und der Stirn des Subjekts die Reaktionen aus unbekannten Gründen verbesserten. Er fand es unnötig, sich oder sein Objekt zu erden, aber er erdete den Käfig und den Tisch darin, auf dem die Instrumente standen.

In seinem Diagnoseschaltkreis verlief ein Draht vom 'Dynamisierer' – mit dem auch eine Leitung von der Testelektrode verbunden war – durch eine 'Farb-Box' zu drei in Serie geschalteten Widerstandsboxen mit Schaltern und Schrauben, die es ermöglichten, fünfstellige Ohmwerte einzustellen. Diese Boxen wurden von einem berühmten britischen Instrumentenhersteller akkurat gemacht. Die erste Widerstandsbox enthielt gerade Drahtwiderstände, die – wie Richards interessanterweise notiert – die 'besten Reaktionen beim Subjekt' ergaben. Die übrigen Widerstände waren nicht induktive Spulen.

Ein Draht verlief von der letzten Widerstandsbox zum Verstärker – der andere Eingangsdraht zum Verstärker wurde mit einer Platte verbunden, auf der der Patient saß. Eine Ausgangsleitung vom Verstärker führte durch eine Widerstandsbox zur Stirn des Subjekts – die andere zu einer Platte unter seinen Füßen.

Die Farb-Box war mit vier kleinen Elektrobirnen ausgestattet – rot, gelb, grün und blau. Drahtwiderstände in dieser Box ergaben zusammen 1111.1 Ohm und die Drehschalter erlaubten Einstellungen bis zu 1/100 Ohm. Die anderen beiden Widerstandsboxen vor dem Eingang des Verstärkers – 'der Primärschaltkreis' – enthielten zusammen 99.999 Ohm. Die Widerstandsbox zwischen Verstärker und Subjekt – 'der Sekundärschaltkreis' – enthielt Widerstände von zusammen 111.111 Ohm.

'Jeder Rheostat sollte fünf Stellen haben', schrieb Richards, 'sonst ist es unmöglich, zwischen einigen Substanzen zu unterscheiden. Zum Beispiel reagiert Indium bei 88.061 Ohm und Skrofulose bei 88.060.'

Diese Einzelheiten werden hier angegeben, um die große Genauigkeit dieser Experimente zu zeigen. Und das Lesen der enormen Anzahl der Beobachtungen, die Richards mit seiner

Ausrüstung gemacht hat, führt zu tiefer Bewunderung für seine Beharrlichkeit und auch für die Ausdauer seines Subjekts, David Smith!

6

Richards versuchte, die wahre Bedeutung der 'Raten' in Ohm, die Abrams dargelegt hatte, herauszufinden. Er stellte fest – wie auch Abrams –, dass zum Beispiel ein Patient mit Krebs die Reflexreaktion auf der Bauchdecke seines Subjekts erzeugte, wenn der Rheostat in seinem Schaltkreis auf 50 Ohm eingestellt war. Er stellte ebenso fest, dass andere Abrams Raten korrekt waren. Aber – so fragte er sich – was bedeutet das alles? Er beschloss, dies herauszufinden, indem er weniger komplexe Dinge als den menschlichen Körper testete. Er verbrachte viele Stunden damit, verschiedene Elemente in seinen Dynamisierer zu legen und den Widerstand in Ohm zu messen, bei dem sie eine Reaktion bei seinem Subjekt erzeugten.

„Ich machte die erstaunliche Entdeckung“, schrieb er, *„dass die Atomzahl des Elements mit den Ziffern meines Rheostats korrespondierte, wenn ich meine Schaltkreise einstellte: Wasserstoff, das erste Element, erzeugte einen Reflex bei 1 Ohm, Sauerstoff bei 8 Ohm, Natrium bei 11, Schwefel bei 16 usw....“*

„Ich kann meinen Apparat auf Wasserstoff mit 1 Ohm, 100 Ohm und weiter mit 100 multipliziert bis zu 100.000.000 Ohm einstellen; alles ergibt die gleiche Intensität beim sekundären Schaltkreis des Rheostats, der Reflex ist jedoch bei 100.000.000 Ohm härter als bei geringeren Werten.“ (Kursivschrift durch den Autor)

Richards war sich wohl bewusst, dass Ohm – die Einheit des Widerstands – ein rein willkürliches Maß ist und dass der

Zusammenhang zwischen Atomzahlen und Ohm, den er gefunden hatte, für die meisten Leute ein Produkt seiner Phantasie zu sein scheint. Er fuhr aber verbissen mit unzähligen Beobachtungen fort, die hier nicht zusammengefasst werden können, und überzeugte sich bald selbst davon, dass sich seine Entdeckung als praktische Grundlage für die Behandlung seiner Patienten erwies, auch wenn er keine Erklärung dafür hatte.

„Ich habe diese Methode nun seit so vielen Jahren und mit so exzellenten Ergebnissen benutzt“, schrieb er, „dass ich in der Zwischenzeit den Blick für die Tatsache verloren habe, dass der Zusammenhang zwischen Ohm und Atomzahl, Atomgewicht usw. für andere, die Ohm als rein willkürliches Maß angesehen haben, merkwürdig klingen muss.“

Kritikern, die meinten, dass 'all meine Reaktionen rein mental wären', antwortete er, dass er einen Fall ausarbeiten könnte, in dem tatsächliche Substanzen anstatt Zahlen Verwendung fänden; dass klinische und Laboruntersuchungen seine Ergebnisse stützten; und dass seine Schlussfolgerungen erst nach monatelangen, mühseligen Versuchen erreicht wurden.

Er merkte auch an, dass ein Kollege, der Chirurg Dudley Wright, mit ihm zusammen arbeitete und Elemente mittels Schaltkreis und Subjekt korrekt ermittelte, wobei keiner der Beteiligten wusste, welches Element sich im Dynamisierer befand. Auch sagte er aus, dass 'der Zusammenhang zwischen Ohm und Atomzahl für viele andere bei deren Arbeit nützlich gewesen' sei.

Wie Richards bietet auch der Autor keine Erklärung dafür an, was jener herausfand. Es mag einer der erstaunlichsten mathematischen Zufälle der Geschichte sein oder eine tiefere Erklärung haben. Zumindest aber kann wegen der persönlichen Bekanntschaft mit Guyon Richards ausgesagt werden, dass der Autor ihn als Menschen vollständiger Integrität einschätzt und es höchst unwahrscheinlich ist, dass dieser an Selbsttäuschung leidet.

Mit einer möglichen Ausnahme, die weiter oben genannt wurde, hat niemand – soweit man das ermessen kann – diese Experimente wiederholt und seine Arbeit fortgeführt, wahrscheinlich deswegen, weil die meisten Radioniker jener Tage mit der Behandlung ihrer Patienten zu beschäftigt sind, um Forschung zu betreiben; und auch, weil sowohl der Gebrauch von in Ohm einzustellenden Widerständen als auch der von Subjekten bald aufgegeben wurde. Hoffentlich werden moderne Forscher – vorzugsweise solche mit mathematischem Geist – einen neuen Blick auf die Arbeit von Richards werfen, um festzustellen, ob da 'Gold zu finden ist'.

Richards war einer der Ersten, der den Wert genauest möglicher Einstellung mit seinen extrem präzisen Widerstandsboxen entdeckte. Er war deshalb in der Lage – 1929/1930 – weitere Phänomene zu beobachten, die er 'Biomorphe' nannte und als neue Materieform beschrieb.

Normalerweise befestigte er die Elektrode vom zweiten Schaltkreis mitten auf der Stirn seines Subjekts, geradewegs über der Nase. Es fiel ihm jedoch ein, die Effekte der Befestigung an vier weiteren Stellen zu untersuchen: 'A' hinter dem linken Auge, 'B' über dem linken Auge, 'C' über dem rechten Auge und 'D' hinter dem rechten Auge. Wenn er das nacheinander mit seinen Rheostaten tat, erhielt er aus verschiedenen Mustern Reaktionen unterschiedlichen Charakters.

Diese konnten nur in einer bestimmten Reihenfolge erhalten werden, beginnend mit dem ersten Rheostat – niemals in umgekehrter Reihenfolge – und Richards schloss daraus, dass die Reaktionen von bisher unvermuteten konzentrischen Ringen oder 'Schichten' irgendeiner Art innerhalb der Atome und

Moleküle des Musters herrührten. Er stellte sich diese als Manifestationen der 'Lebenskraft' vor; und dieses Konzept wurde nach vielen Experimenten durch seine Entdeckung verstärkt, dass Minerale nur einen 'Ring' oder eine 'Schicht' besaßen; Gemüse zwei Ringe; Insekten und Reptilien drei Ringe; Säugetiere und Vögel drei und vier Ringe; und der Mensch vier und fünf Ringe. Seltsamerweise konnte er den fünften 'Ring' oder die fünfte 'Schicht' beim Menschen nur dann feststellen, wenn er seine Elektrode auf dem Nabel des Subjekts oder dicht daneben befestigte.

Viele Jahre zuvor hatte Dr. Kilner, ein Radiologe am St. Thomas Hospital, herausgefunden, dass es möglich ist, die menschliche Aura durch Sensibilisierung der Augen zu beobachten – indem man bei Tageslicht durch eine Dizyanin[45]-Lösung hindurchschaut. Diese Entdeckung wurde übrigens durch den Betriebsleiter des Chemiegeschäfts, das Dr. Kilner mit Dizyanin versorgte, bestätigt. Er erzählte dem Autor, dass er die Aura mit Hilfe eines Dizyanin-Schirms selbst gesehen hätte, meinte aber, dass nur eine ganz spezielle Form der Tönung – die es in jenen Tagen nur aus Deutschland zu beziehen gab – wirksam war. Dies erklärt zweifellos, warum andere, die normales Dizyanin verwendet hatten, Kilners Beobachtungen nicht wiederholen konnten.

Kilners Arbeit inspirierte Richards dazu herauszufinden, ob die verschiedenen 'Schichten' oder 'Ringe' in der menschlichen Aura Reaktionen bei seinem Subjekt hervorriefen. Er fand nicht nur heraus, dass dies der Fall war sondern auch, dass „'die Frequenzen, die ich im menschlichen und tierischen Körper beschrieben habe, ... in der den Körper umgebenden Atmosphäre oder der Aura dupliziert werden".

---

45 Zyanblau

Diese Experimente wurden gut 15 Jahre vor Dr. Harold S. Burrs bahnbrechender Entdeckung gemacht, dass alle Lebensformen von elektrodynamischen Feldern gesteuert werden[46]. Diese können mit Hilfe von Röhrenvoltmetern gemessen werden, die es zu Richards Zeit noch nicht gab. Und genauso wenig war es damals bekannt, dass in jeglicher Materie Felder verschiedener Art vorhanden sind.

Es sieht deshalb so aus, dass das, was Richards 'Ringe' oder 'Schichten' nannte, in Wirklichkeit das war, was man heute als Felder bezeichnen würde. Er scheint die Felder in unbelebter Materie entdeckt zu haben – er bekam Reflexe bei verschiedenen Widerstandswerten mit verschiedenen Metallen – und auch die komplexeren Felder bei Lebensformen. Wenn diese Erklärung richtig ist, ist es so faszinierend wie wichtig sich darüber klar zu werden, dass menschliche Reflexe sensitiv genug sind, sogar die Felder unbelebter Materie wahrzunehmen und sie auch zu unterscheiden.

Aus historischer Sicht ist es ebenfalls interessant, dass Richards – mit den Bauchdeckenreflexen seines Subjekts – dazu in der Lage gewesen zu sein scheint, die Lebens- oder 'L-Felder' zu messen, viele Jahre bevor elektronische Instrumente verfügbar waren, um deren Existenz zu bestätigen.

Heute können elektronische Instrumente nur eine Art Feld in Lebensformen wahrnehmen und messen, von gleicher Natur wie die in der Physik bekannten elektromagnetischen Felder, jedoch wesentlich komplexer. Wie aber der Autor an anderer Stelle meinte[47], gibt es Gründe für die Annahme, dass andere Feldarten existieren, die noch nicht von Instrumenten aufge-

---

46 Harold Saxton Burr, 'Die Blaupause der Unsterblichkeit', Radionik Verlag (wahrscheinlicher Erscheinungstermin Ende 2005)

47 Edward Wriothesley Russell, Design for Destiny (Entwurf der Bestimmung), London 1971

deckt werden können. Er meinte dort, dass die menschliche Seele eigentlich eine spezielle Form eines Felds ist. Es ist auch möglich – wenn nicht sogar wahrscheinlich –, dass die menschliche Aura, die manche Sensitive ohne die Hilfe von Dizyanin Schirmen sehen können, eigentlich aus konzentrischen Feldern wachsender Feinstofflichkeit aufgebaut ist.

Zumindest ist es interessant – und vielleicht signifikant –, dass Richards herausfand, dass die beim Testen von Menschen und Tieren erhaltenen Reflexe sich wiederholten, wenn er die Aura testete. Und weil menschliche Reflexe auch durch feinstoffliche 'Strahlung' ausgelöst werden können, wie sie aus einem Blutstropfen eines Patienten mit, sagen wir, Krebs, stammen, ist es nicht unwahrscheinlich anzunehmen, dass sie ebenfalls auf andere feinstoffliche Emanationen von Lebensformen ansprechen.

Platzprobleme verhindern eine vollständige Beschreibung all der Arbeit, die Richards über die Jahre vollbrachte. Es sollten aber noch zwei weitere Punkte erwähnt werden.

Er war unter den ersten, die den Wert und die Wichtigkeit *früher Messung* von Krankheit bei der Radionikdiagnose erkannten und betonten. Er meinte, dass dies im Fall von Krebspatienten wirklich nützlich war, von denen er mehr als 100 Fälle mit 'extrem ermutigenden' Ergebnissen behandelte, weitgehend deshalb, weil er mittels Radionik Krebs in frühesten Stadien feststellen konnte. Er war jedoch zu bescheiden und vorsichtig, um das als eine 'Krebsheilung' zu bezeichnen.

Richards führte viel Forschung über Krebs durch und seine Beobachtungen sind so inspirierend wie ausgeglichen, denn er konnte ein Problem objektiv als Chirurg und als Radioniker sehen. Er wusste um den Wert und die Begrenzungen sowohl der Chirurgie als auch der 'Oszilloklasten'-Behandlung und wendete je nach Bedarf beide an.

Der Autor war von Richards' vernünftigem und erfolgreichem Zugang zu Krebs so beeindruckt, dass er versuchte, die Offiziellen der britischen Krebsforschungsgesellschaft – die zu dieser Zeit von der Öffentlichen Hand riesige Summen für die Forschung verlangten – zu überzeugen, dass es sich lohnen würde, Richards' Ideen, Methoden und erfolgreiche Behandlungen zumindest zu erforschen. Es ist jedoch wohl überflüssig zu sagen, dass sie diesen Vorschlag voller Verachtung zurückwiesen.

Nahezu 50 Jahre später ist das Krebsproblem nur teilweise gelöst; und Einzelne und der Steuerzahler werden gebeten, noch größere Einbußen für die Krebsforschung hinzunehmen. Einige neuere Nachforschungen durch den Autor haben jedoch den gleichen unerschütterlichen Widerwillen verantwortlicher Autoritäten aufgedeckt, neue Ansätze zur Lösung des Problems auch nur anzusehen, wenn sie sich nicht strikt in Übereinstimmung mit der gegenwärtigen wissenschaftlichen Mode oder dem gegenwärtigen wissenschaftlichen Dogma befinden. Dies, so fand er heraus, trifft nicht nur auf Radionik zu, sondern auch auf viele 'orthodoxe' Ansätze für Krebs und andere medizinische Probleme. Es scheint, dass alles, was von den gegenwärtigen bequemen und gut finanzierten Forschungsprogrammen wegführt, in den Hallen der Wissenschaft so unwillkommen ist wie ein Stinktier in einem Schönheitssalon.

Um auf Richards zurückzukommen, er war unter den Ersten, die wahrnahmen, dass Gedanken in der Radionik ein Faktor sind. Er stellte einige Forschungen dazu an, denn ihm war klar, dass Gedanken seine Arbeit beeinträchtigen könnten.

'Der menschliche Körper ist der feinste Mechanismus für die Testung atomarer Veränderungen', schreibt er, '... diese Sensitivität gegenüber dem Gedanken kann aber ein Nachteil sein.... Weil der menschliche Detektor und Operator von Gedanken beeinträchtigt werden kann, ist dies offensichtlich eine Schwierigkeit, wenn man unter mentalem Stress testet, wie zum Beispiel Aufregung bei öffentlichen Tests oder Überängstlichkeit vor dem Ergebnis einer Messung, die zum Beispiel einen Verwandten betrifft.'

Moderne Radioniker sind sich dessen vollkommen bewusst. Aber in den Tagen, in denen noch geglaubt wurde, dass die 'Elektronische Reaktion von Abrams' rein elektronisch sei, wurde der Einfluss von Gedanken nur selten richtig eingeschätzt. Richards jedoch bemerkte deren Relevanz und schrieb ein Kapitel: 'Gedankenformen – ihr Effekt auf den Testschaltkreis'.

Dies ist ein weiteres Beispiel für seinen bemerkenswerten Beitrag zur frühen Radionik.

7

Um unsere kurze Darstellung früher Pioniere, die sofort in Abrams' Fußstapfen traten, zu beschließen, müssen wir die Beiträge von Thomas Galen Hieronymus, ursprünglich aus Kansas City in Montana, betrachten. Er empfiehlt sich für die Beschreibung früher Pioniere, weil er viele Jahre lang in der Radionikforschung engagiert war und selbst jetzt, zum Zeitpunkt der Niederschrift dieses Buchs, immer noch in an seinem jetzigen Wohnort in Florida aktiv in der Forschung engagiert ist.

Um 1930 produzierte Hieronymus, seit 1913 ein Pionier des Radios, eine Verbesserung von Wigglesworths 'Pathoclast', die er 'Elektro-Biometer' nannte und die Dr. Crabb als das am höchsten entwickelte Radionikinstrument mit einstellbaren Kondensatoren beschrieb, das zu dieser Zeit hergestellt wurde. Es verwendete Vakuumröhren zur 'Verstärkung' und enthielt Baugruppen zum Aufladen von Wasserphiolen mit radionischen Behandlungsraten für einzelne Patienten. Das aufgeladene Wasser wurde entweder oral oder als Injektion verabreicht. Alternativ konnte der Patient auch in Verbindung zum Instrument behandelt werden.

Dieser frühe Beginn führte Hieronymus schließlich dazu, ein Patent zu beantragen – eines der bemerkenswertesten, die jemals von der erteilenden Behörde[48] angenommen und erteilt wurden. Die Anwendung wurde am 23. Oktober 1946 angenommen und am 27. September 1949 als Patent Nummer 2.482.773 'Messung von Emanationen von Materialien und Messung von deren Stärke' erteilt.

Hieronymus' Apparat, wie im Patent beschrieben[49], enthielt fünf Einheiten. Die erste enthielt das zu untersuchende Muster mit einer einfach gewickelten zylindrischen Spirale zum Aufnehmen der Emanationen. Die zweite Einheit - ein 'manuell einstellbarer Analysator' – enthielt zwei einstellbare Kondensatoren, zwei 'Durchgänge', zwei 'Elektroden' und ein Prisma. Eine der Elektroden, welche die Emanationen durch das Prisma aufnahm, konnte rotiert und ihre Position dann mittels eines Zeigers auf einer Messskala angezeigt werden.

Die dritte Einheit war ein nichtleitender variabler Widerstand. Dieser war mittels eines Radiofrequenz-Transformators mit der vierten Einheit verbunden – ein 'konventioneller dreistufig eingestellter Radiofrequenz-Verstärker'. Diese Einheit wiederum war mit einem Umformer mit der fünften verbunden, der Detektoreinheit, die eine Platte enthielt, auf der mit den Fingerspitzen oder der Handfläche gerieben wurde.

48 United States Patent Office

49 Enthalten in: George de la Warr, 'Die Radionikkamera', Radionik Verlag (wahrscheinlicher Erscheinungstermin Mitte 2005)

All dies ist beschrieben als 'Apparat für Labor- oder kommerzielle Anwendungen zur Messung der Gegenwart jedes bekannten Elements, der vorzugsweise auf dem Element der Berührung und damit auf der Fähigkeit des Anwenders beruht'. Der Erfinder scheute sich nicht, die Wichtigkeit des menschlichen Elements zuzugeben.

Er fährt mit der Beschreibung der von seinem Apparat gemessenen 'Emanationen' fort:

> Diese Emanationen treten bei normaler Raumtemperatur auf... und sie haben elektrische und optische Eigenschaften und Frequenzen, die vom violetten Strahlenteil des Spektrums bis zum ultravioletten reichen, dessen Bereich bisher nicht völlig erforscht ist.... Die Strahlungen... von bekannten Elementen... können über elektrische Leiter transportiert werden.... Die Strahlungen können aufgespalten, fokussiert, gebeugt und anderweitig auf die gleiche Weise manipuliert werden wie die Strahlungen des sichtbaren Spektrums.

Die vielleicht interessanteste Passage in den Spezifikationen ist das Folgende, eingefügt, um die 'Theorie, auf welcher die Erfindung beruht' zu erklären:

> Strahlungen von jedem der bekannten Elemente der Materie produzieren eine Energieform, wahrscheinlich Elektronen, die man über elektrische Leiter führen kann. Der Fluss von jedem der Elemente unterscheidet sich von anderen. Umgekehrt erzeugt der Fluss von Elektronen entlang eines Leiters eine Strahlung, die Eigenschaften der Strahlung des jeweiligen Elements aufweist.
>
> *Diejenigen der bekannten Elemente, die für das Wachstum von Pflanzen erforderlich sind, wurden*

durch metallische Leiter zu den Pflanzen hin geleitet, wobei die Pflanzen von den Elementen, von denen sie sich ernähren, vollkommen abgeschottet wurden.

Präziser – Samen wurden in Kisten in einem abgedunkelten Kellerraum gepflanzt. Eine der Kisten mit Samen wurde als Kontrolle verwandt und deshalb nicht mit einer Vorrichtung zur Durchleitung von Elementstrahlungen ausgerüstet. Die verbleibenden Pflanzkisten hatten Elektroden oder Platten... direkt daran angeschlossen. Jede Kiste war separat mit einem Leiter verbunden, der zu einem Punkt außerhalb des Gebäudes verlief, wo Elektroden oder Platten angeschlossen wurden, um dem Licht ausgesetzt zu werden.

Diejenigen der bekannten Elemente, die als notwendig für die Verleihung normaler Charakteristiken für Pflanzen angesehen werden, wurden diesen offensichtlich gefüttert, indem die Strahlungen der Elemente vom Licht über Leitungen und zugehörige Elektroden zu den Pflanzen geführt wurden.

Die behandelten Pflanzen waren relativ gesund, die Kontrollpflanzen jedoch schienen die Charakteristiken wachsender Vegetation aufzuweisen, der das Element natürlichen Lichts vorenthalten wurde. Im Speziellen wiesen die Kontrollpflanzen einen Mangel an Chlorophyll aus, während die anderen Pflanzen grün waren. (Absätze und Kursivschrift durch den Autor)

1956 gab Hieronymus eine Kopie seines Patents an John Campbell, ein ausgebildeter Wissenschaftler und auch scharfsichtiger auffassungsfähiger Herausgeber des Magazins *Ana-*

log – Science Fiction and Facts[50], der bereits die Wahrscheinlichkeit einiger wissenschaftlicher Durchbrüche vorausgesehen hatte, die ein neues Konzept des Universums eröffnen würden. Aus den klaren und präzisen Spezifikationen des Patents konstruierte Campbell das Hieronymus Gerät und stellte fest, dass es funktionierte. Also schrieb er in seinem Magazin einen günstigen Bericht darüber und erwähnte dabei die Patentnummer.

Eine der amüsanten Seltsamkeiten der heutigen Tage ist, dass Science-Fiction-Magazine eine breite und hingebungsvolle Leserschaft unter professionellen Wissenschaftlern haben, die 'Sci-Fi' heimlich geradezu verschlingen, kein Zweifel als eine Art Flucht. John Campbells Bericht weckte daher das Interesse vieler aus der wissenschaftlichen Gemeinschaft an der Hieronymus-Erfindung. Sie bombardierten das Patentamt mit Bestellungen von Kopien des Patents, welches dadurch nach Amtsstandards ein kleiner Bestseller wurde.

Niemand wird je wissen, wie viele Wissenschaftler zu Hause heimlich den Hieronymus-Apparat nachbauten oder ihre Keller mit Topfpflanzen füllten, die mit Drähten im Garten verbunden waren. Sie mussten im Geheimen arbeiten, denn öffentlich ihr Interesse an etwas so Unorthodoxem zuzugeben wäre beruflicher Selbstmord gewesen.

Ein befreundeter Physiker jedoch gab in strikter Vertraulichkeit zu, dass er dies getan hatte, und war in der Tat der Erste, der des Autors Aufmerksamkeit auf das Patent lenkte. Nicht nur, sagte er, funktionierte der Apparat, er fand auch heraus, dass er bei einigen Forschungen nützlicher war als orthodoxe Apparate. Er merkte auch, dass der Erfolg des Hieronymus-Apparats vom Geist des Anwenders abhängig war.

---

50 Analog – Science Fiction und Fakten

Viele Jahre lang haben die an Radionik Interessierten – den Autor eingeschlossen – zusammen mit Abrams irrtümlich angenommen, dass die mysteriösen Emanationen 'elektronisch' im orthodoxen Sinne seien. Und zwar deshalb, weil sie über Drähte geleitet, mit Widerständen 'eingestellt' und, wie einige glaubten, mit normalen Schaltkreisen mit Vakuumröhren 'verstärkt' werden konnten. Dies zeigt, wie leicht es ist, durch plausible aber falsche Annahmen in die Irre geführt zu werden.

Auch vor der Veröffentlichung des Hieronymus Patents stellten Anwender anderer Formen von Radionikausrüstung fest, dass sie genau so gut mit wie ohne Strom arbeiteten; und dann fanden jene, die mit der Hieronymus-Apparatur experimentierten, das Gleiche heraus. Auch seine Verwendung des Prismas führte zu der Annahme, dass die beteiligten Phänomene keine 'elektronischen' im akzeptierten Sinn waren, denn elektromagnetische Strahlungen der Art, die auf normale Weise eingestellt und verstärkt werden können, können nicht durch Prismen manipuliert werden.

Nach dem Krieg hatte de la Warr Instrumente entwickelt, die keinen Strom brauchten, während Ruth Drown behauptete, dass sie des Patienten eigene 'Lebenskraft' benutzte.

Der Mythos aber, dass das Radionikphänomen 'elektronischer' Natur sei, starb langsam, teilweise, weil einige nicht wussten, wie sie die Radionik sonst erklären sollten und teilweise, weil einige meinten, dass eine elektronische Erklärung die Radionik akzeptabler machen könnte.

Einer der Ersten, die realisierten – und wahrscheinlich der Erste, der offen behauptete –, dass die Radionikdiagnose vom Geist des Anwenders abhängt, war Arthur M. Young aus Philadelphia, der Präsident der Stiftung für das Studium des Bewusstseins. Die Stiftung hatte ausgedehnte Forschungen über Radionik durchgeführt und Young war mit Campbell in Kontakt, als er an diesem Thema Interesse fand. Young erklärte ihm, dass das Instrument ein Gerät war, das dem Geist half, sich auf die Diagnose zu konzentrieren und dass es nicht darauf ankam, wie herum die Spirale gewunden war.

'Dies bedeutet nicht', sagte Young, 'dass das Instrument nicht hilft oder dass die Raten überflüssig wären. Die Raten sind ein Weg zur Identifikation der Organe des Körpers und sind von Vorteil. Die wahre Beziehung liegt in den Organen des Anwenders. Das Instrument ist der menschliche Organismus.'

Young hat dem Autor erzählt, dass ein hoch talentierter Radionikanwender, der seit Jahren mit seiner Stiftung arbeitet, in der Lage war, auf sein Gerät vollständig zu verzichten.

Aufgrund dieses Hinweises vereinfachte Campbell ein Modell des Hieronymus-Apparats. Diese Vereinfachung *bestand nur noch aus dem Schaltungsdiagramm* mit *Symbolen* für Kondensatoren und Vakuumröhren und mit einem *Symbol* für das Prisma, das durch einen Schalter rotiert wurde. Er fand heraus, dass dieses *symbolische* Design genau so gut arbeitete wie das eigentliche Gerät.

Arthur Young war daher wohl der Erste, der wirklich verstand, dass *Geist und Muster* der Schlüssel zur Radionik sind, wie es die meisten fortgeschrittenen Anwender heute erkennen.

Um zu Hieronymus zurückzukehren, sein Apparat konnte natürlich zu Diagnosezwecken eingesetzt werden. Aber in seinem Patent beschrieb der Erfinder sein Instrument lediglich als ein Gerät zum Aufspüren und Messen 'jeglicher der bekannten elektrochemischen Reihe von Elementen der Materie, oder für die Kombination von zwei oder mehr Elementen'. Während diese bescheidene Behauptung keinen Verdacht oder Widerstand der Mediziner hervorrief, informierte es auch jene nicht, die seine Ausrüstung in ihrem vollen Potenzial nutzten.

Auf jeden Fall konnten jene, welche die medizinischen Möglichkeiten des Hieronymus-Instruments zu schätzen wussten, nur privat experimentieren, denn die Verurteilung von Ruth Drown hatte von der Anwendung radionischer Medizin abgeschreckt.

Hieronymus erregte jedenfalls eine Menge Aufmerksamkeit, indem er seinen Apparat dazu benutzte, landwirtschaftliche Schädlinge auf die gleiche Weise zu eliminieren wie es die *Homeotronic Foundation* von General Gross getan hatte, wie in Kapitel 3 beschrieben. Tatsächlich arbeitete er eine Weile mit der Stiftung zusammen.

Auch Hieronymus leistete unzweifelhaft einen großen Beitrag zur Zukunft der Radionik, indem er Wissenschaftler und andere für die rein wissenschaftlichen Möglichkeiten interessierte. Es ist noch zu früh, diese Beiträge zu beurteilen, weil jene, die seinen Spuren folgen, dies selten kundtun. Kürzlich war jedoch zu erfahren, dass eine Menge wichtiger und talentierter Forschung auf privater Seite von seriösen Wissenschaftlern durchgeführt wird, die von Hieronymus' Arbeit gehört haben. Deshalb wird sich wahrscheinlich eines Tages herausstellen, dass einige wichtige Fortschritte in dieser neuen Wissenschaft ursprünglich durch T. Galen Hieronymus inspiriert wurden.

Dies beschließt unsere Übersicht über die Arbeit der führenden frühen Pioniere, die direkt nach Abrams auftraten; und im nächsten Kapitel werden wir die Arbeiten eines späteren Pioniers betrachten, George de la Warr.

Zwischenspiel

Nach Abrams' Tod und dem Horderreport verlor die Radionik in England ihren Schwung. Die wenigen britischen Radionikpioniere führten jeder ihre Praxis weiter, bis sie starben oder sich zur Ruhe setzten; und nur ihre dankbaren Patienten zeigten Interesse am Thema. Und im Hinblick auf die Haltung von Harley Street wollte mein Herausgeber keine weiteren Geschichten über Radionik mehr veröffentlichen[51]; sowieso gab es wenig oder gar nichts zu berichten.

Unter schwerem Druck von Zeitungs- und anderen Arbeiten in England und anderswo verlor ich den Kontakt zu – nicht jedoch mein Interesse an – den radionischen Entwicklungen. Auf einer Geschäftsreise nach San Francisco besuchte ich die Stiftung, welche Abrams gegründet hatte, und wurde höchst liebenswürdig empfangen und auf den neuesten Stand gebracht. In der Nähe von Kapstadt bekam ich freundlichen Kontakt mit einem der wenigen Radionikärzte in Südafrika. Von Freunden hörte ich über die Arbeit von Ruth Drown, konnte sie aber nicht treffen. Gelegentlich traf ich Leute, die auf 'die Kiste' schworen und mir versicherten, dass die Radionik nicht gestorben war. Das war alles, was ich tun konnte.

Aber durch all diese Jahre intensiver Beschäftigung – die mit sechs Jahren Kriegsdienst endeten – nagte der Gedanke an die Radionik gelegentlich an mir; und ich merkte, dass ich die Überzeugung nicht abschütteln konnte, dass es da etwas von größter Wichtigkeit gab, das ich weiter studieren müsste, sobald Zeit und Gelegenheit dazu kamen. Diese kamen jedoch nicht vor dem Ende des Zweiten Weltkriegs.

Bald nach dem Krieg geschah es, dass ein Freund General Gross' Arbeit in Harrisburg erwähnte, und ich beschloss, mit

51 Anm. der Redaktion: mit anderen Worten, sie wiesen Russells Herausgeber an, keine weiteren Artikel mehr über dieses Thema zu veröffentlichen und das tat er dann auch nicht.

ihm in Kontakt zu treten. Bald danach, bei einem Kurzbesuch in England, befanden sich meine Frau und ich auf einem Spaziergang um den Crescent Park und Regents Park – ich weiß nicht mehr warum.

Es war über ein Vierteljahrhundert her, dass ich Eric Perkins erstmals begegnet war, und ich hatte angenommen, dass er gestorben wäre oder sich zur Ruhe gesetzt hätte. Aber als ich flüchtig auf den vertrauten Türeingang Nr. 5 blickte, war ich erfreut, sein Messing-Namensschild zu sehen, abgenutzt durch Jahre sorgfältigen Polierens, aber immer noch an seinem Platz. Hoffnungsvoll klingelte ich.

Unglaublicherweise wurde von Eric Perkins selbst geöffnet, genauso wie in jener Winternacht vor so vielen Jahren. Noch bemerkenswerter war, dass er nicht viel älter aussah als ich ihn in Erinnerung hatte. Er war genau so überrascht mich zu sehen wie ich ihn. „Kommen Sie herein! *Bitte* kommen Sie!“ Er grüßte uns mit all seiner Wärme und seinem Charme, als ich ihm meine Frau vorstellte.

„Sie werden die Dinge ziemlich so vorfinden, wie sie immer waren“, sagte er mit einem Lächeln, als er uns in das vertraute Sprechzimmer mit seinem gealterten Oszilloklasten und Behandlungskabinen führte. „Ich verwende immer noch die originalen Abrams Methoden und Ausrüstung und diese haben mir und meinen Patienten gut gedient. In meinem Alter, denke ich, bin ich eine gute Werbung für meine eigenen Behandlungen, meinen Sie nicht auch?“

Ich stimmte zu. Er hatte sich mit seinen Radionikbehandlungen gut gehalten und sah für einen Mann seines Alters überraschend fit und flink aus.

„Ich bin froh, dass Sie noch interessiert sind“, sagte er, nachdem wir Neuigkeiten ausgetauscht hatten, „denn die Radionik ist immer noch lebendig. Für meine Lebensphase sind die alten Methoden, die ich von Abrams lernte, gut genug für mich und meine Patienten. Es gibt da aber einen jungen Burschen – er heißt de la Warr –, der scheint mir wichtige Arbeit zu leisten, obwohl ich nicht viel davon verstehe. Sie sollten hingehen und ihn besuchen – er lebt in Oxford – und herausfinden, was er macht."

Er erzählte mir, wie ich seine Adresse herausfinden konnte und am nächsten Tag rief ich George de la Warr an und verabredete ein Treffen in seinen Delawarr Laboratorien in Oxford.

Ich dachte, dass es nur fair wäre, am Telefon zu erklären, dass ich, obwohl ich in der Vergangenheit über Radionik geschrieben hatte, kein Zeitungsmann mehr war und ihm nicht mit irgendwelcher Publizität helfen könnte; ich wollte auch nicht irgendwelche Geheimnisse ausspähen.

„Ich bin immer erfreut, jemanden zu sehen, der wirklich interessiert ist", antwortete er herzlich. „Was Geheimnisse angeht, ich habe keine! Sie sind willkommen, sich alles anzusehen und jede Frage zu stellen, die Sie mögen!"

Am nächsten Tag fuhr ich nach Oxford und hatte mit de la Warr kaum ein paar Minuten gesprochen, als mir klar wurde, dass der Radionik neues Leben eingehaucht worden und sie in eine neue Phase ihrer Entwicklung eingetreten war.

Ich war wieder auf dem Weg und hatte diesen – seltsam genug – gefunden, indem ich durch den selben Türeingang in Park Crescent ging, durch den ich so viele Jahre zuvor erstmals in die Wissenschaft der Zukunft eingetreten war.

Kapitel Fünf

Ideen im Minutentakt

George de la Warr wird eines Tages als sehr bemerkenswerter Mann anerkannt sein...

Seine Freunde waren so weit verteilt – und oftmals im Geheimen – wie seine Feinde mächtig und lautstark, aber... ich glaube, dass George de la Warr als einer der Pioniere des 20. Jahrhunderts eingestuft werden wird, der versuchte die Menschheit einen Schritt über den blinden Materialismus hinaus und hin zu einer grundlegenden Bewusstheit des ganzen Menschen zu führen.

Seine Ehren Richter Christmas Humphreys, Q.C.

1

'Bill hatte jede Minute eine Idee!' erzählte seine Witwe dem Autor einmal. Und das fasst den bemerkenswerten Beitrag zur Wissenschaft der Radionik des fruchtbaren und hoch intuitiven Geists von George de la Warr – bei all seinen vielen Freunden als 'Bill' bekannt – kurz zusammen.

Diese Bemerkung zeigt auch die Schwierigkeit, seinen vielen Jahren Forschung und Experimenten auf einer begrenzten Anzahl von Seiten gerecht zu werden. Glücklicherweise ist seine Arbeit jedoch – anders als bei den meisten Radionikpionieren – in zwei Büchern[52] und in zahllosen Veröffentlichungen

52 Langston Day in Zusammenarbeit mit George de la Warr, 'New Worlds Beyond the Atom' (Neue Welten jenseits des Atoms), 1956 und 'Matter in the Making' (Wie Materie gemacht wird), 1966.

der Delawarr Laboratorien[53] gut dokumentiert, denen allen der Autor großen Dank schuldet.

Dieser Bericht kann nur versuchen, die Höhepunkte von Bills Arbeit zu umfassen – aus seiner ungeheuren Arbeit die Funde auszusieben, die von größtem Interesse und größter Bedeutung scheinen. Das bedeutet keine Herabsetzung *irgendeiner* seiner Arbeiten, denn einige seiner Entdeckungen – denen er vielleicht selbst wenig Aufmerksamkeit schenkte – könnten in der Zukunft von größter Bedeutung sein; *all das*, was Bill heraus fand, ist der sorgfältigsten Untersuchung zukünftiger Studenten der Wissenschaft wert.

Denn Bill hatte einen nahezu genialen Erfindergeist, wie Richter Christmas Humphreys in einem Nachruf zu seinem Tod schrieb. Und sogar die Krumen, die vom Tisch eines Beinahegenies fallen, sind nicht zu verachten.

Bills stark erfinderischer und imaginativer Geist hatte ein praktisches, bodenständiges Training. Er wurde 1904 als Sohn eines Ingenieurs und Architekten von Ruf geboren. Im Alter von 20 Jahren bestand er die Prüfung zur assoziativen Mitgliedschaft am Institut der Ingenieure für Mechanik. Drei Jahre später bestand er die Prüfung der Institution der zivilen Ingenieure und qualifizierte sich später als assoziatives Mitglied des Instituts für Stadtplanung.

Er arbeitete als Chefingenieur in einer Ölraffinerie, Chefkonstrukteur der *Firestone Tyre and Rubber Factory*[54] und auch als Entwicklungsingenieur für die gleiche Firma. Später baute er fünf Jahre lang Straßen und Brücken für das *Somerset*

---

53 Gemeint ist ein vierteljährlich erscheinendes Magazin – *Mind and Matter* (Geist und Materie) –, das die Delawarr Laboratorien zwischen 1955 und 1966 heraus brachten.

54 Etwa 'Firestone Reifen- und Gummifabrik'

County Council[55] und war 16 weitere Jahre Chefingenieur des *Oxfordshire County Council*[56].

Seine Karriere als Ingenieur hatte ihn den Wert genauer Instrumente zu schätzen gelehrt. Als Resultat wurden alle von ihm entwickelten Instrumente in den Laboratorien in der feinsten Tradition britischen Instrumentenmachens wunderschön hergestellt, und zwar durch einen erstklassigen Instrumentenmacher, Herrn Stevens. Das erlaubte die Einförmigkeit und Standardisierung der 'Raten'. Dieses Bestehen auf anständigen Instrumenten spiegelte Bills Neigung zur Genauigkeit und Präzision, was auch auf die gradlinige und ordentliche Organisation seiner Laboratorien zutraf.

Er hatte somit ganz außergewöhnliche Qualifikationen für die Arbeit, für die er bestimmt war. Und diese wurden auf bewundernswerte Weise durch die seltenen Qualitäten seiner charmanten Frau Marjorie unterstützt, die er 1929 heiratete. Als Tochter eines Wissenschaftlers kombinierte Marjorie de la Warr ererbtes wissenschaftliches Talent mit ultrasensitiver und scharfsichtiger Intuition.

Sie teilte Bills Interessen von Beginn an. Tatsächlich korrespondierten sie über Homöopathie, während Bill noch in der Armee war, was später zu ihrem gemeinsamen Interesse an der Radionik führte. So arbeitete sie jeden Schritt auf dem Weg durch die langen Jahre ihres gemeinsamen Strebens eng mit ihm zusammen.

Bill diskutierte mit Marjorie jede Idee, die sein ruheloser, suchender Geist entwickelte, bevor damit irgend etwas anderes getan wurde. Zusammen grübelten sie über den Ideen und planten den nächsten Schritt im Programm. Als der Physiker

55 Vergleichbar mit dem Landratsamt von Somerset (ein englischer Landkreis)

56 Landratsamt von Oxfordshire (ein weiterer englischer Landkreis)

Leonard P. Corté zu ihnen stieß, versuchten sie so oft wie möglich, Mittag- und Abendessen gemeinsam einzunehmen; und die Diskussionen über Radioniktheorien und -experimente gingen bis in den späten Abend.

Irgendwie überlebte ihre Gesundheit diesen harten Stundenplan; während Bill unermüdlich in den Laboratorien arbeitete, baute Marjorie eine sehr erfolgreiche Radionikpraxis auf. Im Verlauf der Arbeiten wurde sie nicht nur zur besten Anwenderin der Instrumente ihres Mannes sondern auch die genaueste Diagnostikerin in der Geschichte der Radionik. Zusätzlich übernahm sie die delikate und arbeitsreiche Aufgabe der Zusammenstellung des Ratenindexes.

Marjories Praxis half dabei, die Forschung zu finanzieren; und Bills Vater half in jeder ihm möglichen Weise. Meistens mussten sie ihre Forschung aus eigenen Mitteln bezahlen.

Nach modernen Standards waren die Delawarr Laboratorien eine absurd kleine Organisation, um die Entwicklung einer neuen Wissenschaft zu verfolgen, auch noch nachdem sie Corté, Stevens und ein oder zwei weitere für die Büroarbeiten und die Details einer wachsenden Praxis gewonnen hatten. Aber es war ein ideales Team für diese Arbeit.

Obwohl der Mangel an regulärer Finanzierung von außerhalb auf der einen Seite ein offensichtlicher Nachteil und eine ständige Angst war, gab dies den Laboratorien einen kompensierenden Nutzen; sie waren niemandem verpflichtet und erfreuten sich daher vollständiger Unabhängigkeit. Sie mussten keine pedantischen, konventionellen Teilhaber oder Stiftungen von der Bedeutung ihrer Arbeit überzeugen oder irgendjemandes Erlaubnis für ein weiteres Experiment erlangen. Wenn sie in dieser Position gewesen wären, ist es zweifelhaft, ob sie so viel erreicht hätten.

Es war daher für die Radionik ein glücklicher Umstand, dass – wie schon früher erwähnt – das Schicksal seine Hand ausstreckte und die Zukunft der Wissenschaft in die Hände von Bill und Marjorie de la Warr legte.

Obwohl das de la Warr Team für die Aufgabe ideal passend war, war es natürlich nicht perfekt, wie bei jeder Organisation von Menschen; und ein Historiker sollte beide Seiten einer Münze betrachten.

Wie jeder von uns hatte Bill seine Fehler, die jedoch immer vom Kopf her kamen und nicht vom Herzen. Vielleicht tat er zu wenig für seinen eigenen Nutzen und hatte das ruhelose Schlachtross seiner Vorstellungskraft, das in viele Richtungen galoppierte, nicht im Griff. Vielleicht verleitete ihn sein Enthusiasmus zu voreiliger Publicity, die für viele zu unglaublich war, um sie schlucken zu können. Diese Fehleinschätzungen waren die natürliche Folge seines Enthusiasmus und seiner Bestimmung, die Wissenschaft der Radionik so schnell wie möglich voran zu bringen. Und ohne diesen Enthusiasmus hätte er gar keinen Fortschritt gemacht.

Wie die meisten kreativen Menschen unterschätzte Bill den generellen Widerstand gegenüber jeder neuen Idee und auch die Zeit, die es normalerweise braucht, um sie zu akzeptieren. Wie so viele Menschen mit großem Vorstellungsvermögen erkannte auch er nicht, dass viele Leute überhaupt keine Vorstellungskraft haben, die über ihre eigenen Interessen hinausgeht. So verstand er nicht immer, dass was ihm völlig offensichtlich erschien, anderen, die er für die Radionik zu interessieren suchte, oft so unverständlich vorkam wie Sanskrit.

Rechtschaffen, aufrichtig und offenherzig wie er selbst war wollte Bill gern glauben, dass andere genau so seien und war infolgedessen manchmal enttäuscht. Es war schwer für einen mit seinem großzügigen Temperament, Eifersucht und Rachsucht, die hinter der Fassade von anderen liegen, richtig einzuschätzen.

Zusammenfassend kann gesagt werden, dass Bills Fehler – wenn man sie so nennen darf – die Folge einiger seiner bewundernswerten Qualitäten waren. Aber glücklicherweise waren diese stark genug, seine Schwächen auszugleichen und ihn so zu großen Taten zu führen.

2

Obwohl er als Ingenieur ausgebildet war, hatte Bill immer Interesse an Medizin, Homöopathie eingeschlossen. Als er herausfand, dass homöopathische Methoden funktionieren, vermutete er, dass es feinstoffliche Heilkräfte in der Natur geben müsse und dass diese vielleicht durch die Verwendung geeigneter Pflanzen und Mineralien freigesetzt werden könnten.

Als ein Freund meinte, dass von Pflanzen eine charakteristische Strahlung ausgeht, versuchte er mittels Drahtantennen, die er in verschiedene Längen schnitt, herauszufinden, ob dies so war. Nach einigen unschlüssigen Experimenten mit einem Pendel und einer Haselrute versuchte er ein empfindliches Galvanometer.

Damit machte er zwei Entdeckungen. Die erste war, dass das elektrische Potenzial einer Pflanze durch Klangwellen passender Frequenz beeinflusst wurde, wodurch das Wachstum gefördert werden konnte. Die zweite war, dass sich dieses Potenzial zu verändern schien, wenn die Pflanze in Relation zum Erdmagnetfeld gedreht wurde. Dies führte zu einer weiteren Entdeckung, dass nämlich eine Pflanze besser wuchs, wenn sie beim Einpflanzen in eine 'kritische Position' im Erdmagnetfeld gedreht wurde.

Diese Experimente, die nur in begrenzter Freizeit durchgeführt wurden, waren ihm bei seiner späteren Arbeit auf dem Gebiet der Radionik sehr nützlich.

Marjorie de la Warr erzählte dem Autor, dass Bill bald nach der Evakuierung von Dünkirchen im Jahr 1940 – als er wegen seines Asthmas aus der Armee entlassen wurde – gebeten wurde, ein Drown Instrument zu nachzubauen. Bevor er das jedoch tat, erhielt er ihre Erlaubnis dazu, wie Richter Humphreys schrieb. Deshalb 'stahl' er das Drown Instrument nicht, wie einige seiner Feinde behaupteten. Und als er das Drown Instrument in Oxford nachbaute, war es nur natürlich, dass er es verbesserte.

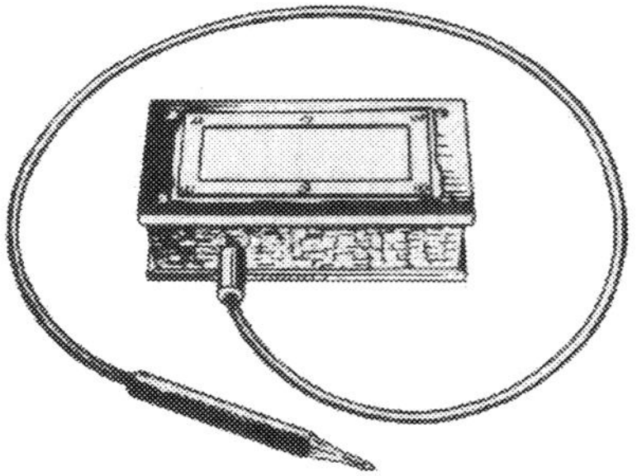

Abb. 3A
Portabler Detektor mit Antenne

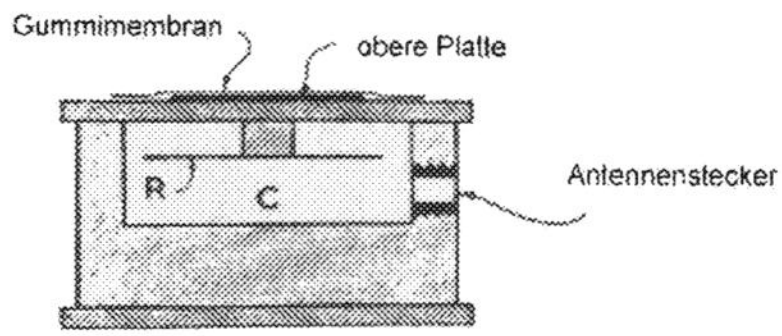

Abb. 3B
Querschnitt durch den portablen Detektor

Abb. 3
Der portable Detektor nach de la Warr

Wie wir schon angemerkt hatten, enthielt das Drown Instrument einen Detektor mit einer Gummiplatte, was Bill dazu inspirierte, das Pendel beiseite zu legen und einen verbesserten portablen Detektor zu bauen, der eine so große Rolle in all seinen folgenden Forschungen spielen sollte. Das Drown Instrument zeigte ihm auch eine bessere Methode zum Einstellen als das Abschnippeln von Antennendraht auf verschiedene Längen oder Drähte in Rahmen zu spannen.

Der portable Detektor war eigentlich ein Zweiplattenkondensator, dessen Platten durch eine luftgefüllte Lücke von $^{3}/_{8}$ Zoll getrennt waren (Abb. 3). Die obere Platte war mit einer dünnen Gummischicht bedeckt, die untere war in eine 'Resonanzkammer' – die aus einem Hartholzblock geschnitten war – eingelassen, in welche die Emanationen oder Strahlungen durch ein 'Antennenkabel' eingeführt wurden.

Die Lücke zwischen den Platten scheint den 'Stick' der Finger des Anwenders auf die gleiche mysteriöse Weise verstärkt zu haben, wenn über das Gummi gestrichen wurde, wie die Lücke zwischen Stirnelektrode und Stirn den Effekt der Reflexe beim Subjekt verstärkte. Der 'Resonanzraum' wurde eingesetzt, weil Bills Experimente mit der Pflanzenstrahlung gezeigt hatten, dass irgendeine Art von 'Resonanz' bei ihrer Messung beteiligt war.

Wir werden eine theoretische Erklärung dafür, wie dieser Detektor funktioniert, in einem späteren Kapitel versuchen. Für jetzt genügt es zu sagen, dass das Nervensystem des Anwenders für den 'Stick' auf Oberfläche der Gummiplatte verantwortlich ist, wenn dessen Geist darauf konzentriert ist, eine bestimmte 'Emanation' zu finden, genauso wie die 'Emanation' den Reflex der Magenmuskeln eines Subjekts hervorruft. Der gleiche Effekt kann auch per Gedanken erzeugt werden; und unter geeigneten Bedingungen kann der Detektor Informationen anzeigen, die durch außersinnliche Wahrnehmung erhalten werden.

Dieses bemerkenswerte Phänomen kannte und benutzte man übrigens in Afrika lange vor der Geburt der Radionik, wie Bill bei einer Gelegenheit erwähnte. In einem gelehrten Bericht über Zauberei[57] sind portable 'Reibebrettorakel' abgebildet, die im Gebiet des Kongobeckens unter Medizinmännern weit verbreitet sind. Diese bestehen aus schmalen aber dicken Holzblöcken auf kurzen Beinen – üblicherweise seltsam geschnitzt, manchmal in Tierform. Es scheint so, dass die Afrikaner diese Holzblöcke nicht mit ihren Fingern reiben sondern mit einem kleinen Holzknopf zwischen den Fingern. Wenn der Holzknopf am Block kleben bleibt, denkt der Anwender, dass er – durch ASW – eine Antwort auf seine Frage bekommen hat, die er im Geist gestellt hat.

Diese Blöcke werden mit einem Wurzelsud behandelt, mutmaßlich 'um sie mit magischen Kräften aufzuladen', aber eventuell ist dieser Sud eine Art Wachs, um den elektrostatischen Effekt, auf dem die westlichen Detektoren zu beruhen scheinen, zu verstärken. Vielleicht dient der Holzknopf als Luftlücke zwischen den Fingern des Anwenders und dem Block und hat einen verstärkenden Effekt ähnlich dem oben erwähnten. Aber offensichtlich hat kein westlicher Radioniker jemals mit einem afrikanischen Reibebrett experimentiert. Einige mögen es interessant finden, es auszuprobieren, denn so manches aus dem empirischen Wissen afrikanischer Analphabeten hat eine solide Basis, auch wenn es ihnen an Eiweiß, Rohrleitungen und Doktoren der Philosophie mangelt.

3

Nachdem er die Einstellmethode von Dr. Drown gesehen hatte, beendete Bill die Experimente mit den verschiedenen Antennenlängen und widmete seinen erfinderischen Geist der mechanischen Verbesserung des Drowngeräts.

---

57 Professor Lucy Mair, 'Witchcraft', New York, 1969

Er kam auf die Idee, flache Streifen von Metallfedern zu verwenden, die zu einem fast vollständigen Kreis geformt und an einem Ende gut befestigt waren. Ein Gleitkontakt, der durch einen mit einer Skala versehenen Knopf gedreht wurde, wurde in Kontakt mit der Oberfläche des Metallstücks gebracht; und die Federkraft des Metalls – $^{3}/_{8}$ Zoll im Durchmesser, galvanisiert und leicht geschmiert – ergab einen sanften, stetigen Kontakt. Der Außendurchmesser dieser Beinahekreise betrug 1.5 Zoll.

Dieses Design hatte große praktische Vorteile. Diese kleinen Stücke konnten in großer Zahl, billig und in vollständiger Gleichheit ausgestanzt werden. Als Resultat sind alle Einstellknöpfe in allen von den Laboratorien hergestellten Instrumenten *exakt* gleich. So waren alle Instrumente standardisiert und die auf einem Gerät ermittelten Raten konnten ohne jegliche Kalibrierung auf allen anderen verwendet werden. Darüber hinaus wurde das Design so ausgeprägt und die Instrumente so gut gemacht, dass ihre Genauigkeit unbegrenzt hielt.

Dies war ein wichtiger Beitrag, weil Genauigkeit und Präzision in der Radionik elementar wichtig sind, welche Einstellungsform man auch immer verwendet. Und trotz anderer heute benutzter Formen war Bill der erste, der höchst genaue, *standardisierte* Instrumente baute.

Seine Modifikation des Drowninstruments bestand aus neun Einstellelementen, die unter einer 9 x 11.5 Zoll großen Bakelitblende angeordnet waren, mit skalierten Schaltern auf der Blende. In Vertiefungen am oberen Ende der Blende befanden sich zwei Ablagen oder 'Behälter' für Blut- und andere Muster, die mit der Erdung des Instruments verbunden waren. Die befestigten Enden der metallenen Einstellstreifen waren parallel miteinander verbunden und auch mit der unteren Platte des

Detektors, der in die untere rechte Ecke der Blende eingelassen war.

Das Ganze war in einem soliden Holzkasten montiert, in dessen unterem Deckel ein Zeiger angebracht war. Dieser Zeiger sollte dem Geist des Anwenders helfen, sich auf die verschiedenen Raten und Fragen zu konzentrieren. Der Kasten war mit einem Handgriff ausgerüstet, er war etwas kleiner als eine durchschnittliche tragbare Reiseschreibmaschine und so wie diese mit einem schwarzen, lederähnlichen Material überzogen.

Dies war ein sauberes, praktisches und leicht transportables Instrument, es gab aber Kritikern die Gelegenheit, über die de la Warrs 'Blackbox' zu lachen, genau so, wie andere lange Zeit zuvor Abrams' Wunderkiste verspottet hatten. Und man fragt sich, ob die Kritiker es schwieriger gefunden hätten, über das Instrument zu lachen, wenn es blau und nicht in einem Koffer eingeschlossen gewesen wäre!

Eine Untersuchung der Schaltkreise unter der Blende gab den Kritikern mehr 'Munition', denn aus rein elektronischen Gesichtspunkten machten sie überhaupt keinen Sinn. Aber das Instrument gab natürlich auch nicht vor, ein elektrisches zu sein; es war dazu gedacht, sich auf diese mysteriösen Energien einzustellen.

Mit diesem Instrument begannen Bill und seine Frau ihre eigene Ratensammlung aufzubauen; nicht deswegen, um sich von Drown und Abrams zu unterscheiden, sondern weil sie die Notwendigkeit der Standardisierung mit ihren Instrumenten vorhersahen. Dies wurde so gemacht, dass ein Muster eines Bakteriums oder erkranktes Gewebe in die Ablage gelegt wurde und dann Marjorie de la Warr ihre Einstellschalter einen nach dem anderen so lange drehte, bis sie einen 'Stick' auf dem Detektor erhielt. Einige Muster ergaben nur 'Sticks' auf einem oder zwei Schaltern, andere ergaben 'Sticks' auf allen in der Reihe und damit eine Rate aus neun Ziffern.

Nach einer Weile fanden sie heraus, dass es nicht nötig war, ein Muster zu verwenden und dass eine Rate auch ermittelt werden konnte, indem Marjorie de la Warr lediglich ihren Geist auf eine bestimmte Erkrankung oder auch nur einen Körperteil konzentrierte. Auf diese wie oben beschriebene Weise stellte sie schließlich über 5000 Raten zusammen und klassifizierte sie in einem Index.

Obwohl dieses Instrument gut funktionierte, fanden sie bald heraus, dass es etwas unbeständig war und sie etwas benötigten, um es zu stabilisieren. Und es kam Bill in den Sinn, für diesen Zweck einen Magneten einzusetzen, denn er erinnerte sich, dass der bemerkenswerte Chemiker Baron von Reichenbach etwas gefunden hatte, was er als 'odische Kraft' bezeichnete, die von Magneten beeinflusst wurde.

Mit Hilfe eines Stücks Draht, einem Magneten und dem portablen Detektor fand Bill heraus, dass er eine stärkere Reaktion auf dem Detektor bekam, wenn der Magnet in eine bestimmte Position im Erdmagnetfeld gedreht wurde. Danach baute er in all seine Diagnose- und Therapieinstrumente einen 'Einstellmagneten' ein, um die Einstellung zu 'schärfen'.

In seinen Diagnoseinstrumenten ist ein kleiner Stabmagnet – ungefähr $^1/_8$ Zoll im Durchmesser und 1 Zoll lang – auf einem Stab montiert, der an einem Drehknopf über der Blende befestigt ist. Diese Konstruktion wurde zwischen die beiden Ablagen an der Oberseite der Blende gesetzt und der Stab und der Magnet rotierten in einer Messinghülle unter der Blende. Die Hülle ist mit allen Einstellknöpfen und mit der unteren Detektorplatte parallel verbunden. Auf diese Weise rotiert der Magnet auf der selben Ebene wie die Einstellschalter. Im Behandlungsinstrument jedoch – das bald beschrieben werden wird – rotiert der Magnet im rechten Winkel zu den Einstellschaltern.

Aus einigen Gründen, die niemand wirklich zu verstehen scheint, hat dieser winzig kleine Magnet einen stabilisierenden Effekt auf das Instrument und 'schärft' die Einstellung, wie der Autor – der ein Set dieser Instrumente besitzt – aus Erfahrung bestätigen kann.

Dies war ein weiterer Beitrag zur Radionik.

4

Wenn ein Patient mit dem oben beschriebenen Instrument diagnostiziert wird, kann er anschließend entweder mit speziellen Mitteln oder mit einer vereinfachten Version des gleichen Instruments – oder beidem – behandelt werden. Es wurde nämlich herausgefunden, dass ein Krankheitszustand oft neutralisiert werden kann, indem der Patient *mittels* seines Blutmusters auf die 'komplementäre Rate' eingestellt wird.

Nehmen wir an, dass die 'Erkennungsrate' des Diagnoseinstruments 6067, die Rate für Pneumonie[58], ist. Sein Blutmuster wird dann auf das Behandlungsinstrument gelegt und dieses auf 4043 eingestellt. Diese 'Komplementärrate' errechnet man, indem man die Schalterstellung der 'Erkennungsrate' vom höchsten Schalterwert abzieht; das Ergebnis ergibt die neue Behandlungsrate. Weil ein Schalter von 0 bis 100 gradiert ist und die übrigen von 0 bis 10, wird die Rate bestimmt durch die Subtraktion der 60 von 100, was 40 ergibt, dann 6 von 10, was 4 und 7 von 10, was 3 übrig lässt.

58 Lungenentzündung

Es sollte angemerkt werden, dass die 'Erkennungsrate' in der Diagnose Verwendung findet, um die *Ursache* des Zustands des Patienten zu finden.

Die Behandlungsinstrumente bestehen aus flachen Holzkästen, die normalerweise an die Wand gehängt oder bequem auf ein Regal gestellt werden. Die Vorderseite besteht aus Holz oder Bakelit und trägt neun Einstellungsschalter – die mit denen des Diagnosegeräts identisch sind –, angeordnet in drei Reihen. Am Boden befindet sich eine Buchse, in welche die Leitung des portablen Detektors eingestöpselt werden kann. Auf der Oberseite des Kastens befindet sich ein Knopf für die Rotation des Einstellmagneten, der, wie oben angemerkt, im Kasten im rechten Winkel zu den Einstellschaltern rotiert. Es gibt auch noch einen kleinen Metallteller, auf den das Blutmuster gelegt wird.

Wenn ein Anwender einen Patienten behandeln möchte, stellt er die Einstellschalter auf die entsprechende 'Komplementärrate', legt das Blutmuster auf den Teller und schließt den portablen Detektor an. Dann dreht er den Magneten, bis er einen eindeutigen Stick auf dem Detektor bekommt, während er die ganze Zeit den Patienten und dessen Problem im Geist hält. Gewissenhafte Anwender stellen den Blutstropfen mit dem Magneten und dem Detektor jeden Tag neu ein, das scheint aber, obwohl wünschenswert, nicht unbedingt notwendig zu sein. Der Autor muss zugeben, dass er bei zwei Gelegenheiten, als er versuchte Freunden zu helfen, zu beschäftigt war, um das Instrument täglich neu einzustellen, und bei einem Fall vergaß er es einen Monat lang völlig. Zu seinem Erstaunen berichteten beide Freunde, dass sie geheilt wären.

Einige Anwender haben eine Reihe dieser Instrumente – es gibt etwa 200 von ihnen im zentralen Behandlungsraum der Delawarr Laboratorien – so dass eine ganze Anzahl von Patienten gleichzeitig und kontinuierlich behandelt werden kann. Diese relativ einfachen Instrumente können für ein Fünftel der Kosten eines Diagnoseinstruments hergestellt werden. Andere Anwender nutzen heute ganz andere Behandlungsinstrumente.

Wie und warum funktionieren diese Behandlungsinstrumente – wie sie es unzweifelhaft tun? Wieder wird der Leser um Geduld gebeten, bis wir versuchen, die Radioniktheorie zu verfolgen. Für den Moment ist es ausreichend auszusagen, dass das Einstellen des Blutmusters des Patienten auf die entsprechende Rate diesen mit etwas verbindet, das am besten mit den normalisierenden Kräften der Natur beschrieben wird, was die Erkrankung korrigiert. Oder mit anderen Worten, die Anwendung des Behandlungsinstruments 'zieht in gewisser Weise die Aufmerksamkeit der Natur auf einen abnormalen Zustand, welchen die Natur dann richtet'. Es scheint kein spezielles Talent oder keine spezielle Kunst bei den Behandlungstechnikern notwendig zu sein. Gefordert ist lediglich, dass er oder sie den Instruktionen des Diagnostikers sorgfältig nachkommt.

Dies führt zu der Frage: wer kann ein Diagnoseinstrument benutzen und sind spezielle Qualifikationen notwendig?

Im Laufe der Jahre und nach vielen Tests haben die Delawarr Laboratorien herausgefunden, dass etwa sechs von 10 Leuten das Diagnoseinstrument einigermaßen und davon drei es exzellent bedienen können. Vier von 10 können es überhaupt nicht bedienen. Das kann nur durch einen Test bestimmt werden; radionische Fähigkeiten scheinen, wie andere menschliche Qualitäten, etwas zu sein, das man entweder hat oder nicht hat – und viele Leute von ganz unterschiedlicher Art haben es.

Es war deshalb schon immer der ethische Grundsatz der Laboratorien, Instrumente nur an diejenigen zu verkaufen, die den Test geschafft hatten und nur nachdem sie sich in die Bedienung der Instrumente hatten einweisen lassen.

Um die Instrumente erfolgreich nutzen zu können, muss der Anwender zunächst die richtige Berührung erlernen, wenn er über das Gummi des Detektors streicht, so dass das automatisch und unbewusst geschieht. Diese Kunst kann nur mit Zeit und Übung gemeistert werden.

Ein Radionikanwender sollte natürlich zumindest ausreichende Kenntnisse des menschlichen Körpers haben, so dass er die Bedeutung der Messwerte und den tieferen Sinn der vom Detektor erhaltenen 'Sticks' erkennen kann. Wissen und gesunder Menschenverstand sind notwendig, damit er keine Zeit damit verschwendet, Ursachen auszutesten, die offensichtlich nichts mit dem Fall zu tun haben. Zum Beispiel wird er weder einen männlichen Patienten auf speziell weibliche Beschwerden testen noch wird er sich um Zustände aller Wirbel und Muskeln bei einem Patienten mit rauem Hals kümmern. Bei so vielen Raten für die verschiedenen Körperteile und für Krankheiten, die Körper und Geist beeinträchtigen können, muss man Gespür und Wissen haben, um auszuwählen.

Idealerweise sollten Radioniker und Mediziner zusammen arbeiten, weil sich die beiden Künste ergänzen. In England wächst diese Art der Kooperation im Stillen und einige Ärzte benutzen selbst radionische Instrumente. Der Autor kann den Wert dessen bestätigen, denn er experimentierte mit einem Freund, der ein qualifizierter Arzt ist. In diesen Experimenten war letzterer in der Lage, eine radionische Analyse durch medizinische Tests zu bestätigen; und manchmal hatten Radionikdiagnosen den Doktor – innerhalb weniger Minuten – auf einen Zustand aufmerksam gemacht, dessen Entdeckung durch normale Mittel sonst vielleicht Tage gebraucht hätte.

Obwohl einige ältere Anwender, die Ausrüstungen von Abrams oder Drown besaßen, diese auch weiter benutzen, taten diese stabilen und standardisierten de la Warr Instrumente – und Bills Enthusiasmus bei deren Demonstration – mehr als alles andere, die Radionik im England der Nachkriegszeit wiederzubeleben.

5

In ihren früheren Experimenten hatten die de la Warrs entdeckt, dass bestimmte Klangwellen das Wachstum von Pflanzen stimulierten und spezielle Effekte auf den menschlichen Körper hatten. Dies führte sie dazu, mit den höheren Frequenzen des Lichts verschiedener Farben zu experimentieren und so entwickelten sie, neben vielen anderen Aktivitäten, die 'Delaray Lampe'[59].

Dieses Gerät verwendete ein Messingrohr mit vier Spiralen, die voreingestellt waren, und einem am Boden angebrachten Schwarzkörper Infrarot-Strahler, so dass Infrarotstrahlungen von ziemlich niedriger Frequenz durch die Spiralen geleitet wurden. Eine strahlende Infrarotlampe wurde dann so montiert, dass der infrarote Strahl von der Lampe die Röhre, welche die Schwarzköperstrahlungen und die Spiralen enthielt, im rechten Winkel schnitt und so die höherfrequenten Infrarotstrahlen modifizierte. Über 170 verschiedene 'Elemente' wurden entworfen und für verschiedene Zustände hergestellt. Zitat aus Bills Patent: „Die vier Spiralen werden beim Zusam-

59 Eine detaillierte technische Beschreibung dieses klugen Instruments ist im britischen Patent Nr. GB 741654 vom 7.12.1955 und Nr. 761976 vom 21.11.1956 zu finden, beide an George de la Warr verliehen.

menbau voreingestellt, indem die strahlenförmig gewundenen Arme entsprechend verschiedenen Vektoren positioniert werden, welche von einem ausreichend sensitiven Pendler radiästhetisch ermittelt werden. In der Anwendung wird der Apparat so orientiert, dass der modifizierte Strahl, der von der Lampe ausgeht, zum Patienten gerichtet wird und durch Resonanzeffekte den gewünschten wohltuenden Effekt erzeugt."

Die Idee zur Verwendung der Spiralen kam durch die Entdeckung zustande – früh in Bills Experimenten –, dass dies ein nützliches Einstellungsgerät war, wobei die Theorie verfolgt wurde, dass radionische Energien Wirbelmustern folgen.

Licht ist natürlich elektromagnetische Energie, so wie Radiowellen. Mit der Verwendung von Licht als Träger – mangels eines besseren Ausdrucks – für therapeutische Energien verwendeten die de la Warrs das gleiche Prinzip wie die Pioniere der landwirtschaftlichen Radionik in Harrisburg, die Radiotransmitter als Träger für radionische Energien einsetzten, um Pflanzen zu behandeln.

Es scheint keine Zweifel daran zu geben, dass die Verwendung elektromagnetischer Energien im Zusammenhang mit Radionikenergien in vielen Fällen effektiv ist; und eine mögliche Erklärung dazu wird in Kapitel 10 geboten.

Ein weiteres kluges Instrument, das Licht verwendet, war das *Colourscope*, das oftmals zur Behandlung von Patienten Verwendung fand und auch heute noch benutzt wird. Im *Colourscope* wird ein Lichtstrahl durch verschiedene optische Filter geleitet. Diese waren so angeordnet, dass die Bandbreite des Spektrums auf 100 Å reduziert werden konnte, wodurch extrem genaue und wiederholbare Lichtstrahlen möglich wurden.

Zur gleichen Zeit, als er das *Colourscope* entwickelte, entwarf er auch die 'Resonanzkammer'. Diese hatte eine Linse auf der einen Seite und eine zusammenklappbare Platte auf der anderen Seite, die einen Clip für das Blutmuster trug, der so entworfen war, dass das Blutmuster auf der Achse des Lichtstrahls vom *Colourscope* bis zu einem Winkel von 45 Grad rotiert werden konnte.

So konnte das *Colourscope* dazu benutzt werden, den nicht anwesenden Patienten durch den Blutstropfen zu behandeln. Und in diesem Zusammenhang ist es interessant anzumerken, dass in den früheren Jahren Marjorie *alle* ihre Patienten auf Distanz behandelte; und zwar einige Zeit bevor ein Schallgerät entwickelt wurde, um Patienten an Ort und Stelle zu behandeln.

6

Von Anfang an hatte Bill erkannt, wie schon Abrams vor ihm, dass jegliche Materie eine feinstoffliche Emanation oder Strahlung aussendet, die vom menschlichen Nervensystem wahrgenommen werden kann. Er war aber natürlich sehr darauf bedacht, deren Existenz ohne die Hilfe des Nervensystems zu demonstrieren; und seine Experimente mit Licht legten nahe, dass dies mit Fotografie machbar sei.

Nach vielen Experimenten machte er zwei Entdeckungen. Die erste – um seine eigenen Worte zu zitieren – war, 'dass jede Form von Materie eine kritische Rotationsposition (C.R.P.[60]) zu haben scheint, die in einem stabilen Magnetfeld einzigartig für sie selbst ist, und in deren Position sie feinstoffliche Strahlung abgibt, deren Charakter bisher noch unbestimmt ist. Die zweite Tatsache ist, dass in dieser kritischen

60 C.R.P. steht für critical rotational position (engl.) = kritische Rotationsposition

Rotationsposition die Strahlung ein Beschlagen einer Fotoplatte erzeugt, und zwar ohne jeden Apparat und nur mittels der Platte.'[61]

Eines der frühen Experimente bestand einfach aus einem Blutstropfen auf einer Röntgenplatte in einer Dunkelkammer bei einer Einwirkzeit von einer halben Minute. Als die Platte entwickelt wurde, befand sich ein klar definiertes – und etwas vergrößertes – Abbild des Blutstropfens darauf.

Ein weiteres frühes Experiment wurde mit einem Magneten in einer großen Blechdose gemacht. Der Magnet war von einer Röhre umgeben, die eine kleine Heizspule enthielt, die wiederum mit dem Stromnetz verbunden war. Wenn – und *nur wenn* – die Röhre in die kritische Position rotiert war, entwich eine Art Energie aus einem Loch in der Dose und erzeugte ein Bild auf einer Standardfotoplatte.

Diese frühen Experimente zeigten den Bedarf an einem Einstellungsgerät auf, um die kritische Rotationsposition im Magnetfeld des zu 'fotografierenden' Musters bestimmen zu können. Denn es geschah *nur* in dieser Position, die für jedes Muster eine andere war, dass Energie abgegeben wurde, die eine Fotoplatte beeinflussen konnte.

Als Einstellungsgerät verwendete Bill zunächst ein Standardgerät für die Fernbehandlung, zusammen mit einer Linse und einem Spiegel in einer einfachen Anordnung. Sein Ziel war es, fotografisch zwischen Mustern verschiedener Krankheiten zu unterscheiden und mit diesem einfachen Apparat, so fand er heraus, konnte er das tun. Um seine eigenen Worte zu zitieren:

> Wenn wir in einer Gruppe von Mustern eine Person mit Diabetes, einen Fall von Tuberkulose und

61 Mind and Matter, Dezember 1957

einen mit hauptsächlich psychologischen Problemen hätten, würde das diabetische Blutmuster eine andere Reaktion als das Tuberkulosemuster zeigen, wenn das Behandlungsinstrument das diabetische Strahlungsmuster abgab?

Dies wurde prompt versucht, wobei die Blutmuster auf Karten geklebt und diese in die kritische Position rotiert wurden; und als das Instrument auf die Diabetesrate 30236 eingestellt wurde, veränderte *nur das Diabetesmuster* die Fotoplatte. Dann wurde das Instrument auf die Tuberkuloserate 4031 eingestellt und nur das Tuberkulosemuster reagierte darauf. Es gab auch eine leichte Reaktion des Diabetesmusters, denn der Patient hatte eine tuberkulöse Tendenz, das Muster des psychologischen Falls ergab aber keinerlei Reaktion.

Es war klar, dass wir unser Ziel erreicht hatten und ich erinnere mich, dass wir, nachdem wir die Experimente wiederholt hatten, sehr zufrieden waren. Tatsächlich geschah das alles im Jahr 1950 und ich konnte auf einem Radionikkongress im gleichen Jahr einen Vortrag darüber halten.

Diese bemerkenswerten Experimente ermutigten de la Warr dazu, ein verbessertes fotografisches Instrument zu entwickeln, was als Delawarr Kamera bekannt wurde. Diese war eine erstaunliche Kombination von Einstellschaltern, Reflektoren, Magneten, Spiralen und wer-weiß-was-sonst-noch-allem; sie wies keinerlei Ähnlichkeiten mit irgend einer bekannten Kamera auf und war ganz anders als die Kamera von Ruth Drown.

Als der Autor Bill fragte, wie sie funktionierte, verwies er ihn auf sein französisches Patent Nr. 1.084.318 (veröffentlicht am

18.01.1955) mit dem Titel 'Verbesserungen in der Forschung über fundamentale Strahlung'[62]. Also holte er sich eine Kopie und mit Hilfe eines Wörterbuchs, halbvergessenem Schuljungenfranzösisch und der entsprechenden alkoholischen Stimulation schwitzte er nicht weniger als 14 eng bedruckte Seiten von einem Etwas aus, das man – gnädigerweise – als 'Übersetzung' bezeichnen könnte. Am Ende dieser gewaltigen Plackerei musste er zugeben, dass er eine gewisse Ahnung davon hatte, wie die Kamera aufgebaut war, aber nicht die geringste, warum sie funktionierte. Leser mit technischem Verstand, die interessiert sind und fließenderes Französisch sprechen, haben vielleicht mehr Glück.

Er fand später heraus – wie wir noch sehen werden –, dass dieses erstaunlich ausgeklügelte Instrument – von der Größe eines kleinen Kühlschranks – allein nicht genügte, wirklich gute Fotos zu machen. Wie im Fall von Ruth Drowns Kamera resultierten die besten Ergebnisse aus einer schwer fassbaren, *persönlichen* Qualität jener, die es bedienten, oder auch nur aus jemandes Gegenwart im Raum mit dieser Qualität. Dies macht das Geheimnis der Delawarr Kamera noch verwirrender, speziell deswegen, weil Ruth Drown Fotos mit gänzlich anderer Ausrüstung bekam.

Es kann jedoch keinen Zweifel daran geben, dass in den Händen der de la Warrs und ihres Partners Corté die Kamera einige erstaunliche Ergebnisse hervorbrachte.

Um mit etwas sehr einfachem anzufangen, experimentierte Bill mit Mustern von Elementen oder einfachen Salzen. Als diese mit der Kamera 'fotografiert' wurden, erhielt er eine außergewöhnliche Reihe von Bildern, die zeigten, dass jedes Element oder jede Verbindung eine oder mehrere 'fundamentale Strahlen' aussandte. Die Elemente zeigten einzelne, pfeil-

62 Deutsche Übersetzung beim Radionik Verlag erhältlich.

ähnliche Lichtachsen, als die Platten entwickelt wurden, während die Verbindungen Kombinationen aus den fundamentalen Strahlen der Bestandteile zeigten.

Um Bill nochmals zu zitieren: „Ein auf einer Karte befestigter und auf die Kamera gelegter Kupfersulfatkristall wird zum Beispiel, wenn er in die kritische Position rotiert wird, sechs Energieachsen abstrahlen... Eine Analyse der sechs Linien deckt auf, dass jede Linie mit einem der Elemente, aus denen der Kristall besteht, korrespondiert, und wenn die Kamera nur darauf eingestellt ist, sagen wir, Kupfer zu detektieren, erscheint nur eine Linie auf der Fotoplatte... Jedes im Kupfersulfat enthaltene Element wird durch den fotografischen Prozess gleichermaßen enthüllt..."

Auf den Fotoplatten zeigte jede einzelne Energieachse von jedem Element einen unterschiedlichen und charakteristischen Winkel.

Bill kommentiert: „Der Autor wünscht sich nur, die Aufmerksamkeit auf die Existenz eines geordneten Arrangements von Strahlungen bestimmter Elemente und Moleküle zu lenken, die ein Licht auf die heutige Atomtheorie werfen oder sogar die Basis für eine neue bilden kann."

„Es gibt ein oder zwei sehr bedeutsame, mit der Aufnahmetechnik verbundene Faktoren, die zu dem Glauben führen, dass nun ein gänzlich neues Energiekonzept möglich ist."

„Als erstes, die Energiestrahlung materialisiert sich nicht auf der Fotoplatte, *wenn kein Anwender neben der Kamera steht, und weiterhin muss der Anwender gewahr sein, auf was zu detektieren die Kamera eingestellt ist.* Es ist jedoch für den bewussten Gedanken des Anwenders nicht möglich, das erhaltene Bild zu verändern."

„Umstände wie diese scheinen dieses Phänomen auf den ersten Blick in den Bereich der außersinnlichen Wahrnehmung zu verbannen, aber selbst wenn das so wäre, *wenn ein wiederholbares Energiemuster erhalten wird, indem nur die oben genannten Regeln befolgt werden, dann ist es offensichtlich, dass eine grundlegende Tatsache der Physik enthüllt wurde.*"

„Nachdem mehr als 10.000 Fotos gemacht wurden, die viele Materieformen umfassten, ist der Autor überzeugt, dass ein Prinzip entdeckt wurde, welches mit der Hervorrufung von Energiepartikeln zu tun hat. Allgemein kann gesagt werden, dass vielleicht ein Schimmer davon aufgezeigt wurde, wie der Geist die Materie beeinflussen kann." *(Kursivschrift und Absätze durch den Autor dieses Buchs)*

Es ist zu hoffen, dass andere diese Forschungslinie weiter verfolgen, denn es sollte nicht zu schwer sein, Leute zu finden, die Bills Experimente nachvollziehen können. Diese Technik kann vielleicht bei der Analyse der Molekülstruktur und bei der Lösung der Geheimnisse des Atoms nützlich sein. Aber wir müssen dieses Thema jetzt verlassen und noch bemerkenswertere Ergebnisse der Kamera betrachten.

7

Es war natürlich logisch, die Kamera als Hilfe zur Diagnose zu verwenden, denn, wie oben schon angemerkt, ein Blutmuster ergab nur dann ein Foto, wenn das Instrument auf die Krankheit des Patienten eingestellt war, von dem das Blutmuster stammte. Zumindest diente die Kamera dann als fotografischer Check, und zwar nicht nur für die radionische Diagnose, sondern auch für die Genauigkeit der Raten. Bald wurde jedoch erkannt, dass sie viel mehr konnte: sie konnte Fotos *innerer Zustände* im Patienten aus dem Blutstropfen produzieren, wie es die Kamera von Ruth Drown gemacht hatte.

Weil nur der Blutstropfen erforderlich war, war es möglich, Fotos vom Inneren entfernter Patienten und Tiere zu erhalten. Zum Beispiel sandte eine Dame, die 200 Meilen von Oxford entfernt lebte, einen Blutstropfen mit der Bitte um Überprüfung ihrer Schwangerschaft und um eine Voraussage, wann sie das Kind zu erwarten hätte. Eine Reihe von Fotos enthüllte einen wachsenden Embryo und durch Einstellen der Kamera auf Raten entsprechender Zeiten zeigte es sich als möglich, sein Alter zu schätzen, speziell deswegen, weil das letzte Stadium der Entwicklung das klarste Bild ergab.

Ein Foto aus einem Muster einer offensichtlich trächtigen, wenn auch höchst empörten Katze der Laboratorien zeigte, dass sie sechs Junge werfen würde – was sie auch tat.

Dann gab es da den Fall der historischen Kuh, der es offensichtlich nicht gut ging. Der Tierarzt konnte nicht herausfinden, was der Grund war, und sandte deshalb ein Haarmuster an die Laboratorien.

Eine Radionikanalyse brachte ans Licht, dass die Verdauung der Kuh durch Fremdkörper in der komplizierten Kette von Mägen, die Kühe haben, irritiert war. Nach langwierigen Untersuchungen wurde entdeckt, dass diese Fremdkörper ein Metallstück und ein Stein waren. Die Kamera wurde also darauf eingestellt, auf Metall und Stein zu reagieren und produzierte ein klares Foto dieser Objekte aus dem Inneren der Kuh.

Es ist vielleicht nicht überraschend, dass der Tierarzt des Bauern das kaum glauben konnte und eine Operation verweigerte. Also ging der Bauer zu einem anderen Tierarzt, der die Kuh öffnete und die Objekte dort fand, wo die Kamera sie angezeigt hatte. Die Kuh erholte sich wieder.

Es war offensichtlich, dass die Kamera eine wichtige Diagnosehilfe war und Bill und Marjorie lag natürlich viel daran, dass dies öffentlich anerkannt würde. Deshalb verliehen sie ihre Kamera an 'Dr. X', damit er sie in 'Krankenhaus Y' auf seine eigene Weise und unter normalen Krankenhausbedingungen testen konnte. Dies war ein ausgezeichnetes Arrangement, denn viele der Fotos konnten durch normale medizinische Tests oder durch Autopsien überprüft werden. Und mit Hilfe von Bill und seinem Assistenten nahm 'Dr. X' mehr als 400 Fotos des Inneren von Patienten im Krankenhaus auf.

Der Autor fragte natürlich 'Dr. X', um eine Meinung über die Erfahrung mit der Kamera aus erster Hand zu bekommen. Zu dieser Zeit jedoch hatten die medizinischen Autoritäten von dem Experiment erfahren und 'Dr. X' angewiesen, die Kamera aus dem Krankenhaus zu entfernen und sich nicht mehr mit Radionik zu befassen – oder...

'Dr. X' zu interviewen zeigte sich noch schwieriger als jemanden vom CIA in Washington zu sprechen. Der Autor dachte schon, dass er vielleicht an einem unwahrscheinlichen Spionage-Stück teilnahm, weil der Arzt den Zorn des Medizinerberufs fürchtete, wenn er mit der Kamera in Verbindung gebracht würde. Ohne Zweifel hätte er ein Treffen mit dem Autor verweigert, wenn Bill nicht so freundlich gewesen wäre zu sagen, dass ich seiner Meinung nach vertrauenswürdig sei.

Nach einigen mysteriösen Telefongesprächen durch einen Mittelsmann stimmte 'Dr. X' einem Treffen in seinem privaten Haus an einem Sonntagmorgen unter der Bedingung zu, dass der Autor sein Ehrenwort gäbe, niemals seinen (des Doktors) Namen zu erwähnen oder einen Hinweis auf das Krankenhaus zu geben, in dem er seine Experimente mit der Kamera durchgeführt hatte. Deswegen kann der Autor, auch nach so vielen Jahren noch, nur immer von 'Dr. X' und 'Krankenhaus Y' sprechen.

Dann, am vereinbarten Sonntagvormittag, an einem diskreten Ort in einer gewissen Stadt, traf der Autor letztlich 'Dr. X', der so charmant wie offensichtlich talentiert war.

Nach ein paar Präliminarien, während derer der Autor sein Versprechen wiederholte, niemals seinen Namen oder sein Krankenhaus zu nennen, sagte 'Dr. X', dass er bereit sei, jede Frage zu beantworten, soweit er es könne.

Es schien, dass 'Dr. X' einige nicht so zufrieden stellende Fotos erhielt, wenn er alleine arbeitete, dass er aber wirklich eindrucksvolle Fotos bekam, wenn ein geübter Anwender aus den Laboratorien im Raum war, selbst wenn dieser nicht am Experiment teilnahm. Ob das so war, weil er die mysteriöse persönliche Qualität in größerem Maße als 'Dr. X' zur Verfügung hatte oder weil er mehr daran gewöhnt war, seinen Geist auf das Problem zu konzentrieren, kann man unmöglich sagen.

Weil man als Reporter versuchen sollte, alle Möglichkeiten zu überprüfen, fragte der Autor 'Dr. X' unverblümt, ob diese eindrucksvollen Fotos irgendwie gefälscht sein könnten.

„Nein", antwortete 'Dr. X' nachdrücklich. „Selbst wenn sie es gewollt hätten – und ich habe keinen Grund zu der Annahme – die Leute aus den Laboratorien haben einfach nicht die anatomischen Kenntnisse, um einige dieser Bilder, die aus der Kamera kamen, zu erzeugen!"

Er gab ein überzeugendes Beispiel: eine seiner Patientinnen im Krankenhaus war eine alte Frau, offensichtlich dem Tode nah, von der er annahm, dass sie einen Hirntumor hatte. Er legte also ein Muster ihres Bluts auf die Kamera und stellte diese sodann auf Hirntumor ein.

Als die Fotoplatte entwickelt war, zeigte sie einen Querschnitt des Schädels, als wenn er der Länge nach von der Nase bis zum Hals gespalten wäre. Im Zentrum dieses Bilds befand sich ein großer Tumor. Kurz darauf starb die Patientin; und eine Autopsie brachte einen Tumor der gleichen Gestalt und der gleichen Größe ans Licht – und exakt an der gleichen Position – wie das Abbild auf dem Foto.

„Niemand“, kommentierte 'Dr. X', „konnte dieses Bild irgendwie gefälscht haben.“

Aus weiteren Anmerkungen ging hervor, dass 'Dr. X' von den Experimenten positiv beeindruckt war und enttäuscht darüber, dass ihm verboten wurde, damit fortzufahren, denn er meinte, dass sie nicht nur einen Beitrag zur Medizin leisten sondern auch ihm in seiner Arbeit hilfreich sein konnten.

Wieder verlor das medizinische Establishment eine Gelegenheit, etwas Nützliches zu lernen. Hier gab es *unabhängige* Beweise aus erster Hand, dass die Radionikkamera in der Medizin hilfreich sein kann, selbst wenn ihre Funktion nicht verstanden wurde. Und diese Beweise wurden von einem hoch qualifizierten Mitglied des Medizinerstands durch Experimente unter seiner vollständigen Kontrolle und unter Krankenhausbedingungen gewonnen. Er konnte – und hat das auch zweifellos getan – den Autoritäten versichern, dass das Abnehmen von Blutstropfen für Tests den Patienten keinerlei Schaden zufügen konnte. Aber weil die ganze Idee unorthodox war, waren die Autoritäten unnachgiebig und die Kamera musste den Laboratorien zurück gegeben werden.

Nachdem sich der Autor von 'Dr. X' verabschiedet hatte, ging er nach Hause und fragte sich, wie viele Jahre vergehen würden, bevor der Berufsstand als Ganzes sich einen phantasievolleren Ansatz für neue Ideen, die den Kranken helfen können, zu eigen machte.

Das war vor vielen Jahren – und er fragt sich das immer noch.....

Kapitel Sechs

Von Kohlköpfen und anderen Dingen

„Die Zeit ist gekommen", sprach das Walross, „über viele Dinge zu reden ..."

1

In den acht Jahren, die der Erfindung der Kamera folgten, nahmen Bill und seine Kollegen nicht weniger als 12.000 Fotos mit ihr auf. Durch diesen monumentalen und teuren Fleiß lernten sie eine Menge über die Möglichkeiten der Kamera – und ihre Begrenzungen.

> Die Erklärung, warum wir überhaupt in der Lage sein sollten ein Foto zu bekommen, ist immer noch ein Geheimnis für uns[63]. Aber wir wissen, dass dies weitgehend auf einer ungewöhnlichen persönlichen Qualität des Anwenders selbst beruht. Es ist möglich, eine Gedankenfotografie zu erzeugen, ohne die Kamera zu benutzen, *aber es ist nicht möglich, ohne sie wiederholt identische Fotos zu machen.*

Zusätzlich zum Geheimnis der Kamera stellten sie fest, dass die 'seltene persönliche Fähigkeit' des Anwenders durch Gedanken oder die Persönlichkeit einer Person im gleichen Raum blockiert oder neutralisiert werden konnte. Als zum Beispiel 'ein sehr kritischer Physiker' von der *Harwell Atomic Research Station* im Jahr 1953 zur Untersuchung der Kamera

63 Mind and Matter Juni 1958

kam, wurde das Foto nachteilig beeinflusst. Als er den Raum verließ, wurde ein perfektes Foto gemacht. Bill fährt fort:

> Es ist nicht bekannt, warum ein Zuschauer manchmal einen blockierenden Effekt erzeugt. Meine eigene Gegenwart tut das nicht und das trifft glücklicherweise auch auf zwei Physiker aus Cambridge zu, die entsprechend dazu in der Lage sind, die Authentizität des Phänomens zu bestätigen. Leute, die der Arbeit gegenüber blockierend eingestellt sind, mindern die Möglichkeit einer Fotoaufnahme definitiv, sogar noch eine Zeit lang, nachdem sie gegangen sind.
>
> Ich kann die Kriterien für erfolgreiche Fotos nicht als 'Akzeptanz' definieren, weil ich mich an einen Journalisten erinnere.... der unsere Arbeit jahrelang völlig akzeptiert hatte. Als er als Zuschauer der Kamera getestet wurde, stellte man zu seinem großen Ärger fest, dass er den Prozess verhinderte.
>
> Möglicherweise hat das teilweise mit der Nähe einer Person zu tun, denn es wurde in der Folge erkannt, dass durch einen Umbau der Kamera für die 'Anpassung' an den sehr kritischen Physiker dieser in der Lage war, sie selbst zu bedienen, *so lange ihm eine Fotoplatte ausgehändigt wurde, die von einem unserer geübten Anwender vorkonditioniert war.*
>
> Gerade was diese Vorkonditionierung anbetrifft können wir immer noch nichts sagen, aber es wird von unseren geübten Anwendern getan, *indem sie einfach die Platte anfassen oder nur ihre Hand darüber halten.*

> Wir finden, dass es eine höchst quälende Situation ist, denn nach 12 Monaten intensiver Anstrengungen, das Phänomen zu erklären, finden wir uns selbst verwirrt und um mehrere tausend Pfund ärmer. *(Kursivschrift und Absätze vom Autor dieses Buchs)*

Diese mysteriöse Begrenzung der Kamera war ein bitteres Ärgernis, denn sie schränkte ihre Verwendung zur Überzeugung skeptischer Wissenschaftler und Ärzte von der Realität radionischer Phänomene ein. Wenn *jeder* die Kamera in seinem Labor haben und unter seinen eigenen Bedingungen benutzen könnte, dann wäre es vielleicht wahr zu sagen, dass Bills Probleme gelöst gewesen wären und dass er ausreichende Unterstützung gehabt hätte. Auch wäre die Radionik mittlerweile vielleicht von Wissenschaftlern und dem Medizinerberuf allgemein anerkannt. Aber unglücklicherweise bestimmt die Natur selbst die Bedingungen für die Manifestation ihrer eigenen Phänomene und ist taktlos genug, menschliche Kriterien und Bequemlichkeit zu ignorieren.

Die Radionikfotografie ist natürlich nicht das einzige Phänomen, das vom persönlichen Element blockiert wird. Wie schon früher erwähnt wissen Radioniker, dass Phänomene durch Gedanken anderer – oder manchmal auch die eigenen – genauso effektiv, wenn auch nicht genauso bewusst, 'blockiert' werden können wie westliche Sendungen durch russische Radiosender 'blockiert' werden[64].

Es ist eine unausweichliche Tatsache des Lebens, mit denen Radioniker sich abfinden müssen. Aber es erklärt, warum kein Radionikphänomen 'wiederholbar' ist, im strikt wissenschaftlichen Sinne und unter den von der Wissenschaft auferlegten unumschränkten Bedingungen. Radionikphänomene

64 Das Buch wurde geschrieben, als der Eiserne Vorhang noch bestand.

sind durch begabte Radionikanwender 'wiederholbar', genauso wie die Kamera 'wiederholbare' Ergebnisse erzielte, wenn sie von Bill oder seinen Kollegen bedient wurde. Das kann aber nicht jeder tun.

Dies erklärt teilweise die 'Glaubwürdigkeitslücke', die es immer noch zwischen Radionikern und der allgemeinen Öffentlichkeit und Wissenschaftlern gibt. Ein weiterer Grund dafür ist natürlich die ungewohnte und mysteriöse Natur des Radionikphänomens.

Trotz der Begrenzungen gab die Kamera Bill und seinen Freunden enorme Ermutigung, weil sie eindrucksvoll bestätigte, dass er mit einem ganz neuen und wichtigen Phänomen arbeitete, das überzeugende Beweise für die Beziehung zwischen Geist und Materie lieferte.

2

Bald nach der Konstruktion der Mark I Kamera, ungefähr 1950, fiel Bill ein – wahrscheinlich wäre niemand anderes darauf gekommen! –, eine Flasche mit Pillen von Aconitum Napellus[65] auf die Kamera zu stellen und das Instrument auf die Rate der Pflanze Aconit einzustellen.

Als die Platte entwickelt war, war er erstaunt und erfreut ein klares Bild einer *voll entwickelten Pflanze auf ihrem Stängel* zu finden.

Er nahm dann Liliensamen und stellte die Kamera auf 'Potenzial zum Keimen' ein und die Platte produzierte ein klares Bild einer Lilienzwiebel. Als er die Kamera auf 'Potenzial zum Blühen' einstellte, zeigte die Platte ein blasses aber perfekt geformtes Bild einer Lilienblüte.

---

65 Eisenhut

Diese Experimente sind von historischer Bedeutung, die vielleicht sogar Bill zu der Zeit nicht voll realisierte. Das Experiment mit den homöopathischen Pillen erbrachte den ersten *fotografischen* Beweis der Energie, die in der homöopathischen Verdünnung enthalten ist, obwohl, wie wir gesehen haben – Boyd und andere Radionikpioniere festgestellt hatten, dass diese Verdünnungen Reflexe bei einem Subjekt auslösen können.

Beide Experimente ergaben auch – so weit der Autor das weiß – die *ersten Fotos der elektrodynamischen 'Lebensfelder'*.

Wie schon früher berichtet und an anderer Stelle[66] vollständig beschrieben entdeckte Dr. Harold Burr aus Yale, dass alle lebenden Formen von einem 'elektrodynamischen Feld' gebildet und kontrolliert werden – eine Art elektronische Matrix dessen, was lebende Formen bildet; und er entdeckte und maß diese Felder sogar *in Samen*.

Zu der Zeit als er diese Bilder aufnahm, wusste Bill nichts über Burrs Entdeckung – tatsächlich glaubt der Autor, dass er der Erste war, der einige Jahre später Bills Aufmerksamkeit darauf lenkte. Bill bezeichnete also diese Bilder mangels besserer Begriffe als 'Energiemuster', 'Gegenstückkörper' oder 'Kraftfeldkörper'.

Es scheint jedoch wenig Zweifel daran zu geben, dass Bill das elektrodynamische Feld des Aconit und der Lilie fotografiert hatte und dass er der Erste in der Geschichte war, der ein Bild dessen erhielt, was Burr mit sensiblen Voltmetern gemessen hatte. Und keiner wusste von der Arbeit des anderen.

66 Harold Saxton Burr, 'Blueprint of Immortality – The Electric Patterns of Life', London 1972 (Blaupause der Unsterblichkeit – die elektrischen Muster des Lebens) – erscheint 2005 im Radionik Verlag)

Obwohl er zugab, nicht zu wissen, warum er in der Lage war, überhaupt Fotos mit der Kamera zu bekommen, hatte Bill Fotos produziert von etwas, von dem er nicht wusste, dass es existierte – eine zumindest ungewöhnliche Episode!

All dies geschah übrigens, bevor der Westen von der 'Kirlian Fotografie' erfuhr, die in Russland entdeckt wurde und hochfrequenten Strom benutzt, um Fotos von etwas zu erhalten, von dem viele glauben, dass es Teil des von Burr entdeckten elektrodynamischen Felds ist.

Obwohl die Bilder, die mit der Kamera erhalten wurden, Bills wachsende Anhängerschaft, die vollständig an seine Intelligenz und Integrität glaubte, beeindruckten und ermutigten, taten sie wenig, um die allgemeine Akzeptanz der Radionik zu fördern, denn sie waren insgesamt zu unglaubhaft für die Akzeptanz des durchschnittlichen Engländers. Und Bill tat nichts, um diese 'Glaubwürdigkeitslücke' zu schließen, als er ein Bild eines Kreuzes veröffentlichte, das er aus einem Muster Oxforder Quellwassers erhielt, das eine zeremonielle Segnung durch einen Kirchenmann erhalten hatte!

Bill wusste, dass seine Fotos durch einen Gedankenprozess erzeugt wurden, bei dem die Kamera als Fokus diente. Er wusste auch – wie das vielen immer schon klar war –, dass Gedanken auf materielle Objekte aufgeprägt werden können. So schien es ihm sowohl logisch als auch vernünftig anzunehmen, dass ein kompetenter Kirchenmann durch das Segnen des Wassers seine Gedankenform auf das Wasser aufprägte, die dann fotografiert werden konnte. Daher das erfolgreiche Experiment.

Es war aber vielleicht nicht klug es zu veröffentlichen, denn zumindest in jenen Tagen verwechselten die meisten Leute Gedanken mit Gehirn; und die Engländer, die nicht römischkatholischen Glaubens sind, neigen dazu, religiöse Rituale wie das Segnen von Dingen mit tiefem Misstrauen zu betrachten!

Für einige Engländer war dieses Bild so störend wie der Vorschlag, einen Fuchs zu schießen.

Wenn auch indes das Bild nicht immer den günstigen Abzug hervorbrachte, den Bill erwartet hatte, sollte das Experiment als weiteres Beispiel für seine ideenreiche Vorstellungskraft aufgezeichnet werden.

3

Diese Fotografien des elektrodynamischen Felds von Blumen waren nur ein kleiner Teil von Bills ausgedehnter Arbeit mit Pflanzen und Gemüse. Wie wir gesehen haben, waren Pflanzen sein erstes Interesse; und er verfolgte diese Forschungslinie aktiv über eine Anzahl von Jahren.

Wir sollten einige seiner Experimente betrachten, nicht nur, weil sie interessant waren, sondern auch, weil seine Arbeit mit Pflanzen und Gemüse zu einem gewissen Maß die in Kapitel 3 beschriebene Arbeit in Harrisburg wiederholt und bestätigt.

Auch Radionikexperimente im Gartenbau – wie früher schon angegeben – sind speziell deswegen bedeutsam, weil es normalerweise leichter ist, die Ergebnisse zu überprüfen und zu messen, als das bei Experimenten mit menschlichen Patienten der Fall ist. Darüber hinaus gibt es keine Möglichkeit der 'Einbildung' oder 'Glaubensheilung' als Faktor. Niemand würde denken, dass ein Kohlkopf sich 'einbildet', dass es ihm besser geht.

Wir haben bereits gesehen, dass er damit begann, Topfpflanzen mit entsprechenden Klangfrequenzen zu behandeln und eine Verbesserung des Wachstums erzielte; und auch, dass er entdeckte, dass Pflanzen am besten wachsen, wenn sie in Beziehung zum Erdmagnetfeld in der optimalen kritischen Rotationsposition gepflanzt werden. Schließlich wählte er Klangfrequenzen und die beste Pflanzposition mit Hilfe seines portablen Detektors aus.

Einige Experimente mit den elektrischen Bedingungen im Boden ließen dann vermuten, dass radionische Behandlung die Bodenbakterien stimulieren und so die Wachstumsbedingungen verbessern könnte. Und etwa 1950 merkte er – wie Curtis Upton in den Vereinigten Staaten –, dass ein Foto als Verbindung zu Boden oder Pflanzen dienen kann, geradeso wie ein Blutstropfen als Verbindung zum menschlichen Patienten dient.

Um jede Möglichkeit von Bodenunterschieden auszuschließen, nahm er den Boden von zwei kleinen Flächen, neun Meter von einander entfernt, mischte ihn sorgfältig zusammen, siebte ihn und brachte ihn wieder auf die Flächen aus. Nachdem er dem Boden sechs Tage lang Zeit gelassen hatte, sich zu setzen, machte er eine Aufnahme von Fläche A und kein Foto von Fläche B. Die Fotografie von Fläche A wurde einen Monat lang jeden Tag radionisch behandelt. Danach wurde jede Fläche mit vier möglichst identischen Kohlköpfen bepflanzt.

In den ersten beiden Wochen wuchsen die Kohlköpfe auf beiden Flächen gleichmäßig. Danach aber wuchs der Kohl auf der Fläche A dreimal so schnell wie der auf der Kontrollflläche B. Am Ende des Experiments waren die Kohlköpfe von Fläche A dreimal so groß wie die auf der anderen.

Dies ermutigte zu Experimenten in größerem Rahmen. Ein Streifen Garten, 2.1m breit und 11.25m lang wurden markiert und in sechzehn Flächen eingeteilt. Fünfzehn davon waren exakt gleich groß und die letzte – mit der vollen Breite des

Streifens – diente als zusätzliches Kontrollgebiet. Von den 15 Flächen wurden sechs als behandelte Flächen ausgewählt, zwei als Kontrollflächen und der Rest als 'Pufferflächen'. Dr. E. W. Russell vom Bodenwissenschaftlichen Labor der Oxford University überwachte die zufällige Auswahl der Flächen und agierte dabei rein als Privatperson.

Zwei Flächen wurden fotografiert und die Fotos einen Monat lang täglich behandelt. 91 ungefähr 17cm hohe Brokkoli-Pflanzen wurden dann in Abständen von ca. 45 cm auf dem gesamten Streifen gepflanzt. Dann wurden vier weitere Flächen fotografiert und behandelt. Als schwerer Frost und Schnee das Experiment beendeten, wurde festgestellt, dass die behandelten Pflanzen 81% schwerer waren als die Kontrollpflanzen.

Ein weiteres Experiment bestand aus dem Pflanzen von Saubohnensaat in drei Töpfen in London, die mit Londoner Boden gefüllt waren. Zwei der Töpfe wurden in die gleiche kritische Position rotiert und der dritte 40 Grad außerhalb dieser Position. Nur ein Foto von Topf 1 wurde nach Oxford zur radionischen Behandlung gesandt. Am Ende des Experiments hatte Topf 1 die größten Pflanzen, Topf 2 – in der gleichen kritischen Rotationsposition – etwas kleinere, während die Pflanzen in Topf 3 – der absichtlich aus der Position gerückt worden war – viel kleiner waren.

Ein anderes Experiment wurde mit einer Tabakfarm in Rhodesien durchgeführt. Der Farmer nahm alle drei Meter Proben der Bodenoberfläche von fünf Morgen Land und schickte diese nach Oxford, wo Bill sie mit dem *Colourscope* behandelte.

Da er den Fortschritt des Experiments nicht beobachten konnte, behandelte Bill die Bodenproben zu viel, wodurch die Tabakpflanzen auf den fünf Morgen früher blühten als die auf jeder anderen Nachbarfarm, was nicht sehr hilfreich war, denn Tabakfarmer wollen Blätter und keine Blüten. Der Farmer war jedoch beeindruckt, denn die Qualität der behandelten Blätter war besser als die der unbehandelten Nachbarpflanzen.

Nur weitere Forschung kann bestimmen, ob es am besten ist, Bodenproben als 'Schlüssel' zu benutzen und sie im Labor zu behandeln oder Luftaufnahmen als 'Schlüssel' zu verwenden, wie es in Harrisburg getan worden war. Es mag sein, dass beide Techniken unter gewissen Umständen spezielle Vorteile haben.

4

Experimente mit Pflanzen – zu zahlreich, um im Detail beschrieben zu werden – wurden einige Jahre fortgesetzt. Sie reichten von Pflanzenbehandlung nur durch Gedanken – zum Beispiel sie zu segnen, was einige sensible Seelen kränkte, die meinten, das sei ein Sakrileg – bis zu radionischer Behandlung auf verschiedene Arten. Einige Experimente waren enttäuschend, andere ermutigend.

Als Beispiel für letztere wurde im Jahr 1953 ein sorgfältig kontrolliertes Experiment mit Lattich durchgeführt, das wiederum von Dr. Russell in seiner Freizeit überwacht wurde. In diesem Fall wurden Fotos der Flächen in den Labors 12 Wochen lang behandelt.

Am Ende des Experiments fand man die behandelten Lattichpflanzen 18% schwerer als die unbehandelten und Dr. Russell kommentierte in einem Brief an Bill am 7. Oktober 1955:

„Dieser Unterschied ist beachtlich größer als durch Unterschiede der Bodenfruchtbarkeit zwischen den Flächen ins Kalkül gezogen werden könnte und die Chancen sind 1000 : 1, dass es durch die Behandlung zustande kam..."

„Die Ergebnisse dieses Experiments sind sehr interessant und scheinen zu zeigen, dass Ihre Behandlung das Gemüse wirklich verbesserte. Ich schlage vor, dass der nächste Schritt eine Wiederholung des Experiments ist, wobei die Flächen in gleicher Weise angeordnet werden, vorzugsweise in einigen anderen Gärten, um zu sehen, wie übereinstimmend das Ergebnis ist. Wie ich Ihnen schon sagte, möchte ich nicht zu viel auf das Ergebnis eines einzelnen Experiments geben, denn es war schon mehrmals sehr entmutigend, wenn wir mit etwas durchgestartet sind, das wie eine interessante neue Methode auf einer solchen Basis aussah, nur um herauszufinden, dass wir andere Ergebnisse bekamen, als wir das Experiment wiederholten."

Im Jahr 1957 wurde in Zusammenarbeit mit einem Farmer, der die Laboratorien oftmals besucht hatte und von der Arbeit dort sehr beeindruckt war, ein Großexperiment auf 200 Morgen in Hampshire durchgeführt.

Acht Gebiete wurden auf diesen 200 Morgen markiert und eine sorgfältige Radionikanalyse von den Bodenproben gemacht, die gemäß der üblichen landwirtschaftlichen Praxis von den Gebieten genommen wurden. Es wurden Behandlungsraten ausgewählt, um die Gebiete und den vorgesehenen Gemüseplan abzustimmen.

Auf die Farm wurden zwei Behandlungsinstrumente geschickt, die der Farmer täglich 20 bis 30 Minuten lang selbst bediente von Mitte März an und die Wachstumsperiode hindurch. Ein Instrument war ein Standard 'Sendeinstrument', das andere enthielt ein voreingestelltes 'Spiralenelement' wie im *Colourscope*.

Von Beginn an war das Experiment vom Pech verfolgt. Im Frühjahr des Jahres 1957 litt dieser Teil Englands an Trockenheit, gefolgt von heftigem Regen. Weil die Erde des Experimentalfelds kreidehaltig war, behinderte der heftige Regen nach der Trockenheit das Wachstum und die Laboratorien waren pessimistisch was das Ergebnis des Experiments anging.

Auf den Versuchsfeldern und der Farm als Ganzes war die gesamte Ernte höchst enttäuschend. Schwere Regenfälle machten das Ernten schwierig und die Notwendigkeit, die Gemüse der behandelten Gebiete separat zu halten, erschwerte die Angelegenheit und trieb die Kosten in die Höhe.

Es gab jedoch ein oder zwei ermutigende Ergebnisse. Auf den Gebieten zum Beispiel, die keinen Dünger sondern nur radionische Behandlung bekommen hatten, war die Ernte fast so groß wie die der Gebiete mit voller Düngung ohne radionische Behandlung. Mit anderen Worten, der Effekt der Radionikbehandlung war dem einer Volldüngung fast gleich.

Obwohl es auch unmöglich war, genaue statistische Beweise zu erhalten, gab es einen guten Grund zu glauben, dass die radionische Bekämpfung des Aalwurms erfolgreich war.

„Trotz der geringen Anzahl statistischer Hinweise beim Hampshire Experiment“, schrieb Bill, „ist es die wohl überlegte Meinung des Farmers, dass sich das Experiment in Begriffen der Gemüseproduktion ausgezahlt hat, wenn er die Kosten der Instrumente und den Zeitaufwand, um das Experiment vorzubereiten, dagegen setzt.“

In den Jahren 1957 und 1958 wurde ein interessantes Experiment anderer Art in der radionischen Landwirtschaft von A. R. Kent, einem Farmer aus Gloucestershire, durchgeführt. Er untersuchte die Effekte von 'eigenen' und 'kommerziellen' Futterpflanzen auf Rinder.

'Eigene' waren auf der eigenen Farm 'organisch angebaute und radionisch behandelte' Futterpflanzen. 'Kommerzielle' Futterpflanzen des gleichen Typs und gleicher Menge und auf dem offenen Markt gekauft, wurde unter kommerziellen Gesichtspunkten mit chemischem Dünger angebaut.

Es wurden zwei Gruppen von je acht Tieren, ungefähr 20 Monate alt (Aberdeen Angus und Herford Zucht) und so ähnlich wie möglich ausgewählt. Eine Gruppe wurde mit der Eigenproduktion gefüttert, die andere – als Kontrolle – mit der kommerziellen.

Kent erstellte während des Experiments höchst sorgfältige Aufzeichnungen, die den exaktesten Wissenschaftler zufrieden stellen sollte, der Platzbedarf verhindert es, seine peinlich genauen Tabellen von Gewicht und Analysen wiederzugeben.

Am Schluss des Experiments berichtete er:

1. Die Tiere der Eigenproduktionsgruppe schienen während des gesamten Experiments zufriedener zu sein.
2. Das Gesamtgewicht an verbrauchten Nahrungsmitteln war pro Tag ½ kg weniger bei den mit der Eigenproduktion gefütterten Rindern.
3. Über die gesamte Periode war die Lebendgewichtszunahme pro Tag bei den Tieren der Gruppe mit Eigenproduktion 1280g pro Tag und 1180g bei der Gruppe mit kommerziellem Futter. So wuchs die mit der Eigenproduktion gefütterte Gruppe trotz 5% weniger aufgenommener Futterenergie 8% besser als die Kontrollgruppe mit dem kommerziellen Futter.
4. Der Zuwachs an Gewicht pro ½ kg Eiweiß pro Tier und Tag war durchschnittlich 455g für die Eigenproduktionsgruppe und 395g für die kommerzielle Gruppe.

Diese Ergebnisse können eigentlich nicht als Erfolg für die Radionik verbucht werden, weil das Eigenproduktionsfutter sowohl organisch gewachsen als auch radionisch behandelt war. Und es ist unmöglich zu sagen, wie groß der Faktor der natürlichen Jauche in ihrem verbesserten Ernährungswert war. Aber das Experiment zeigt zumindest, dass organisch gewachsenes Futter, radionisch behandelt und ohne kommerzielle Düngung, besser ist als die normale Art.

5

Mit den Fotos als 'Schlüssel' schien Entfernung bei den Effekten der Behandlung keinen Unterschied zu machen; und Bill führte ein erfolgreiches Experiment über das Doppelte der normalerweise in Pennsylvania (USA) verwendeten Maximumdistanz durch.

Auf einer Farm in Schottland, mehr als 640 km von Oxford entfernt, wurden 22 Morgen in 22 getrennte Flächen markiert und mit Karotten bepflanzt. Von 17 Flächen wurden Fotos gemacht und in Oxford behandelt, die verbleibenden fünf blieben als Kontrolle unbehandelt. Nach sechs Monaten radionischer Behandlung der fotografischen 'Schlüssel' zeigten die Karotten der entsprechenden Flächen einen Zuwachs von 20% und hatten obendrein ein besseres Aussehen gegenüber den Kontrollpflanzen.

Erfolgreiche Experimente wie diese legten die Möglichkeit nahe, einige Substanzen mit radionischer Energie zu senden, um sie in pflanzliche Nährstoffe umzuwandeln. Im Jahr 1956 beschloss Bill deshalb, dies mit Vermikulit zu versuchen, ein reaktionsloses, in Wasser unlösliches Mineral. Er behandelte das Vermikulit, indem er es vor einer speziell dafür entworfenen Lampe einige Stunden lang verwirbelte.

Er nahm verschiedene Saaten und mischte einen Teil der Saat mit zwei Teilen Vermikulit, die Mischung wurde in Kisten gesät und natürlich regelmäßig gewässert.

Bill testete Saatgut von Senf, Winterkohl, Karotten, Roggengras und Hafer in 43 verschiedenen Versuchen, die natürlich entsprechend kontrolliert wurden. Von diesen wurden sechs Versuche abgebrochen, aber 32 der verbleibenden 37 waren erfolgreich, der durchschnittliche Zuwachs der behandelten Saaten verglichen mit den unbehandelten betrug 91%

In einer weiteren Form dieses Versuchs wurde Hafer mit ungefähr 20% Vermikulit vermischt und auf ein Feld ausgebracht. Die Ernte der behandelten Pflanzen betrug 40 Zentner pro Morgen, die der Vergleichspflanzen nur 16 Zentner pro Morgen – ein Zuwachs von 250%.

Behandelter Hafer, in Töpfen gezogen, erwies sich als unbehandeltem überlegen: der Vergleichszuwachs beim Gewicht betrug nach dem Dreschen 241% und der Zuwachs der Rispenanzahl betrug 219%.

Dieser Versuch legt interessante Möglichkeiten nahe: Wenn radionische Energien verschiedenster Art auf unbelebte Substanzen aufgeprägt werden können, könnte dieses Prinzip auf verschiedenste Weise auch außerhalb des Gartenbaus verwendet werden. Aber offensichtlich wurde keine weitere Forschung in dieser Hinsicht unternommen.

Die meisten der landwirtschaftlichen Experimente von de la Warr scheinen nach denen in Harrisburg durchgeführt worden zu sein. Aber obwohl Bill davon wusste, waren seine Methoden etwas anders. Es ist deswegen bedeutend, dass er ähnliche Ergebnisse auf kleinerer Basis erzielte.

Es gab einen bedeutenden Unterschied zwischen den beiden Organisationen: während sich Harrisburg fast nur auf die Landwirtschaft konzentrierte, hatten die Delawarr Laboratorien immer viele Eisen im Feuer – vielleicht zu viele für ihre geringe Ausstattung mit Personal und Ressourcen.

6

Hier sind einige zufällig ausgewählte Beispiele dessen, was man als Zusatzfächer der Laboratorien bezeichnen könnte und welche Bills Unternehmungsgeist und Vielseitigkeit illustrieren. Bei deren Beschreibung – wie bei der ganzen Beschreibung von Bills Arbeit – hat der Autor keinen Versuch gemacht, eine chronologische Reihenfolge einzuhalten. Das ist teilweise deswegen so, weil es fast unmöglich ist, dies aus den verfügbaren Unterlagen zu entnehmen, aber hauptsächlich, weil es für den Leser weniger verwirrend ist, wenn Bills Versuche grob in allgemeine Kategorien eingeteilt werden. In jedem Fall sind Ideen nicht zeitabhängig und auch ihr Urheber hat es oftmals schwer, den Moment zu bestimmen, wann sie ihm erstmals gekommen sind.

Bevor er die Kamera erfunden und mit Kristallen experimentiert hatte – in der Dunkelkammer auf einer Fotoplatte in die kritische Position gedreht –, kam Bill in den Sinn herauszufinden, was mit einer versiegelten Reliquie geschehen würde, von der bezeugt war, dass sie dem heiligen Ignatius gehört hatte. Bevor er sie in ihre kritische Position rotierte – die er mit dem portablen Detektor bestimmte – beschlug die Platte nur leicht. Aber als er die Reliquie in ihre kritische Rotationsposition brachte, bekam er ein scharf umrissenes Bild des Behälters, in dem die Reliquie enthalten war.

Für einige Zeit war Bill von der Möglichkeit fasziniert, vermisste Personen oder Objekte auf radionische Art und Weise zu finden; und zwei spektakuläre Fälle von Verschwinden eröffneten ihm die Gelegenheit zum Experiment.

Als Pontecorvo, ein Nuklearwissenschaftler, plötzlich von der britischen Atomforschungsstation in Harwell verschwand, was eine große Sensation war, nahm Bill ein Foto des vermissten Manns aus einem Magazin, denn er konnte natürlich keinen Blutstropfen bekommen. Nach allem, was er über Kartenmuten wusste, dachte er jedoch, dass dieses Foto ihm als 'Schlüssel' dienen könnte.

Mit dem Foto im Standarddiagnoseinstrument 'suchte' er verschiedene Karten ab. Er konnte keine Reaktion von der Karte von England bekommen, weder aus der Nähe von Harwell noch von irgendwo anders. Ebenso bekam er keine Reaktion von der Italienkarte, wo Pontecorvo angeblich gesehen worden war.

„Zu unserer Überraschung", schrieb Bill[67], „bekamen wir eine eindeutige Reaktion, als wir die Karte von Russland absuchten, und zwar bei der Stadt S. Ohne logischen Grund nahmen wir sowohl das Magazinfoto als auch den Ausschnitt der Russlandkarte und testeten diese mit der Kamera. Als wir den Magazinausschnitt mit dem Gesicht nach unten auf die Platte legten, wohin das Blutmuster normalerweise gehört, bekamen wir keine Reaktion mit dem Detektor... und wir begannen zu zweifeln. Wir suchten jedoch nach einer möglichen Position irgendwo am Gerät und wie es der Zufall wollte, fanden wir eine direkt unter der Fotoplatte."

Er unterfütterte den Kartenausschnitt an dieser Stelle und rotierte ihn in seine kritische Position. Als die Fotoplatte entwickelt war, zeigte sie ein blasses Bild eines Gesichts wie des von Pontecorvo. Eine Wiederholung des Experiments ergab das gleiche Ergebnis, aber Bill meinte, dass es zu viele unbekannte Faktoren gäbe und dass das Ergebnis aus Zufall entstanden sein könnte. Einige Zeit später fühlte er sich mit seinem Experiment besser, als ihm ein Freund aus dem Nachrichtendienst der Marine erzählte, dass Pontecorvo tatsächlich in den Randgebieten der Stadt S. gewesen war – zu der Zeit, als das Foto aufgenommen wurde.

---

67 Mind and Matter, Dezember 1958

Als der historische *Stone of Scone* – der Krönungsstein – im Dezember 1950 aus Westminster Abbey gestohlen wurde, sahen es die de la Warrs als ihre Pflicht an, bei seiner Wiederauffindung zu helfen.

Um nicht blindlings drauf los zu stürzen, unternahmen sie einen Versuch, um zu sehen, ob ihre Methode funktionieren würde. Bill versteckte einen Klumpen Waliserstein in einem Gebüsch ungefähr 6.5 km von den Laboratorien entfernt an einem Platz, den weder seine Frau noch ihr Assistent kannten. Nach verschiedenen Versuchen mit einer genauen Umgebungskarte und der Kamera war letzterer nicht nur in der Lage eine Reaktion zu erhalten, welche die Position des verborgenen Steins angab, sondern auch ein klares Bild von ihm. Dies ermutigte sie, zu versuchen, den Krönungsstein zu finden.

Mit der Hilfe eines Fotos von dem Stein und Ausschnitten von Landkarten – von London bis Schottland - fanden sie nur zwei Orte, die eine 'positive Platte' ergaben – Stuart Castle und Glasgow. Sie machten sich also auf und der portable Detektor leitete sie zur Kirche von Stuart Castle, wo sie stärkste Reaktionen bekamen – aber keinen Stein.

Dies war natürlich eine große Enttäuschung, aber nach näherem Hinsehen schien es den de la Warrs, dass die Technik nicht gänzlich versagt hatte. Denn ein Studium der Geschichte enthüllte die Wahrscheinlichkeit, dass der Stein zur Zeit der Schlacht von Culloden in der Kirche von Stuart Castle gelagert wurde und dass sie einige 'Rückstände' seiner 'Strahlung' aufgefangen hatten. Dies ist auf keinen Fall unmöglich, denn Sensitive wissen, dass auf Gebäude oder andere Objekte aufgeprägte Gedankenformen hunderte oder gar tausende von Jahren halten können. Es mag einfach nur Pech gewesen sein, dass diese 'Rückstände' als Ablenkungsmanöver wirkten, um sie von der wahren Spur zum Stein abzubringen. Und sie hatten nicht allzu falsch gelegen, denn der Stein war wirklich zu der Zeit in Glasgow, als der Detektor das auch angezeigt hatte.

Zumindest hatte das Vorexperiment mit dem Klumpen von Waliser Stein die Möglichkeiten der Technik demonstriert. Und dies legte natürlich nahe, dass die gleiche Methode zur Auffindung von vermissten Personen oder Kriminellen verwendet werden könnte.

Ein Freund – ein Oberoffizieller im Gemeinderat – stellte seine Kooperation freiwillig zur Verfügung und überließ den de la Warrs ein Blutmuster sowie zwei Ausschnitte einer Karte größeren Maßstabs; einer zeigte sein Haus und der andere eine Fußgängerbrücke in dessen Nähe.

„Wir konnten eine geschwärzte Platte bekommen“, schrieb Bill[68], „wenn er da war, aber nicht, wenn er nicht da war. Dies nahm uns gefangen und so wiederholten wir das Experiment in London und waren in der Lage, seine Gegenwart in seinem Club oder im Gemeindebüro festzustellen. Ich erinnere mich, dass wir so enttäuscht waren, nicht seine persönlichen Gesichtszüge auf unsere Fotoplatten bekommen zu haben, und fast das Interesse verloren.“

„Trotzdem ist es meine Überzeugung, dass es mit einer Luftaufnahme einer Stadt und dem Blutmuster einer Person oder deren Foto eines Tages möglich sein wird, ein Abtastgerät zu konstruieren, das die Position einer Person schnell feststellen kann. Ein paar von uns durchgeführte Experimente sind nur Kinkerlitzchen im Vergleich zu dem, was noch kommen wird.“

So seltsam diese Versuche auch erscheinen mögen, waren sie doch nichts anderes als eine Erweiterung der Kunst des

68 Mind and Matter, Dezember 1958

Kartenmutens – ein ziemlich verbreitetes und gut dokumentiertes Phänomen. Die de la Warrs können daher mit einem weiteren 'Erster' ausgezeichnet werden – die Verwendung der Kamera als Hilfsmittel beim Kartenmuten.

Bill verbesserte seine Technik mit einer Modifikation der Kamera, die er '*Prospecting Camera*'[69] oder Mark V nannte. Diese war dazu entworfen, unbelebte Objekte im Boden zu finden. Um sie auszuprobieren grub er eine Schachtel mit Kupfersulfatkristallen 60cm tief in seinem Garten ein und nahm ein Foto des Gebiets mit einer gewöhnlichen 9x12 Plattenkamera vom Fenster seines Schlafzimmers aus auf.

Als das Foto auf die Mark V Kamera gelegt und diese auf Kupfersulfat eingestellt wurde, zeigte die Fotoplatte der Kamera die Kupfersulfatreaktion; ohne das Foto des Gartens blieb die Platte leer. Es wurden verschiedene Kontrollexperimente durchgeführt, um zu prüfen, dass die Kamera wirklich Kupfersulfat vom Foto des Gartens aufgenommen hatte.

Danach vergrub er Kristalle an drei verschiedenen Stellen und nahm ein weiteres Foto des Gebiets auf, wobei er die Glasplatte mit dem fotosensiblen Material mit einem Glasschneider in verschiedene Segmente teilte. Als diese getrennt in die Kamera gelegt wurden, ergaben nur die Segmente des Negativs eine Reaktion, auf denen die Stellen mit den vergrabenen Kristallen enthalten waren. Ein weiteres Experiment, bei welchem die Emulsion von den Segmenten abgekratzt wurde, zeigte, dass es die Emulsion war, welche die Strahlung der vergrabenen Kristalle enthielt.

Diese Experimente veranlassten ihn, eine verbesserte '*Prospecting Camera*' – Mark VI – herzustellen, die dazu entworfen war, unterirdische Lager aus der Entfernung festzustellen.

---

69 Sondierungskamera

Obwohl er wusste, dass dieses Instrument noch verbesserungswürdig war, machte er ein Experiment mit einem Rutengänger, der versuchte, passende Bohrlöcher für dringend benötigtes Wasser nahe Kuwait am Persischen Golf zu finden.

Dieser Rutengänger sandte den Laboratorien 35mm Schnappschüsse des Geländes, wo er mit seiner Rute mögliche Wasservorkommen festgestellt hatte. Diese Negative wurden mit der Mark VI Kamera sowohl auf Brackwasser als auch auf Trinkwasser getestet, und zwar mit Hilfe je einer Probe davon. Vom Negativ einer speziellen Stelle stellte die Kamera unterirdisches Brackwasser fest und als dort gebohrt wurde, fand man *tatsächlich* Wasser und es *war* brackisch. So hatte die Kamera in Oxford nicht nur unterirdisches Wasser nahe Kuwait geortet, sondern auch gezeigt, dass es brackisch war.

Bill wollte die Kamera nicht nur zum Sondieren nach Mineralien verwenden, sondern auch im Krieg für Minen, unterirdische Installationen und Munitionsdepots und möglicherweise U-Boote. Er dachte auch an eine mögliche Verwendung bei der Durchdringung feindlicher Tarnung und der Feststellung von Materialermüdung bei Metall von Flugzeugen. Aber offensichtlich hatte er nicht die Zeit oder die Gelegenheit, solche Experimente durchzuführen.

Eines der einfallsreichsten Experimente – das für Historiker von speziellem Interesse sein dürfte – war die erfolgreiche Erzeugung eines *Bilds von einem Ereignis aus der Vergangenheit.*

Es kam ihm der Gedanke, dass die Kamera nicht durch die Zeit begrenzt war und dass der Zeitvektor als zusätzliche Einstellung auf der Spirale ausgedrückt werden könnte. Im Jahr 1950 beschloss er deshalb zu versuchen, ein Foto seiner Hochzeit aufzunehmen, die 1929 stattgefunden hatte.

Mit Blutmustern von ihm selbst und seiner Frau auf der modifizierten Kamera stellte er das Instrument ein, wobei er den Gedanken 'Mein Hochzeitstag, 1929' klar in seinem Geist hielt. Als die Platte von der Kamera entwickelt war, zeigte sie zwei dunkle Muster mit einer sehr vagen Ähnlichkeit mit menschlichen Wesen.

Als Kontrolle nahm er zwei Fotos auf, die absichtlich nicht eingestellt waren, dann wieder zurück zu seinem Hochzeitstag mit einem dritten Foto. Als alle drei Platten entwickelt waren, zeigten die beiden Kontrollen nichts, das dritte aber zeigte die gleichen beiden Muster wie zuvor. Diese beiden Bilder waren in ihrem Aussehen plump, als er sie aber mit der Mark I Kamera testete, stellte er fest, dass die beiden 'Felder' die von seiner Frau und ihm selbst waren. Er hatte den Apparat aus Ersatzteilen zusammengeschustert und offensichtlich nicht die Zeit gefunden, ein besseres Instrument zu machen, das vielleicht ein klareres Bild der Vergangenheit ergeben hätte.

Als Beispiel einer ganz anderen Art von Experiment verwandten die de la Warrs das Diagnoseinstrument dazu, Heilmittel für Grippe auszuwählen. Von dem Muster eines an der allgemeinen Grippe in den frühen Stadien Leidenden – kein Problem daran zu kommen! – erhielten die de la Warrs die Rate 40652. Sie setzten dann die Schalter auf die Komplementärrate 60458 und legten eine Reihe möglicher chemischer Mittel in den Becher des Instruments. Der Detektor zeigte, dass vier Zutaten notwendig waren und die Mengen wurden bestimmt, indem kleine Portionen jeder Zutat der Reihe nach in destilliertes Wasser gegeben wurden, bis der Detektor anzeigte, dass die richtige Menge erreicht war.

15 Tropfen der von ihnen zusammengestellten Flüssigkeit in einem kleinen Glas mit Wasser schuf dem Katarrh innerhalb einer Stunde Abhilfe; und nach der vierten Dosis, am folgen-

den Tag, waren alle Symptome verschwunden. Dieses Mittel wurde von den Laboratorien unter dem Namen *Cinnigen* verkauft, weil sein aromatisches Hauptmittel Zimt (Cinnamon) war. Zwei Tests in Kooperation mit einer Fabrik ergaben vollständige Heilungen zu 74% und 66%.

Von den frühesten Tagen an, als Abrams entdeckte, dass Chinin die Malariareaktion und Quecksilber die Syphilisreaktion bei seinem Subjekt löschte, haben Anwender ihre Diagnoseausrüstung dazu verwendet, passende Mittel für ihre Patienten *auszuwählen*. Die Produktion von *Cinnigen* jedoch – die nur 15 Minuten in Anspruch nahm – kann gut das erste Mal gewesen sein, dass die *Zusammensetzung* eines Mittels radionisch bestimmt wurde. Später benutzten die Laboratorien diese Methode, um eine Gesichtscreme aus natürlichen Bestandteilen zusammenzusetzen. Es ist offensichtlich, dass diese Methode eines Tages die Suche nach neuen Medikamenten und Heilmitteln – und ohne Zweifel auch nach besseren Kosmetika – erleichtern wird.

Die Erwähnung von Abrams erinnert den Autor daran, festzuhalten, dass Bill immer freimütig ihn als den Begründer der Radionik anerkannte. Tatsächlich publizierte er einige Artikel in seinem vierteljährlich erscheinenden Journal der Laboratorien, die eine exzellente Zusammenfassung von Abrams' Arbeit darstellten. Er erkannte ebenfalls an, was er Ruth Drown zu verdanken hatte.

7

„Tiere sind viel leichter zu behandeln als Menschen“, sagte ein Radioniker neulich, „denn sie haben keine Blockaden!“

Tiere wissen natürlich normalerweise nicht, wenn sie radionisch diagnostiziert oder behandelt werden. Es gibt also keine

Möglichkeit, dass sie sich 'einbilden', geheilt worden zu sein; noch leisten sie der Behandlung mentalen Widerstand. Bei Tieren ist es auch oft einfacher, die Ergebnisse schneller zu überprüfen als bei Menschen, da sie auf Behandlung schneller reagieren. Und Tiere sind taktvoll genug, niemanden zu verklagen oder den Widerstand der professionellen Mediziner zu erregen.

Bill war unzweifelhaft ein Pionier der Radionik für Tiere, die im heutigen England in zunehmendem Maße und mit beachtlichem Erfolg betrieben wird. Und keine Darstellung seiner Arbeit wäre ohne einige Hinweise auf diesen Aspekt seiner Forschungen vollständig.

Wie bei menschlichen Patienten benötigt die radionische Behandlung etwas Zeit, bevor sie Tieren helfen kann. Bill erzählte aber eine berührende Geschichte, wie er und seine Frau in der Lage waren, schnell den Todeskampf ihres Pudels zu erleichtern – eine Geschichte, die auch für die Humanmedizin eine Bedeutung haben kann.

„Unser Minipudel Toto wurde von einem Auto überfahren“, schrieb Bill[70], „Er war auf Wanderschaft gegangen und wurde uns eines Tages mit gebrochenem Rückgrat zurück gebracht; es gab nur wenig, was wir für ihn tun konnten. Wir versuchten ihn warm zu halten und sein unaufhörliches, qualvolles Jaulen zu beruhigen und für ein paar Momente waren wir mit unserem Latein am Ende.“

„Wir entschieden, dass wir versuchen wollten, ihn in seine kritische Rotationsposition zu bringen, während wir unseren Behandlungsapparat holten. Das Ergebnis war ziemlich erstaunlich, denn sein Jaulen hörte sofort auf und wir fühlten uns in der Lage, mit der Diagnose fortzufahren. Nach ungefähr

70 Mind and Matter, Dezember 1958

fünf Minuten hörten wir das Jaulen wieder und fanden, dass er sich aus der Position bewegt hatte. Wir holten den portablen Detektor und brachten ihn wieder in die korrekte Position, und als wir ihn beobachteten, wurde er sehr still und starb friedlich innerhalb von ein paar Minuten."

Diese Geschichte legt für den Autor nahe, dass das Drehen der Betten von Patienten in die kritische Rotationsposition in vielen Fällen Schmerzen lindern kann. Gewiss könnte ein Versuch nicht schaden.

Im Jahr 1953 wurden die britischen Farmer von einem schweren Ausbruch der Maul- und Klauenseuche getroffen; und bis sie vorbei war, wurden mehr als 50.000 Rinder und Schafe und 11.000 Schweine geschlachtet; und der Steuerzahler musste ungefähr 1.000.000 englische Pfund an Kompensation für die Farmer aufbringen.

Bill meinte, dass er helfen könnte, weil seine Instrumente die Krankheit feststellen konnten, bevor sie ausbrach, und auch ihre Gegenwart im Boden. Er glaubte, dass Früherkennung das unterscheidungslose Schlachten verdächtiger Tiere vermeiden und prophylaktisches Bestrahlen mit seinen Instrumenten den Fortgang der Krankheit stoppen könnte. Er bot deshalb dem *Royal College of Veterinary Surgeons*[71] seine Dienste an und zur Unterstützung seines Vorschlags sandte er den attestierten Beweis seiner erfolgreichen Diagnose einer Kuh. Er wandte sich auch an den Direktor der Erforschung der Maul- und Klauenseuche. In beiden Fällen erhielt er keine Antwort.

Auf der anderen Seite boten Kenneth Walker, ein bekannter Autor, Harley Street[72] Spezialist und früheres Mitglied des Medizinischen Forschungsrats und andere Bill Ermutigung und

71 Königliche Vereinigung der Tierchirurgen
72 Sitz der Medizinervereinigung

Hilfe an. Aber aus verschiedenen unvorhergesehenen Gründen waren die Vortests Fehlschläge und der Versuch, die Maul- und Klauenseuche in Angriff zu nehmen, musste abgebrochen werden. Dies bedeutet natürlich nicht, dass die Radionik nicht in Zukunft erfolgreicher sein könnte.

Dieser Fehlschlag hielt die de la Warrs – und andere Anwender, die seine Methoden und Instrumente benutzten – nicht von der erfolgreichen Behandlung von Tieren ab. Ihre Patienten leisteten der Behandlung keinen Widerstand und schienen gelegentlich zu spüren, wenn ihnen geholfen wurde. Die de la Warrs behandelten zum Beispiel einen alten Foxterrier in den Laboratorien und der wollte in den Strahl des *Colourscopes* kriechen, aber nur – so berichteten sie – wenn der Lichtstrahl die richtige Farbe hatte!

Eine Sechs-Tonnen-Elefantenkuh, die von der verstorbenen Marjorie Smallbone aus Boar's Hill behandelt wurde, war der Radionik weniger zugänglich. Ihr wurde Fernbehandlung gegeben und später eine radionische Therapielampe, die ihr Wärter klugerweise am Ende eines Astes hielt. Die Elefantendame wurde fast vollständig wiederhergestellt.

Unzählige Hunde und Pferde wurden genau wie heute mit Erfolg behandelt. Und das Verfahren von Diagnose und Behandlung ist das gleiche wie jenes, das bei menschlichen Patienten benutzt wird.

Schnell fand man heraus, dass die radionische Behandlung die Gesundheit von offensichtlich gesunden Tieren noch verbessern kann. Dies ist wichtig für Bauern, speziell für Rinderzüchter, die durch schnelle Gewichtszunahme profitieren können. Jedes einzelne Tier individuell zu behandeln, nur um dessen Gesundheit zu verbessern, wäre jedoch unökonomisch. Die de la Warrs dachten aber, sie könnten eine Herde als Ganzes und zu reduzierten Gebühren behandeln.

Ein Farmer, der Rinder zum Wiederverkauf züchtete, bat Bill, die Hälfte seiner Herde von 32 Friesenfärsen-Jährlingen zu behandeln, die andere Hälfte sollte als Kontrolle dienen. Die verwendeten 'Schlüssel' für die Behandlung waren ein paar Haare von jedem der 16 Tiere. Bill gab ihnen prophylaktische Behandlung gegen Zustände von Schwund, bekannt als Husk[73]. In nur zwei Wochen zeigten die behandelten Tiere einen verbesserten Zustand gegenüber den Kontrollen.

Später kaufte der Farmer eine weitere Herde von 50 Rindern und nach nur fünf Wochen Behandlung schrieb er:

> Ich bin erfreut zu sagen, dass es trotz der bisher nur fünf Wochen lang durchgeführten Behandlung einen merklichen Unterschied zwischen den behandelten und unbehandelten Tieren gibt. Zur Zeit liegt der Unterschied in der allgemeinen Erscheinung, speziell bei deren Fellen, und auch in der Haltung genereller Zufriedenheit. Es gibt auch eine physische Veränderung, die an deren Schulter und Schenkel merkbar ist, dieser Unterschied ist aber zur Zeit nicht auffällig genug, um ihn beschreiben zu können.

In den frühen 60ern entwickelte Bills rastlose Vorstellungskraft die Idee, reflektierte Klangwellen in Verbindung mit Radionikdetektoren zu verwenden, um entfernte Zustände aufzudecken – eine Art Radioniksonar. Er baute einen Oszillator, um verschiedene Klangfrequenzen herzustellen, die er mittels einer Parabolantenne als Reflektor übertrug.

In seinem ersten Experiment montierte er diesen Reflektor drehbar auf das Dach der Laboratorien, so dass der 'Klangstrahl' einige nahestehende Bäume erreichte. Der Anwender stellte die Frequenz auf, sagen wir, Birken ein; und wenn der

73 Lungenwurmbefall

Klangstrahl auf eine Birke traf, dann würde der Detektor eine Reaktion zeigen.

Bald nachdem er dieses Instrument entworfen hatte, wurde er von einem Tierarzt um Hilfe gebeten, der seine Arbeit bewunderte, denn er sorgte sich wegen des plötzlichen Todes von Hunden, Schafen und Rindern in seiner Nachbarschaft in der Nähe von Smarden.

Natürlich waren die de la Warrs einverstanden zu helfen und fuhren mit einem Assistenten zu dem Gelände, mit dem parabolischen Klangprojektor auf dem Dach ihres Autos und dem Rest des Apparats darin.

Sie näherten sich einigen kränklich aussehenden Rindern bis auf 15m und fokussierten den Klangstrahl auf sie. Im Auto bediente Marjorie de la Warr den Detektor, während der Assistent die Schalter auf wahrscheinliche Gifte einstellte. Bald stellten sie die Gegenwart von Fluoracetamid nicht nur in den Rindern sondern auch im Gras fest.

Um die Quelle des Gifts zu lokalisieren, richteten die de la Warrs ihren radionischen Klangstrahl auf eine Fabrik, die etwa 400m entfernt lag und die viele verschiedene Pestizide herstellte. Der Detektor identifizierte sie sofort als Quelle; und er zeigte an, dass das tödliche Gift irgendwie aus ihr entwichen war.

Fluoracetamid ist eines der am schwierigsten festzustellenden Gifte. Aber jetzt, da sie wussten, nach was sie Ausschau zu halten hatten, waren die Experten des zentralen Veterinärlaboratoriums des Landwirtschaftsministeriums in der Lage zu bestätigen, dass das Wasser in den von den Tieren benutzten Brunnen gefährliche Mengen des Gifts enthielten.

Es war zu spät, die Tiere zu retten; und die ganze Herde des unglücklichen Farmers musste vernichtet werden. Ihr Fleisch war so giftig, dass Hunde, die es fraßen, starben. Der

Farmer konnte seine Milch nicht verkaufen und niemand wollte riskieren, sein Heu an seinen Viehbestand zu verfüttern. Seine Farm war tot und auch die Vögel und Kaninchen der Nachbarschaft starben.

Der Fabrik wurde aufgegeben, die Gegend zu reinigen und der einzig praktische Weg, dies durchzuführen, war, den gesamten Boden abzutragen, diesen in Blöcke zu pressen und im Meer zu versenken. Das Gift wurde natürlich zur Verwendung als Pestizid verboten. Jedoch ohne den aufmerksamen Veterinär und die de la Warrs wäre diese feine Gift vielleicht nicht entdeckt worden.

Die BBC berichtete über die Geschichte aus Smarden vollständig und erwähnte auch, und das gereicht ihr zur Ehre, den Part, den die de la Warrs dabei gespielt hatten. Aber die Presse – zweifellos durch ihre zahmen 'Experten' eingeschüchtert – nannte die de la Warrs nicht und berichtete, dass das Gift 'durch eine ungewöhnliche Methode festgestellt wurde'.

In Kapitel 3 sahen wir, wie die Radionik dabei helfen kann, die Verwendung von Pestiziden zu *vermeiden*. Dieses Experiment der de la Warrs zeigt einen Weg, wie die Radionik dazu verwendet werden kann, Pestizide auch in kleinsten Mengen *festzustellen*.

Man sieht, dass die de la Warrs in der Lage waren, dieses schwer feststellbare Gift in kurzer Zeit und mit minimalen Kosten nachzuweisen, obwohl lange und teure Tests benötigt wurden, um ihre Diagnose zu bestätigen. Dies legt nahe, dass die Radionik eine schnelle und preiswerte Methode zur Verfügung stellt, Gifte in Gemüse und in der Umwelt nachzuweisen, was bei unseren gegenwärtigen Problemen extrem hilfreich sein kann.

Denn, wie im Falle einer Krankheit, je schneller die Schwierigkeit wahrgenommen werden kann, desto besser die Chance von Heilmaßnahmen.

Das Experiment von Smarden kann deshalb eines Tages als historisch angesehen werden und als einer der größten Beiträge der de la Warrs.

Kapitel Sieben

Fortschritte und Rückschläge

Eine neue wissenschaftliche Wahrheit triumphiert nicht durch das Überzeugen ihrer Gegner und deren Erleuchtung; sondern eher deswegen, weil ihre Gegner schließlich sterben und eine neue Generation aufwächst, die daran gewöhnt ist.

Max Planck

Ein Experte ist jemand, der nichts anderes weiß.

Guy Thorne

1

Bill de la Warr war nicht nur unheilbar erfinderisch sondern auch ein phantasievoller und unbezwingbarer Förderer der neuen Wissenschaft. Er ergriff jede Gelegenheit, seine Arbeit zu publizieren, nicht aus Eitelkeit sondern in der Hoffnung, finanzielle Unterstützung und Anerkennung der Bedeutung der Radionik durch die wissenschaftliche Gemeinschaft und die Berufsmediziner zu sichern.

Durch seine Anstrengungen – und seine Persönlichkeit – gewann er eine loyale Gefolgschaft, die viele hervorragende Leute einschloss und einige aufnahmefähige und mutige Wissenschaftler und Ärzte. Aber trotz ihres endlosen Strebens konnten die de la Warrs niemals eine anständige finanzielle Unterstützung noch professionelle Anerkennung sichern und mussten sich hauptsächlich auf ihre eigenen Anstrengungen verlassen. Diese waren jedoch bemerkenswert: bis 1960 hatten sie es fertig gebracht 100.000 englische Pfund eigenes Geld aufzubringen und zu investieren.

Trotzdem waren ihre Probleme leider nur zu vorhersehbar. Denn sie standen gegen die Tatsachen des Lebens, wie im Beginn dieses Kapitels angemerkt; und auch gegen Russells Gesetz: „Der Widerstand gegen neue Ideen wächst im Quadrat zu deren Bedeutung." Und im Falle der de la Warrs verschärften sich diese normalen Probleme eines Pioniers durch die ungewohnte und unglaubliche Natur ihrer Entdeckungen um ein Vielfaches.

Das Bemerkenswerte an der Erfahrung der de la Warrs war – trotz der langen Jahre der Frustration und Enttäuschungen hielten sie ihren Mut und Optimismus hoch und ließen nicht zu, dass diese Probleme ihre weitere Forschung behinderte. Andere Pioniere in ähnlichen Umständen wären unter dem Druck zusammengebrochen, hätten aufgegeben oder sich verbittern lassen. Nicht jedoch die de la Warrs.

Für den Autor hatte das alles einen schrecklich vertrauten Beigeschmack. Denn ungefähr zu der Zeit, als er in seinem Bemühen um Geschichten über die frühen Entdeckungen und Erfolge von Abrams frustriert wurde, versuchte er ebenfalls, eine viel einfachere Idee zu unterstützen: dass die elektrische Reproduktion von Klang eine große Zukunft hatte.

Mit einem Freund hatte er die erste HiFi-Anlage der Welt gebaut, mit piezoelektrischer Tonabnahme. Heute ist HiFi natürlich Allgemeingut. In jenen Tagen aber waren ihre Möglichkeiten ziemlich weit außerhalb der Vorstellungen von Experten der alten Zinntrompeten-Grammophon Industrie. Und die Idee, dass die Öffentlichkeit jahrelang hoch qualitative Reproduktion von Klang bevorzugen könnte, rief entweder Spott oder Widerstand hervor.

Daher konnte er ihre Probleme verstehen und mit den de la Warrs sympathisieren, die versuchten, etwas viel weniger Einleuchtendes, dafür aber viel Wichtigeres als HiFi zu unterstützen.

Ihre Probleme bestanden in der Tatsache, dass Bill keinen passenden akademischen Titel hatte. Wenn er eine Graduierung einer orthodoxen Universität gehabt hätte – und sei es auch nur im Einbalsamieren oder etwas ebenso Belanglosem – vielleicht hätte ihn die akademische Bruderschaft dann für akzeptabler gehalten. Aber wie Kenneth Walker es ausdrückte – der gut bekannte Autor und Chirurg, der Radionik erforschte und Vertrauen zu Bill hatte:

> Die Schwierigkeit mit George de la Warr ist, dass niemand in der Lage ist, ihn und seine Arbeit einzuschätzen, und für einen Mann mit einem kleinen wissenschaftlichen Geist ist das unverzeihlich. Entweder sollte de la Warr an den wissenschaftlichen Pranger gestellt und Dinge nach ihm geworfen werden oder er sollte mit der Ehrenmitgliedschaft der Königlichen Gesellschaft ausgezeichnet und ohne Verzögerung in den Ritterstand erhoben werden. Und weil niemand weiß, was man mit ihm tun soll, oder in der Lage ist, seine Arbeit zu bewerten, sieht er sich der Schwierigkeit gegenüber, auch nur irgendeine ernsthafte Betrachtung seiner Entdeckungen zu gewinnen.
>
> Persönlich habe ich an seiner Arbeit lebhaftes Interesse und ich bin überzeugt, dass hinter all diesen Rauchschwaden ein knisterndes Feuer brennt, etwas von immenser Bedeutung für die Menschheit. Es ist grotesk, dass er solche Schwierigkeiten beim

Erwecken von Interesse für seine Arbeit gehabt haben sollte ...

Weil Langston Day – in zwei Büchern und in Zusammenarbeit mit Bill – eine bewundernswerte Schilderung der Probleme und Frustrationen der de la Warrs gegeben hat, will dieser Autor seine Leser durch ein nochmaliges Erzählen der traurigen Geschichte nicht deprimieren. Er empfiehlt diese Bücher jedoch jedem, der immer noch die Illusion hegt, dass neue Ideen in diesem so genannten 'Zeitalter des Fortschritts' willkommen sind. Sie können auch für andere erhellend – wenn auch kein Trost – sein, die vielleicht versuchen, etwas Neues und Wichtiges zu unterstützen.

Über die Jahre arrangierten die de la Warrs Treffen und Jahrestagungen, um die neuesten radionischen Entwicklungen zu diskutieren; und diese zogen prominente Redner und einige hervorragende Gäste an. Bill hielt auch viele erfolgreiche Vorträge sowohl in England als auch außerhalb.

Im Jahr 1959 schlossen sich Bill und eine Gruppe von Freunden zum *Mind and Matter Trust*[74] zusammen, der von der Behörde für Staatseinkünfte als gemeinnützige Stiftung anerkannt und für jeweils sieben Jahre nach englischem Recht von der Steuer befreit war. Der unmittelbare Zweck der Stiftung war das Sammeln von Spenden für die schweren Jahresverluste des Journals *Mind and Matter,* die bis zu der Zeit von den Delawarr Laboratorien getragen worden waren. Nachdem dieses Ziel erreicht war, beabsichtigten die Mitglieder der Stiftung „unsere Energien der weit wichtigeren und größeren Aufgabe der Aufbringung von Geld zu widmen, um die Stiftung in die Lage zu versetzen, jegliche wertvolle Forschung auf dem Gebiet des Primär-Zustands der Materie zu fördern, die unserer Meinung nach vor allem unserer Unterstützung bedarf

74 Geist und Materie Stiftung

und die höchst effektiv zu sein verspricht, gleich wer sie durchführt und wo das geschieht."

Diese Ziele der Stiftungsmitglieder, von denen Bill einer war, zeigen, dass die Stiftung eine altruistische Körperschaft war, welche das Vorankommen der Wissenschaft als Ganzes fördern wollte, ob die Forschung von den Delawarr Laboratorien durchgeführt wurde oder irgendwo sonst.

Im Jahr 1965 halfen ein paar Freunde und Gönner den de la Warrs *'The Radionic Centre Organisation*[75]', später *'The Radionic-Magnetic Centre Organisation*[76]' genannt, zu gründen. Dies war eine nicht auf Gewinn ausgerichtete Organisation für das Training von medizinischen und tiermedizinischen Anwendern, Radionikern, Landwirten und radionischen Wissenschaftlern und zum Studium psychosomatischen Heilens.

Ihre Förderer waren so hervorragende Leute wie Luftmarschall Sir Victor Goddard, Christmas Humphreys, der Reverend Leslie D. Weatherhead, Sir Arthur Willert und Professor P. Baranger.

Obwohl die Organisation ihre Ziele teilweise verwirklichte und viel dafür tat, ein breiteres Wissen über Radionik zu fördern, wurde sie finanziell nie lebensfähig und die Laboratorien hatten für eine Reihe von Jahren die Verluste der Veröffentlichung des *News Letters,* der *Mind and Matter* ersetzt hatte, zu tragen. Im Jahr 1972 wurde daraufhin widerstrebend entschieden, die *Radionic-Magnetic Centre Organisation* aufzulösen und den *News Letter* zu einem Organ der Delawarr Laboratorien Ltd. zu machen.

In der Zwischenzeit verfolgte Bill seine Forschung mit einer Quote von 'einer Idee pro Minute', während seine Frau ihn

75 Die Radionische Zentralorganisation
76 Die Radionisch-Magnetische Zentralorganisation

nicht nur in jeder möglichen Weise unterstützte – sie war hervorragend mit dem Detektor –, sondern auch noch eine erfolgreiche Radionikpraxis aufbaute und all jene testete und trainierte, die ein Delawarr Instrument kaufen und Radionik praktizieren wollten. In den Pausen waren beide großzügig mit ihrer Zeit und zeigten jedem ernsthaft Interessierten die Arbeit der Laboratorien.

Wenn sich die Gelegenheit ergab, gaben sie Pressekonferenzen, aber obwohl sie einige einzelne Zeitungsleute von der Bedeutung ihrer Arbeit überzeugten, ergab sich bis auf einige Ausnahmen nur wenig Publicity. Das war so, weil wohlwollende Geschichten von den Herausgebern verhindert wurden, wie die des Autors vor so vielen Jahren. Obwohl die de la Warrs auch einzelne Ärzte und Wissenschaftler davon überzeugten, dass die Radionik ein wirklicher Beitrag zu Wissenschaft und Medizin war, konnten sie nie die gut bemannte Palisade der professionellen Orthodoxie durchdringen.

Sie erreichten jedoch etwas viel wichtigeres, obwohl sie das zu dieser Zeit vielleicht nicht realisierten. Sie pflanzten die Saat der Radionik in den fruchtbaren Boden der Geister phantasievoller und unternehmenslustiger Männer und Frauen nicht nur auf den britischen Inseln, sondern auch in noch größerem Ausmaß in Übersee. Viele kamen aus fernen Ländern, um sie zu besuchen.

Viele moderne Anwender begannen mit Delawarr-Instrumenten und –methoden, und wenn heute einige von ihnen andere Geräte verwenden, ist das die normale und gesunde Entwicklung einer kraftvollen und neuen Wissenschaft. Aber ihre ersten Schritte verdanken sie der Arbeit und dem Enthusiasmus der de la Warrs.

2

In der täglichen Routine ihrer Radionikpraxis projizierten die de la Warrs radionische Behandlung zu Patienten in allen Teilen der Welt 'von Menschen bis zu Schimpansen'. Die Ergebnisse waren sehr zufrieden stellend, aber Bill wollte, dass der medizinische Forschungsrat das verstand.

'Zu behaupten, mit einer Person durch ein Blut- oder Haarmuster in Kontakt treten zu können', gab er zu, 'ist für alle außer ein paar Erleuchteten einfach unglaubwürdig.'

Also kam ihm so etwa um 1963 die Idee, dass er dem Vorstellungsvermögen der Medizinischen Forschungsgesellschaft weniger Gewalt antäte, wenn er eine 'mittlere' und konventionellere Herangehensweise entwürfe. Da er immer schon an den therapeutischen Effekten von Klang interessiert war – was die Töne unterhalb der Hörschwelle einschloss – und weil diese allmählich von einigen Ärzten akzeptiert wurden, entwarf er ein Instrument, um ausgewählte Tonfrequenzen auf Magnetband zu erzeugen. Mit seinem Detektor wählte er vier verschiedene Frequenzkombinationen aus, die er auf vier verschiedene Bänder aufnahm. Eine Kombination war dafür entworfen, das Muskelsystem zu behandeln, ein anderes für das Knochensystem, ein weiteres für das Muskel-Skelett-System und das vierte für das Nervensystem. Diese Frequenzen von den Bändern wurden verstärkt und den Patienten mittels eines Vibrators auf Triggerpunkten, die mit dem Detektor ermittelt wurden, verabreicht. Diese Form der Therapie war für die Beruhigung und Entspannung der Patienten erfolgreich, hatte aber leider auf die Medizinische Forschungsgesellschaft nicht den gleichen Effekt. So wurden Bills Hoffnungen nicht nur auf Anerkennung sondern auch auf große Verkaufszahlen für sein Instrument zerstört.

Diese Experimente führten jedoch zu einer weiteren Entdeckung. Während er seiner Schwiegermutter die Klang-Therapie durch ihre Schulter hindurch gab, kam Bill auf die Idee herauszufinden, ob der aus ihrer Schulter herauskommende Klang der gleiche war wie der, der hinein ging. Zu seiner Überraschung entdeckte er, dass der abstrahlende Klang auf einem Oszilloskop eine vollkommen andere Wellenlänge produzierte.

Dies führte zu der Entdeckung, dass die Wellenform des abstrahlenden Klangs mit der Erkrankung des Patienten variierte. Von den Kurven der Wellenform ließ sich tatsächlich zwischen, beispielsweise, muskulärer Dystrophie und Arthritis unterscheiden. Er fand auch heraus, dass er durch die unterschiedliche Gestalt der abgestrahlten Wellenform zwischen Metallen unterscheiden konnte. Er erfand ein Instrument, den 'Autoplotter' – manchmal auch 'Psychoplotter' genannt – um diese Kurven aufzuzeichnen, die er Histogramme nannte – was eine Beschreibung des Zustands der Gewebe bedeutet. Der Autoplotter war ein genialer Ersatz für einen aufzeichnenden Oszillographen, den die Laboratorien sich nicht leisten konnten.

Mit dieser 'Histogrammtechnik' führte er viele Experimente zu den Effekten von Licht, Musik und sogar Kunst auf den menschlichen Organismus durch.

Diese Experimente führten zu etwas, das sich vielleicht als eine der bedeutendsten Entdeckungen der Delawarr Laboratorien erweisen könnte.

In einem seiner frühesten Experimente mit den 'Psychoplotter' Instrumenten fand Bill heraus, dass menschliches Gewebe durch Magnetfelder beeinflusst wird. Zum Beispiel beeinflusste ein Stabmagnet, der neben den Psoasmuskel gelegt wurde, dessen 'Histogramm', wenn der Vibrator und der Frequenz-Abgreifer am Knie des Patienten befestigt wurde. Dies legte nahe, dass passende Magnetfelder verwendet werden könnten, um das Blut eines Patienten zu behandeln und seine Körperchemie zu verändern.

Dies war im Licht von Dr. Harold Burrs Entdeckung, dass der Körper von 'L-Feldern' kontrolliert wird, eine völlig logische Idee. Es lag also nahe zu erwarten, dass die Anwendung eines externen Feldes das 'L-Feld' des Körpers beeinflussen und, bei Verabreichung der richtigen Art Feld, nützliche Resultate erzeugen würde.

Da Bill bereits festgestellt hatte, dass die Anwendung elektromagnetischer Energie – in der Form von Licht verschiedener Farben aus seinem *Colourscope* – heilende Effekte hatte, war diese Anwendung von Magnetfeldern in Wirklichkeit eine andere Form des gleichen Prinzips.

In Zusammenarbeit mit Marjorie entwarf er eine neue Reihe von Experimenten. Er arrangierte bei einem Londoner Labor die Entnahme von Blutmustern von Freiwilligen, um eine neutrale Analyse ihres Bluts zu bekommen, bevor die Magnetbehandlung begonnen wurde. Dann applizierte er mit einem neuen Instrument – dem MT/3 – Magnetfelder mittels einer speziell dafür konstruierten Magnetspule auf verschiedene Körperteile der Freiwilligen. Das MT/3 erlaubte die Verwendung von bis zu 12 kleinen Magnetspulen, die aus 75 Drahtwindungen um einen Luftkern bestanden und welche dafür ausgelegt waren, einen Strom von einem Ampere zu transportieren.

Es gab keinen elektrischen Kontakt mit dem Körper, sondern lediglich ein sanft alternierendes, elektromagnetisches Feld, bestehend aus einem komplexen Frequenzmuster, 'dazu gedacht einen Zustand von Resonanz hinein zu bringen'. Letzteres war auf Magnetband aufgenommen worden und die Impulse vom Band wurden verstärkt, um die Magnetspulen zu aktivieren.

In vielen der frühen Experimente agierte Marjorie als 'Patient' und sie fanden bald einige interessante Effekte. Wenn zum Beispiel eine Magnetspule auf der Halsrückseite und zwei weitere am Kreuz angebracht wurden, zeigte ein 'Histogramm', welches über dem Knöchel durch das Bein aufgenommen wurde, 'eine beachtliche Reflexbewegung'. Auch nur eine Magnetspule am Nacken oder der Niere verursachte eine Reflexbewegung genau so weit weg wie am Knöchel, so sensitiv ist der Körper gegenüber einem Magnetfeld.

Zwei Hauptexperimente wurden dann ausgeführt, eines zur Senkung des Cholesterinspiegels im Blut und das andere zur Senkung der Anzahl weißer Blutkörperchen. Beide Experimente waren erfolgreich: Tests des Londoner Biologielabors zeigten signifikante Abfälle des Cholesterinspiegels und der Anzahl weißer Blutkörperchen. Die Zeit bis zum Erreichen dieser Ergebnisse variierte stark bei den verschiedenen Freiwilligen, die alle völlig gesund waren. Eine ähnliche Verminderung des Cholesterins kann bei dem einen Freiwilligen 13 Tage oder nur drei Tage bei einem anderen dauern. Obwohl die Unterschiede im Grad der Verminderung der weißen Blutkörperchen weniger auffällig waren, gab es immer noch große Schwankungen bei den Freiwilligen.

Man hoffte auf eine lange Reihe von sorgfältig durchgeführten Experimenten, bevor man die Ergebnisse mitteilte. Bevor es jedoch dazu kam, veröffentlichte der *New Scientist* einen Bericht über einige russische Versuche mit viel stärkeren Magnetfeldern. Hierin wurde geschildert, dass russische Wissenschaftler die Anzahl weißer Blutkörperchen bei Mäusen um 28% reduzierten, indem sie sie für zwei Wochen einem starken Magnetfeld aussetzten, während eine andere Gruppe von

Mäusen im gleichen Feld in der gleichen Zeit einen Zuwachs von 30% bei der Anzahl der roten Blutkörperchen und 14% beim Hämoglobingehalt zeigten.

Dies schien eine gute Gelegenheit nicht nur zu zeigen, dass England Russland voraus war, sondern auch um Unterstützung für diese wichtige neue Entwicklung in der Medizin zu gewinnen. Bill sandte also eine Verlautbarung an die Presse. In dieser erklärte er, dass seit einiger Zeit Forschungen durchgeführt würden, dass aber nun, wo der Erfolg praktisch sicher sei, die Fortsetzung der Arbeit durch den Mangel an finanziellen Mitteln ernsthaft gefährdet wäre.

„Vielleicht wird uns jetzt, da wir klar gezeigt haben, auf diesem Gebiet in der Welt führend zu sein, eher Gehör geschenkt", sagte Bill. „Wir wollen unsere Tests wiederholen und unsere Experimente auf andere Gebiete ausdehnen."

Diese Verlautbarung wurde in einigen Zeitungen veröffentlicht, was aber zu keiner finanziellen Unterstützung führte. Vor der Verlautbarung wurde Bill die Hilfe von den Ford, Rockefeller und Nuffield Stiftungen versagt, möglicherweise weil die Chartas einiger Stiftungen vorschreiben, sich durch orthodoxe akademische Kanäle abzusichern oder möglicherweise weil er mit dem radionischen Brandmal gezeichnet war. Aber sogar die Verlautbarung, dass die Russen in dieser Hinsicht erfolgreiche Experimente durchgeführt hatten, erzeugte keinen Funken Interesse seitens anderer Finanzquellen.

Dies war für Bill natürlich eine bittere Enttäuschung, denn diese Experimente waren nicht strikt 'radionisch' sondern wissenschaftlich orthodox und wurden auch in sorgfältiger wissenschaftlicher Weise durchgeführt. Er hatte deshalb gehofft, dass sie als 'respektierbar' und der Unterstützung Wert angesehen werden würden. Aber wieder einmal hatte er sich nicht klar gemacht, wie wenige Leute mehr als ein Minimum an Vorstellungskraft aufweisen.

Und wieder einmal war er seiner Zeit viele Jahre voraus. In jenen Tagen hatten nur Wenige auch nur von Burrs Entdeckung der L-Felder gehört; und ihre Bedeutung für die Medizin und die Biologie wurde nicht wahrgenommen – tatsächlich ist ihre Anerkennung sogar heute noch erst am Anfang. Und obwohl einige Experimente zur Behandlung der L-Felder, welche den Körper steuern, in verschiedenen Teilen der Welt durchgeführt wurden – und werden –, kann es durchaus noch ein weiteres Jahrzehnt werden, bevor dieser logische und viel versprechende Ansatz für das Problem der Krankheiten allgemein akzeptiert wird.

Wenn die Zeit kommt, wird Bill de la Warr mit einem weiteren 'Erster' in der Geschichte der Medizin geehrt werden.

Es ist auf diesen Seiten unmöglich, diese wichtigen Experimente vollständig zu schildern, aber Leser, die an technischen Details interessiert sind, werden auf die Berichte der Delawarr Laboratorien verwiesen[77].

3

Im August 1965 führten die Laboratorien ein Experiment durch, das – aus radionischer Sicht – viel wichtiger war als die Magnettherapie. *Es gelang ihnen, eine enge 'radionische Verbindung' zwischen einem jungen Mann in Oxford und seinem Foto in New York erfolgreich zu etablieren.*

---

77 *de la Warr, G. W., Preliminary studies of the effect of Magnetic Fields on living tissues and organs of the human body. Mind and Matter 1966 und 1967.* Diese Berichte werden noch im Radionik Verlag veröffentlicht. Voraussichtliches Erscheinungsdatum: 2006

Dies war aus drei Gründen ein historisches Experiment, denn es ergab sich dadurch der erste attestierte und grafische Nachweis, dass:

1. ein Zustand von enger radionischer Verbindung zwischen einer Person und ihrem Foto existiert;
2. Behandlung des Fotos messbare Wirkungen auf die Person hervorrufen kann;
3. Entfernung für radionische Energien keine Rolle spielt.

All dies wusste man natürlich schon lange. Wie der Leser sich erinnern wird, benutzte man vor vielen Jahren in Harrisburg Fotos, um eine Verbindung zwischen einem Gemüse und dem Behandlungsinstrument zu etablieren. Hier war aber zum ersten Mal eine Verbindung über eine Distanz von 5600 km instrumentell demonstriert worden.

Dieses Experiment wurde durch Bills 'Psychoplotter' und seine 'Histogrammtechniken' möglich und folgendermaßen aufgebaut.

Ein Foto eines 17-jährigen Jungen war zusammen mit einem kleinen radionischen Behandlungsinstrument an John Hay aus Fairfield in Connecticut geschickt worden. Hay diente während des Experiments als wissenschaftlicher Beobachter.

In Oxford wurde der 'Psychoplotter' am Bein gerade über dem Knie des Jungen befestigt und fünf Leute beobachteten das Experiment. Diese waren die de la Warrs, Corté, ein Professor der organischen Chemie und ein Regierungsbeauftragter. Die letzten beiden waren rein privat als Zeugen vor Ort.

Auf beiden Seiten des Atlantiks wurden die Uhren per Telefon synchronisiert und das Experiment begann um 10.20 Uhr New Yorker Zeit (15.20 Uhr in Oxford).

Wie vorher vereinbart, legten die Experimentatoren präzise um 10.20 Uhr in New York das Foto des Jungen in das Behandlungsinstrument, wo es für 20 Minuten verblieb. Dies verursachte prompt Schwankungen im Autoplotter in Oxford.

Vor der Übertragung aus New York musste die Gruppe in Oxford natürlich den 'Psychoplotter' eine Stunde lang als Kontrolle laufen lassen und man erhielt die Kurve in Abb. 4.

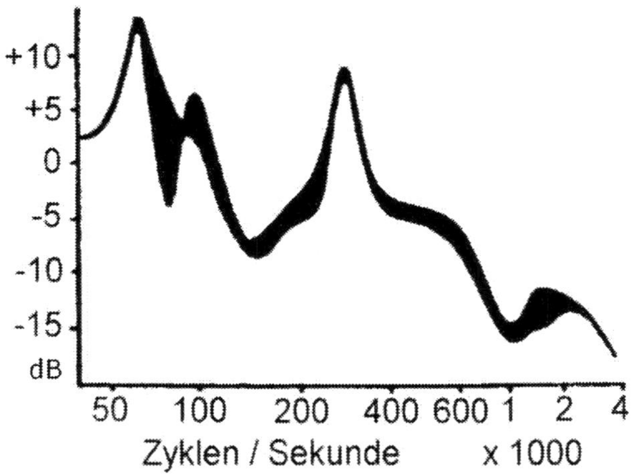

Abb. 4

Zusammenfassung der Variationen beim Kontrollexperiment Nr. 1, als eine Stunde lang keine Energie über das Instrument gesendet wurde.

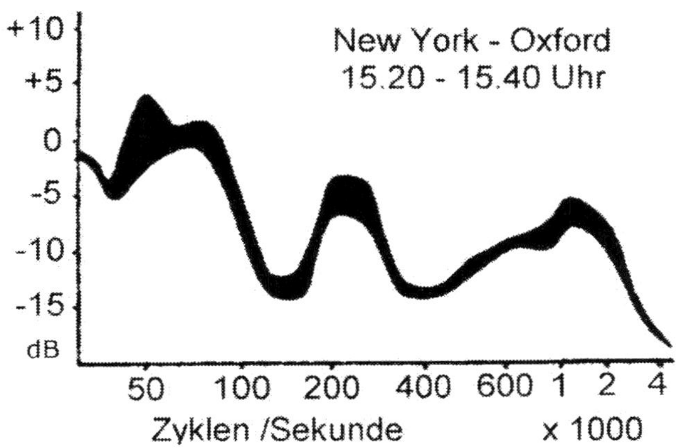

Abb. 5

Zusammenfassung der Variationen vom Autoplotter in Oxford, als das Foto in das Radionikinstrument in New York gelegt wurde.

Nachdem das Foto in New York in das Behandlungsgerät eingelegt worden war, gab es eine erstaunliche Veränderung der Kurve, wie in Abb. 5 zu sehen ist.

Als nach 20 Minuten das Foto entfernt und damit keine weitere Energie übermittelt wurde, nahm die Kurve die Gestalt in Abb. 6 an.

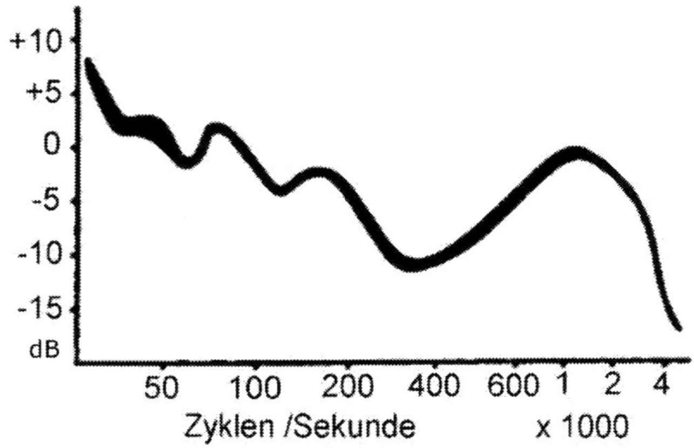

Abb. 6
Zusammenfassung der Variationen, aufgezeichnet bei Kontrollexperiment Nr. 2, als 35 Minuten lang keine Energie übertragen wurde.

Nach einer Pause von 20 Minuten wurde das Foto in New York mit einer normalen elektrischen Glühbirne – verbunden mit 60 Hz Wechselstrom aus dem Netz – 10 Minuten lang überirdisch bestrahlt. Danach wurde es dem gleichen Licht weitere 10 Minuten unterirdisch ausgesetzt. Dieses Licht auf dem Foto erzeugte die Kurve in Abb. 7.

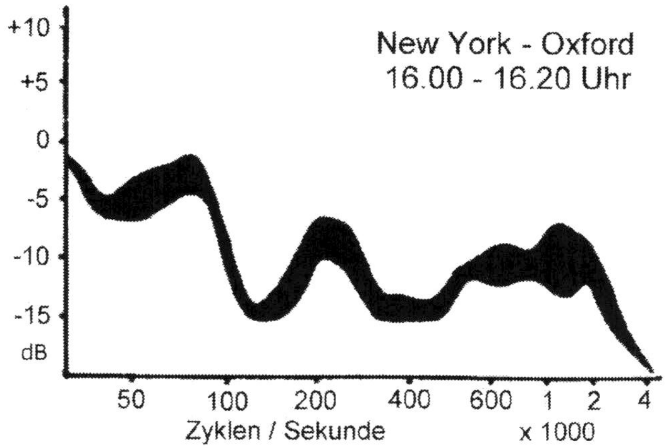

Abb. 7
Wie Abb. 5, aber das Foto wurde hier einem 60-mal pro Sekunde unterbrochenen Licht ausgesetzt.

Eine Zusammenfassung der Variationen während des Experiments zeigt Abb. 8.

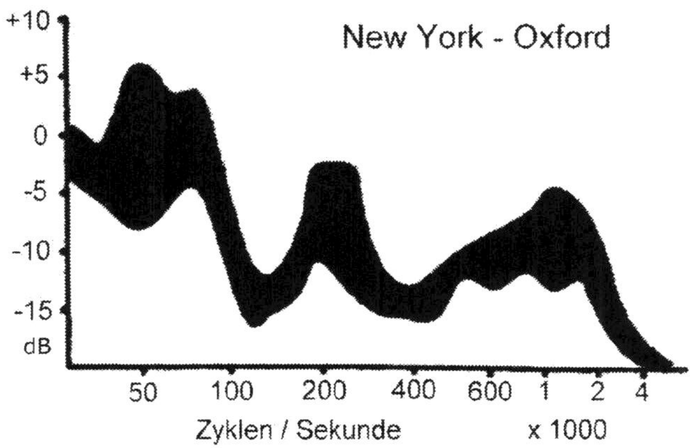

Abb. 8
Zusammenfassung der Variationen während des gesamten Experiments

In New York gaben die Beobachter vor einem öffentlichen Notar eine eidesstattliche Erklärung ab, in der sie ihre Vorgehensweise beschrieben, und hinterlegten eine Kopie davon beim Staat von New York. In Oxford unterzeichneten die Teilnehmer und Zeugen ein Dokument, das ihren Anteil am Experiment attestierte.

Obwohl sein Experiment das ehrgeizigste war, das er je versucht hatte, und über die größte Distanz durchgeführt worden war, war es lediglich der Gipfel der mehr als 20 ähnlichen Experimente, welche die Laboratorien zwischen Newbury und Oxford, zwischen Evesham und Oxford und zwischen Stockholm und Oxford gemacht hatten. Das Experiment war daher oft genug wiederholt worden, um den de la Warrs Vertrauen in dessen Gültigkeit zu geben.

Vielen Leuten fällt es noch schwerer zu glauben, dass es eine 'Beziehung' zwischen einer Person und ihrem Foto geben könnte als eine 'Beziehung' zu ihrem Blutstropfen. Dies war beispielsweise eines der großen Probleme der Gruppe in Harrisburg: viele fanden es unmöglich zu akzeptieren, dass Fotos als 'Schlüssel' bei der Behandlung von Feldfrüchten benutzt werden konnten. Das Oxford-New York Experiment war deshalb von größtem Wert, denn es zeigte instrumentell, dass es diese 'Beziehung' tatsächlich gab.

Es erklärte nicht, warum und wie das funktionierte. Aber eine mögliche Erklärung dieses Geheimnisses wird in einem späteren Kapitel versucht werden.

Diese 'Beziehung' zu einem Foto oder Bild, die Bill schon lange erfasst hatte, hatte ihn zu einem weiteren Instrument für die Diagnose angeregt. Die Idee dazu blitzte 1960 in seinem Geist auf, als er sich – 'Ideen im Minutentakt!' – Beweise in einem gegen ihn angestrengten Gerichtsverfahren anhörte.

In einem Standard-Diagnoseinstrument gibt es – wie wir festgehalten haben – einen stabförmigen Zeiger, der über gedruckte Elemente fährt, um den Geist des Anwenders auf die Fragen zu fokussieren, die er stellen möchte. Es schien Bill, dass es – wenn der Patient anwesend war – besser wäre, den Geist des Anwenders auf die verschiedenen Körperteile des tatsächlichen Körpers zu konzentrieren, um das Problem auf die gleiche Art und Weise zu lokalisieren wie Abrams, der mit einer 'lokalisierenden Elektrode' auf verschiedene Teile des Körpers seines Subjekts deutete. Es war offensichtlich ungeeignet, einen Zeiger über den Patienten zu bewegen, also entwickelte Bill eine Methode, dessen Bild abzutasten, das auf eine Mattscheibe projiziert wurde.

Wenn der Patient vor diesem Instrument – das 'Vidar' genannt wird – steht oder liegt, erscheint sein Abbild auf einem Schirm, der bündig mit der Abdeckung des Diagnoseinstruments ist. Mit seiner linken Hand führt der Anwender einen 'Abtaststift' gegen den Uhrzeigersinn über das Abbild, während seine rechte Hand den Detektor bedient, bis eine Reaktion erhalten wird. Dann führt der Anwender einen zweiten 'Abtaststift' in einer Bewegung mit dem Uhrzeigersinn über das Abbild, bis es eine Reaktion gibt und auf diese Weise bekommt er einen Fixpunkt auf dem Abbild, wo sich die beiden Stifte kreuzen. Dieser Fixpunkt markiert die Lokalisation des Problems im Körper des Patienten.

Dieses Instrument war bei der Diagnose von Patienten hilfreich, wenn diese anwesend sein konnten. Wenn sie nicht anwesend waren, was öfters der Fall war, wurde ein Blutstropfen für die 'Beziehung' mit dem Patienten verwendet. Und dann wurde zur Lokalisierung des Problems ein Diagramm des menschlichen Körpers mit einem Zeiger abgetastet, welcher mit dem Antennenausgang des Instruments verbunden war.

Bill probierte diese Technik ziemlich früh in seiner Forschung mit einem Patienten aus, der Schmerzen im Nacken hatte. Er tastete ein Diagramm des menschlichen Skeletts mit dem Zeiger ab und bekam eine Reaktion, als der Zeiger auf den Halswirbel zeigte, der später beim Patienten als gebrochen festgestellt wurde.

Wenn die Radionikdiagnose mehr Allgemeingut wird, werden das 'Vidar' Instrument und die Diagramme möglicherweise zunehmend Verwendung finden, denn sie können helfen, den Geist des Anwenders schneller und genauer auf den Ort der des Problems zu konzentrieren als manche andere Technik.

4

Mit einem sensiblen Voltmeter ist es möglich, Burrs L-Felder wenige Millimeter vom menschlichen Körper entfernt zu messen – die Elektrode braucht keinen Kontakt zur Haut. Dies ist einer der Beweise dafür, dass ein L-Feld ein echtes elektromagnetisches Feld ist.

Mit dem portablen Detektor war Bill in der Lage, eine weitere Feldform zu finden, die sich auf viel weitere Entfernung ausdehnt und die dem Gesetz der quadratischen Abnahme, welches elektromagnetische Wellen regiert, nicht zu gehorchen scheint.

Er hatte danach Ausschau gehalten und erwartet, es zu finden. Denn lange bevor er von Burrs Entdeckungen hörte, hatte er sich etwas vorgestellt, das er den '*präphysischen Zustand*' der Materie und der Lebensformen nannte. Er hatte auch schon lange gemerkt, dass die Radionik eher mit dem präphysischen Zustand zu tun hat – und ihn behandelt – als mit dem physischen Körper.

Obwohl Burrs L-Felder elektromagnetisch sind und mit normalen elektromagnetischen Instrumenten wahrgenommen werden können, können auch sie eigentlich als präphysisch beschrieben werden, denn sie sind unsichtbare, unberührbare 'Matrizen', die alle physischen Formen bilden, kontrollieren und erhalten. Aber die von Bill mit seinem Detektor entdeckten Felder können nicht elektronisch gemessen werden und scheinen noch feinstofflicher zu sein als L-Felder; sie scheinen sozusagen 'prä-präphysisch' zu sein. Sie haben auch eine viel größere Ausdehnung, als bis wohin L-Felder durch Instrumente nachgewiesen werden können.

Er begann seine Experimente mit einem kleinen, 3.6 cm langen Stabmagneten, den er auf einen Tisch legte. Während er seinen Detektor rieb, führte er ihn langsam über den Tisch und bekam jedes Mal einen 'Stick' bei etwas, das er 'Knotenpunkt' nannte, ungefähr alle 13.8 cm, wenn der Detektor vom Magneten weg bewegt wurde. An jedem Knotenpunkt malte er mit Kreide eine Markierung. Diese Markierungen bildeten ein klar definiertes Muster.

Wenn er den Magneten in eine vertikale Position aufrichtete, bekam er ein anderes Muster und war schließlich in der Lage, ein kugelförmiges 'Gitter' von Knotenpunkten zu erstellen, die einen Magneten umgeben (Abb. 9).

Als er das Experiment mit vier verschiedenen Operatoren wiederholte, bekam er in jedem Fall ähnliche Muster.

Weitere Experimente brachten zutage, dass diese Knotenpunkte über eine viel größere Entfernung hin wahrgenommen werden konnten, als es durch den Einfluss eines normalen Magnetfeldes hätte sein können. Tatsächlich fand er heraus, dass er eine Bewegung des Magneten anhand der Bewegung der Knotenpunkte auf eine Entfernung von 48 km aufdecken konnte. Es schien deshalb offensichtlich, dass er eine neue

Feldform oder einen neuen Aspekt des physischen Zustands gefunden hatte.

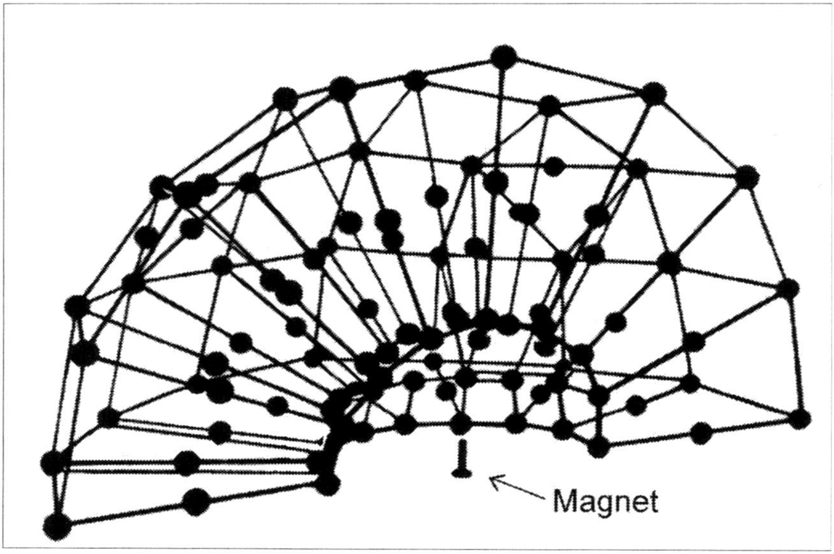

Abb. 9
Verkleinertes Modell eines Kugelsegments durch die Knotenpunkte, angeordnet auf einem Gitter aus strahlenförmigen Linien um einen kleinen Stabmagneten

Sofort dachte er daran, dieses Phänomen als eine neue Form der Kommunikation zu nutzen, denn er hatte herausgefunden, dass ein Geräusch in der Nähe des Magneten an den Knotenpunkten wahrgenommen werden konnte. Er entwarf zwei Instrumente – eines, das einen Magneten einigen komplexen Klangfrequenzen aussetzte, die auf Band aufgenommen wurden, und ein weiteres, um diese auf Entfernung nachzuweisen.

Erste Tests dieses Instruments wurden auf eine Entfernung von 54 Metern gemacht, mit vier Backsteinmauern zwischen ihnen, die es einem Bediener des Empfangsgeräts natürlich unmöglich machten, die übertragenen Frequenzen zu hören. Und der empfangende Bediener ermittelte die übertragenen Frequenzen in sechs von neun Tests korrekt. In einem weiteren Experiment mit einem anderen Bediener am Empfangsende wurden sieben von neun korrekt ermittelt.

Dieser Erfolg führte zu einem weiteren Experiment. Das übertragende Instrument wurde zu einem Ort 48 km entfernt gesandt und das Experiment per Telefon überwacht. In diesem Fall ermittelte der empfangende Operator trotz der vergrößerten Entfernung sieben von neun Frequenzen richtig.

Diese Experimente inspirierten die de la Warrs natürlich, nicht nur die von einem Körper als Ganzes ausgestrahlten Knotenpunkte zu messen, sondern auch die eines bestimmten Organs. Und man fand heraus, dass die Knotenpunkte nicht nur durch Krankheiten beeinflusst wurden sondern auch durch mentale Zustände wie Furcht oder Angst. Es wurden auch Experimente mit einfachen Elementen und Verbindungen gemacht; und eine Menge Arbeit wurde in die Konstruktion dreidimensionaler Modelle der 'Gitter' aus durchsichtigen Plastikteilen gesteckt.

Bei einer Gelegenheit wurden die von Bill abgestrahlten Knotenpunkte auf eine riesige Tafel gezeichnet, die über eine ganze Wand reichte, wobei seine Frau den Detektor bediente. Der Autor fand aber keine Hinweise darauf, dass je versucht wurde, menschliche Knotenpunkte über eine große Entfernung hin zu messen. Vielleicht wird ein späterer Forscher diesen Versuch machen.

Diese Experimente haben gegenwärtig eine eher theoretische als praktische Bedeutung. Aber in der Zukunft könnten sie gut den Weg zu einigen bemerkenswerten Entdeckungen weisen.

In der Zwischenzeit dienen sie nicht nur als weitere Illustration von Bills Erfindungsgabe, sondern auch von seinem unermüdlichen Streben, jede mögliche Spur zu einem besseren Verständnis des Radionikphänomens zu verfolgen.

5

Solche weit hergeholten Experimente sollten beim Leser nicht den Eindruck erwecken, dass die de la Warrs idealistische Träumer waren. Ganz im Gegenteil; obwohl ihre Vorstellungen oft hochfliegend waren, standen sie mit beiden Füßen fest auf dem Boden. Und wenn sie auch das riesige Feld der Radionik schätzten, waren sie sich ständig der praktischen Begrenzungen bewusst.

Sie glaubten, dass jedes Problem, das vom menschlichen Geist aufgeworfen werden kann, theoretisch auch vom menschlichen Geist durch kluge Verwendung des Diagnoseinstruments lösbar sein sollte. Aber mit ihrer langen Erfahrung in der Radionikpraxis waren sie immer bemüht herauszustellen, dass das Diagnoseinstrument nicht besser als dessen Bediener sei, genau so wie ein Computer nicht besser sein kann als sein Programmierer.

Um das Diagnoseinstrument vom medizinischen Standpunkt aus erfolgreich bedienen zu können, muss der Anwender genug Wissen – oder Zugang zu Wissen – über Anatomie und Physiologie und auch Wissen über seinen Patienten haben, um die richtigen Fragen stellen zu können. Für die Arbeit mit Tieren oder in der Landwirtschaft muss es natürlich entsprechendes Wissen sein. Weil der Detektor nur mit 'Ja' oder 'Nein' antworten kann, müssen die Fragen im Geist so präzise wie möglich formuliert werden. Der Anwender muss sich auch darüber klar sein, dass die meisten Krankheiten oder Defizite

– bei Menschen, Tieren oder Pflanzen –, oftmals mehr als eine Ursache haben: er muss fähig und willens sein, diese alle aufzuspüren.

Ein guter Radioniker muss sich auch über die Begrenzungen der Radionikbehandlung und über die Tatsache klar sein, dass sie in einigen Fällen nicht schnell genug wirken kann, um dem Patienten zu helfen. Wenn er zum Beispiel eine starke Infektion beim Patienten feststellt, sollte er ihn zum Arzt schicken und Antibiotika verschreiben lassen. Oder wenn er feststellt, sagen wir, dass ein Teil des Rückgrats verschoben ist, dann sollte er den Patienten zu einem Osteopathen schicken.

Beim Training vieler Leute in der Verwendung von Radionikgeräten hat Marjorie de la Warr über die Jahre immer betont, dass das einzige Ziel des Anwenders ist, den Patienten mit der schnellsten und am besten angemessenen Behandlung gesund zu bekommen, sei es mit Radionik oder mit etwas anderem. Und in einem Aufsatz, den sie vor einigen Jahren veröffentlichte – zu lang, um ihn hier wiederzugeben – werden ausgezeichnete, allgemein verständliche Anweisungen an den Möchtegern-Anwender gegeben, die von der Notwendigkeit der Aufnahme einer sorgfältigen Krankengeschichte des Patienten bis zur Aufbewahrung gut organisierter Unterlagen reichen.

Ihre eigenen gut organisierten Unterlagen in ihrem attraktiven, gut geführten Büro und im Archiv enthalten Berichte von vielen Tausenden von Erfolgen in den vielen Jahren in ihrer Praxis, zweifellos auch Berichte über einige Misserfolge, wie in jeder Arztpraxis. In den Veröffentlichungen der Laboratorien und in den Büchern von Langston Day werden einige der erfolgreichen Diagnosen und Behandlungen geschildert – natürlich ohne Namen zu nennen –, hauptsächlich um einige technische Punkte zu veranschaulichen.

Heute ist die Radionik in England so gut etabliert und bekannt, dass sie ihre Erfolge nicht gründlicher katalogisieren muss als die englische Medizin. Deshalb sei dem Leser eine unappetitliche Liste von Dingen aus dem Inneren von anonymen Fremden erspart, denen die Radionik helfen konnte.

Über einen wichtigen Aspekt der Radionik, auf welchen die veröffentlichten Bücher und Aufsätze vielleicht zu wenig Betonung legen, sollte jedoch berichtet werden – und zwar über ihre großen *prophylaktischen Möglichkeiten*.

Wie wir gerade festgestellt haben, ist die Radionik mit dem Präphysischen - oder vielleicht Prä-präphysischen – Zustand lebender Formen befasst; und es ist dieser Zustand, aus dem die meisten Erkrankungen her stammen. Anhand von abnormalen Spannungsmustern in L-Feldern ist es zum Beispiel manchmal möglich, Krebs festzustellen, bevor ein *körperliches* Symptom auftritt.

Wenn sich dann Schwäche oder Abnormitäten in den präphysischen Zuständen messen und korrigieren lassen, bevor sie irgend ein körperliches Symptom erzeugen konnten, werden sich letztere vielleicht gar nicht mehr entwickeln. Mit anderen Worten, der logische Ort, nach Krankheiten zu suchen – und sie zu attackieren – ist in den präphysischen Zuständen, bevor sie eine Chance haben, eine physische Form anzunehmen.

Prophylaktische Diagnose und Behandlung des Präphysischen ist deshalb eine der wertvollsten Eigenschaften der Radionik, wie das den meisten Anwendern klar ist. Es ist für sie aber offensichtlich schwierig nachzuweisen, dass sie unsichtbare Probleme verhütet haben, die nie in körperlicher Form vorkamen. Zwei Fälle können von dem oben erwähnten Aufsatz zitiert werden:

Wir haben herausgefunden, dass prophylaktische Radionik unter gewissen Umständen sehr effektiv sein kann. Es ist natürlich notwendig zu verstehen, was als präventiv angesehen werden kann. Zum Beispiel ist es nicht logisch anzunehmen, dass bei Behandlung eines bestimmten Individuums zur Erhaltung des Herzens auf einem konstanten Niveau der Patient niemals eine Form von Fehlfunktion oder Schwäche des Herzens aufweisen wird.

Nützlich ist sie bei der Aufrechterhaltung der allgemeinen Konstitution des menschlichen oder tierischen Körpers gegenüber gewissen Zuständen, die als Folge von Ernährungsdefiziten oder fehlerhafter Blutzusammensetzung entstehen können. Sie hat sich daher als besonders wirksam erwiesen, eine Familie, die aus Mutter, Vater und vier Kindern unterschiedlichen Alters bestand, über einen Zeitraum von 14 Monaten von Erkältung frei zu halten, wenn in einer solchen Familie üblicherweise in jedem Winter mindestens vier von sechs Familienmitgliedern mit Erkältung darniederlagen.

Der Fall für prophylaktische Behandlung bei Tieren wurde ebenfalls in der Praxis von Frau de la Warr gezeigt, speziell bei Husk[78] bei Kühen. Diese Krankheitsform ist zu bestimmten Zeiten im Jahr in speziellen Distrikten sehr verbreitet. In einem Fall wurde eine Herde von 124 Tieren während eines Zeitraums, in dem nach Farmaufzeichnungen mindestens die Hälfte der Tiere damit hätten infiziert sein müssen, fast gänzlich von Husk frei gehalten.

78 Siehe Fußnote 73 auf Seite 213

Dies mag eine so gute Stelle sein wie jede andere, um eine weitere Eigenschaft der Radionik zu erwähnen, obwohl die de la Warrs nur wenig Beziehung dazu hatten. Dies ist ihr Wert bei der Behandlung mentaler Zustände, für die – viel zu oft – mit anderen Mitteln nur wenig getan werden kann.

Wie der Leser erkannt haben wird, ist die Radionik eine Manifestation der mysteriösen Kräfte des Geists. Daraus folgt dann, dass sie oft einzigartig hilfreich bei der Behandlung abnormaler mentaler Zustände sein kann, denn sie kann sozusagen solche Probleme direkt angreifen. Wenn sie helfen kann, kann sie das manchmal ziemlich schnell, denn mentale Zustände sind radionischer Behandlung wahrscheinlich noch mehr zugänglich als physische Defekte.

Einige Fälle mentaler Schwierigkeiten haben einen rein körperlichen Grund, welchen die Radionik schnell feststellen kann. Ein Ärztefreund des Autors zum Beispiel brachte ihm ein Blutmuster eines Patienten, der mentale Probleme angab, und bat ihn, versuchshalber den Patienten auf einen vermuteten Hirntumor zu überprüfen. Obwohl nur Amateur, kostete es den Autor mit Hilfe des Arztes nur ein paar Minuten für die Entdeckung, dass der Patient keinen Hirntumor hatte, sondern an Problemen der Wirbelsäule und einem gebrochenen Steißbein litt. Dies, so der Arzt, könnte die Ursache für die mentalen Symptome des Patienten sein; und später konnte er die Genauigkeit der Diagnose bestätigen.

Weil dieser Patient bereits bei anderen Ärzten und auch Psychiatern gewesen war, von denen keiner den Zustand der Wirbelsäule bemerkt hatte, fragte sich der Autor seitdem, wie viele 'mentale' Erkrankungen eine physische Ursache haben, welche die Radionik schnell entdecken könnte.

Eines Tages wird die Radionik vielleicht helfen können – sowohl direkt als auch indirekt –, die Not vieler unglücklicher Insassen unserer überbelegten Nervenkliniken zu lindern.

6

Im Jahr 1960 mussten die de la Warrs einen Prozess durchstehen, der ihre Arbeit ernsthaft zerschlug und sie finanziell beinahe ruinierte.

Diese Aktion im *High Court of Justice*[79], *Queens Bench Division*, wurde von einem Fräulein Philips gegen Bill angestrengt, die behauptete, dass er sie beim Verkauf eines Diagnoseinstruments betrogen hätte. Sie behauptete auch, dass er aus ihr, einer gesunden Optimistin, eine frustrierte Neurotikerin gemacht hätte; dass Bill ein Anwender der Pseudowissenschaft Radionik sei und nicht geglaubt haben könnte, dass sie das an sie verkaufte Instrument bedienen könne.

Sie gab zu, dass sie Bills Angebot, das Instrument zurückzunehmen und ihr Geld zurück zu erstatten, abgelehnt hatte. Stattdessen hielt sie an ihrer Aktion fest, 'die ganz offen von einem Teil des Medizinerberufs unterstützt wurde', wie Richter Christmas Humphreys schrieb. Und jemand, der im Gerichtssaal dabei gewesen war, erzählte dem Autor, dass 'sieben Ärzte ihr in den Nacken geschnaubt hätten.'

Dieser Fall – eine Erinnerung an die medizinische Verfolgung von Ruth Drown – wurde von der Presse vollständig wiedergegeben und wurde von Langston Day wunderbar zusam-

79 Justizpalast

mengefasst[80]. Deshalb braucht es hier nur eine kurze Erwähnung.

Obwohl dieser kostspielige Fall die de la Warrs nahe an den Bankrott brachte, taten die Klägerin und ihre Rückendeckung der Radionik einen doppelten Gefallen:

Als Erstes wurden die Ehrenhaftigkeit und die Herzlichkeit der de la Warrs im obersten Gerichtshof öffentlich gemacht, denn Richter Davies verwarf jeden Betrugsverdacht.

Zweitens machte eine eindrucksvolle Reihe von distinguierten Zeugen Aussagen zu Bills Verteidigung und bezeugte öffentlich den Wert der Radionik. Unter diesen Zeugen war eine Anzahl qualifizierter Ärzte, die selbst Bills Instrumente benutzt hatten, Wissenschaftler, Physiker, Tierärzte und andere – ein imposantes Bild von Talent und Integrität, bereit zu Bills öffentlicher Unterstützung. Alle sprachen anerkennend über die Effizienz des Diagnoseinstruments.

Alle fair gesinnten Leute, welche die Berichte des Prozesses lasen, müssen deshalb von den de la Warrs und ihrer Arbeit positiv beeindruckt gewesen sein; und es ist wahrscheinlich, dass der Fall dabei half, neues sympathisches Interesse an der Radionik zu wecken. Wenn die Anstifter dieser Veranstaltung gehofft hatten, die de la Warrs und die Radionik zu vernichten, so war ihr Schuss nach hinten losgegangen.

In dieser Hinsicht war der Fall dem Versuch einiger wütender amerikanischer Akademiker ziemlich ähnlich, die Theorien von Dr. Immanuel Velikovsky zu unterdrücken – ein unbedachtes Manöver, das schließlich sogar größeres Interesse an dessen Arbeit hervorrief und tausende der jüngeren Generation veranlasste, ihn zu unterstützen.

---

80 Langston Day in Zusammenarbeit mit George de la Warr, 'Matter in the Making', 1966

Der (spätere) Richter Christmas Humphreys, ruhig, liebenswürdig und durchdringend, war Anwalt der Verteidigung. Er war nicht nur ein brillanter Anwalt, sondern wusste als Präsident der Englischen Buddhistischen Gesellschaft und in den alten Wissenschaften bewandert auch besser als jeder andere im Gerichtssaal über die philosophischen Implikationen der Arbeit der de la Warrs Bescheid.

Fräulein Philips' Anwalt war Herr Karmel, ein Mitglied der Aufsichtsbehörde für den Boxsport, der stark auf solche forensischen Tricks wie Sarkasmus, Spott und Verwirrungsversuche baute. Diese Techniken schüchterten die de la Warrs oder deren Tochter Diana nicht ein; und solche Zeugen wie Luftmarschall Sir Victor Goddard konnten es leicht mit ihm aufnehmen.

In seiner dreistündigen Zusammenfassung zu Bills Gunsten zeigte Richter Davies lebhaftes Interesse an dem Fall und dass er eine ziemlich bemerkenswerte Beherrschung dieses ungewohnten Themas erlangt hatte.

Der Anwalt der Klägerin zog den Fall mit Nebensächlichkeiten und Ablenkungsmanövern in die Länge; und jeder weitere Prozesstag – er zog sich über 12 Tage – bedeutete einen weiteren Verlust für die Finanzen der de la Warrs, denn sie konnten die Kosten von Fräulein Philips nicht beitreiben, die der Richter ihnen zugesprochen hatte. Durch eine Vorschrift des britischen Rechts zu dieser Zeit musste Bill seine eigenen Auslagen tragen – die sich auf £ 10.000 beliefen –, denn Fräulein Philips hatte Armenrecht in Anspruch genommen und konnte sie nicht bezahlen.

Dieser Fall half schließlich dazu, das Parlament zu einer Änderung dieses Gesetzes zu bewegen, das zahlreichen unbegründeten und schikanösen Prozessen Vorschub geleistet haben muss. Aber für die de la Warrs war die Abänderung leider nicht rückwirkend. Bill hatte daher nur wenig davon, dass sein teurer Sieg dabei half, in Zukunft andere vor ähnlichem finanziellen Unrecht zu schützen.

7

Mit großem Mut und großer Hingabe und mit der Hilfe von Freunden vermieden die de la Warrs den Bankrott, indem sie etwas Eigentum verkauften und ihre Hypothek bis zum Limit erhöhten. Aber die lange Belastung und die Angst hatten Bill altern lassen und es war nur der Hilfe seiner eigenen Radionikbehandlung zu verdanken, dass er weiter machen konnte.

Obwohl er etwas von seinem Schwung verloren hatte, konnte nichts seinen erfinderischen Scharfsinn unterdrücken – wir haben bereits gesehen, wie er eine neue Idee im Gerichtssaal hatte. Er kehrte also bald zu seinen Forschungen zurück, von denen einige bereits beschrieben worden sind, während Marjorie ihre erfolgreiche Praxis fortführte.

Wie in einem früheren Kapitel angemerkt, kann diese kurze Schilderung nur die Höhepunkte von Bills Forschungen und Entdeckungen bringen. Es würde einige Bücher benötigen, um mehr als 20 Jahre intensiver Forschung adäquat zu beschreiben.

In deren Verlauf entwickelte Bill natürlich einige faszinierende und scharfsinnige Theorien und Hypothesen, um die bemerkenswerten Phänomene, die er studierte, zu erklären. Obwohl diese auf diesen Seiten nicht zusammen gefasst werden können, sind viele von ihnen in den Büchern von Langston Day und den Veröffentlichungen der Laboratorien enthalten, die dem ernsthaften Studenten der Radionik alle ans Herz gelegt werden[81].

Fast neun Jahre lang machte Bill nach seinem Prozess mit nur wenig vermindertem Schwung weiter, bis er 1969 starb. Aber mit der ihr eigenen Courage setzt Marjorie de la Warr – „überragend in ihrer eigenen Diagnose und Behandlung auf der präphysischen Ebene eines weiten Bereichs der menschlichen und tierischen Leiden“, - um Richter Christmas Humphreys zu zitieren – ihre Arbeit fort, wie Bill es gewünscht hätte.

Seine herausragende Stellung in der Geschichte der Radionik ist unerschütterlich und, um Richter Humphreys erneut zu zitieren, „Die Inspiration von George de la Warr wird nicht aufhören, auch wenn er nicht länger unter uns weilt.“

---

81 Anm. d. Red.: Die Bücher von Langston Day gibt es nur noch höchst selten antiquarisch, die Veröffentlichungen der Laboratorien werden in verschiedenen Büchern – voraussichtlich 2005 und 2006 – im Radionik Verlag erscheinen.

Kapitel Acht

Der neue Beruf

... in Aufrichtigkeit und Ehre werdet ihr euer Leben führen und eure Kunst ausüben; so dass, in welches Haus ihr auch tretet, es zum Wohle der Kranken sei nach euren besten Kräften, während ihr euch fern haltet von Unrecht, Verderbtheit und davon, andere zum Laster zu verleiten ...

Hippokratischer Eid

1

Am 27. Februar 1960 unterzeichneten elf englische Männer und Frauen, einschließlich der de la Warrs, ein Memorandum der Gesellschaft *The Radionic Association Limited*. Am 30. März ließen sie als ursprüngliche Unterzeichner eine Gesellschaft dieses Namens unter dem *British Companies Act* von 1948 eintragen.

Das machte keine Schlagzeilen und verursachte in England keine Welle des Interesses, obwohl der Vorgang und das Datum tatsächlich historisch waren. Die Bildung der *Radionic Association* kann als *offizieller* Geburtstag eines neuen Berufes – des Radionik Praktikers – betrachtet werden.

The Radionic Association of Great Britain hat als nicht eingetragene Gesellschaft seit 1943 mit ähnlichen Arbeitsregeln existiert, doch war der Zusammenschluss der *Radionic Association Ltd.* der erste Schritt, um Radionik mit dem legalen Status eines *selbstregulierenden Berufes* einzurichten.

Dies wird durch die Ziele der Gesellschaft gezeigt, aus denen die folgenden Auszüge stammen:

1. Das Studium und die Entwicklung auf dem Gebiet des Wissens, bezeichnet durch die Beschreibung 'Die Physik des primären Zustands der Materie', zu fördern, anzuregen, vorwärts zu bringen und zu unterstützen.
2. Die allgemeine Anerkennung und Akzeptanz der Radionik als Wissenschaft sicherzustellen...
6. Durch Prüfung oder auf andere Weise Personen zu testen, die in irgendeinem Zweig der Radionik tätig sind oder dies vorhaben, sowie Zertifikate zu vergeben und Zuschüsse, Prämien und andere Spenden einzurichten....
9. Den Standard beruflicher Kompetenz sowie das Verhalten der qualifizierten Mitglieder zu erhalten und zu verbessern, ehrbare Praxis zu fördern, Pfuscherei zu unterbinden und Fragen beruflicher Gepflogenheiten, den Umgang oder die Höflichkeit zwischen Radionik Praktikern sowie untereinander zu regeln.

In den Artikeln des Gesellschaftsverbands sind drei Mitgliedsklassen eingerichtet:

a. qualifizierte Mitglieder
b. assoziierte Mitglieder
c. Ehrenmitglieder und Mitglieder
   Qualifizierte Mitglieder wurden in drei Kategorien unterteilt: Ehrenmitglieder, Mitglieder und Lizenziaten.

Durch die Artikel wurden strenge Regeln niedergelegt, um sicherzustellen, dass nur angemessen qualifizierte Leute für diese drei Kategorien ausgewählt werden konnten. Und 'keinem assoziierten Mitglied soll erlaubt werden, sich selbst gegenüber der Öffentlichkeit als Radionik Praktiker auszugeben.'

Vom Zeitpunkt des Eintrags der Gesellschaft an trat die Radionik offiziell in eine neue Phase ihrer Existenz.

2

Wie seine Förderer sich immer klar gemacht hatten, war ein Berufsverband wesentlich, wenn die Radionik das Vertrauen der Öffentlichkeit behalten sollte, weil die Gefahr bestand, dass die Radionik durch gewissenlose Leute ausgebeutet werden und außer Kontrolle kommen könnte.

Obwohl die de la Warrs ihr Äußerstes taten, um sicherzustellen, dass nur kompetente und verantwortliche Leute ihre Instrumente kaufen konnten, wie Abrams es getan hatte, konnten sie nichts tun, späteren Missbrauch durch diejenigen zu verhindern, deren Begeisterung sie von ihrer Besonnenheit oder manchmal von ihrer Ethik abbrachte.

Darüber hinaus hatten die de la Warrs kein Monopol auf radionische Instrumente; wir haben gesehen, wie viele Modifikationen der ursprünglichen Instrumente von Abrams in Gebrauch waren. So war es für niemanden schwierig, ein Diagramm in die Hände zu bekommen und irgendeine Art radionisches Instrument zu bauen, das funktionieren würde; und man wird sich erinnern, dass John Campbell nur mit einem Diagramm von Hieronymus' Instrument Ergebnisse erhielt.

Es gab deshalb nichts, um irgend jemanden davon abzuhalten, Hand an die Radionik zu legen, und das durch die de la Warrs erweckte Interesse ermutigte viele das zu tun. Aus diesem Grund war die *Radionic Association* wichtig.

Zum Ehrenmitglied kann nur gewählt werden, wer fünf Jahre lang Mitglied war, und nach der Präsentation einer Abschlussarbeit in einem für den Beirat akzeptablen Standard, und nachdem der persönliche Stand den Beirat zufrieden gestellt hat. Mitglieder können nur nach einem Jahr Mitgliedschaft als Lizenziat gewählt werden und nach dem Bestehen einer mündlichen oder schriftlichen Prüfung zur Zufriedenheit des Beirats. Lizenziaten können nur nach dem Bestehen einer Prüfung gewählt werden und nach dem Erhalt eines Befähigungszertifikates in Radionik, das durch eine Radionik-Schule verliehen wurde, die vom Beirat anerkannt ist.

Beispielhafte Standards des Berufsverhaltens werden im Detail in den Artikeln der Gesellschaft ausgeführt, die der Ratsversammlung auch die Macht geben, jedes Mitglied, das ihnen zuwiderhandelt, zu disziplinieren.

Mit einer Blutprobe oder – heute üblicher – Haarprobe ist es möglich, jemanden ohne sein oder ihr Wissen zu behandeln und der Autor kennt zwei Fälle, wo dies mit großem Erfolg getan worden ist. Die Artikel verbieten diese Praxis aber wohlweislich ausgenommen dort, wo die Erlaubnis von Eltern, Vormündern oder nächsten Verwandten erhalten wurde oder bei zeitweiligen Notfällen. Denn die Gesellschaft glaubt, dass diese Praxis die persönliche Freiheit der Wahl verletzt.

Die Gesellschaft gründete 1962 die *Radionische Treuhand*, um Verwaltungsdienste und Trainingseinrichtungen an der Radionikschule bereitzustellen. Dort erfolgt Unterweisung weitgehend auf persönlicher Basis, da Radionik eigentlich nicht als Klassengegenstand gelehrt werden kann, obwohl es beim Seminar etwas Gruppenunterricht gibt.

Eine Untersuchung des Lehrplans zeigt, dass der Unterricht, der an der Schule gegeben wird, sowohl umfassend als auch genau ist. Er deckt nicht nur jeden Aspekt der radionischen Praxis ab, sondern ebenso die Regeln des Berufsverhaltens und das zutreffende Gesetz des Landes. Ein Student muss auch mindestens Grundwissen der Anatomie und Physiologie besitzen und, wenn er es nicht schon hat, muss er Grundwissen in menschlicher Biologie nachweisen, bevor ihm ein Befähigungszertifikat in Radionik verliehen werden kann.

Um dieses zu erhalten, muss er verschiedene Prüfungen ablegen und das Ganze kann 1½ bis 3 Jahre dauern. Nach dem Erhalt des Befähigungszertifikats der Schule kann er sich für die Wahl als Lizenziat bei der Gesellschaft bewerben, was eine weitere mündliche Prüfung mit sich bringt. Nach einem Jahr Praxis unter Aufsicht kann ein Lizenziat sich für die Mitgliedschaft qualifizieren, nachdem er einen zufrieden stellenden Aufsatz abgegeben und auch nachgewiesen hat, dass er weiß, wie die Protokolle eines Falles richtig zu führen sind.

Bei diesem strengen Unterricht und dieser strengen Kontrolle tut die Gesellschaft alles menschlich Mögliche, um professionelle Kompetenz und Führung sicherzustellen. In der Anerkenntnis, dass Radionik keine statische Wissenschaft ist, ermutigt die Gesellschaft zu Forschung und Entwicklung und ist immer bereit, neue Instrumente auszuprobieren. Wenn diese nach Tests als nützlich befunden werden, leitet die *Radionic Association* die Herstellung in die Wege und vermietet die Instrumente an jedes qualifizierte Mitglied der Gesellschaft, das sie verwenden möchte. Der Mietvertrag sorgt dafür, dass die Gesellschaft die Instrumente zurücknehmen kann, wenn der Mieter die Mitgliedschaft der Gesellschaft aufkündigt. Wenn also ein Mieter gegen den Verhaltenskodex der Gesellschaft verstößt, kann die Gesellschaft das Instrument zurückfordern.

Entgegen irgendwelchen älteren, professionellen Körperschaften legt die Gesellschaft keine Mindestbeiträge fest. Ihr Ethikcode weist auch darauf hin, dass niemandem eine Behandlung einfach verweigert werden sollte, nur weil er oder sie arm ist. Mitgliedern ist es deshalb gestattet, ihre Honorare nach den Umständen des Falles mit ihren Patienten auszuhandeln. Die einzige Regel hierbei ist, dass Gebühren, die durch einen Lizenziaten in Rechnung gestellt werden (zur Zeit der Niederschrift), £3 für die eigentliche Analyse und £5 je Monat Behandlung nicht überschreiten dürfen.

Radionikanwender in England müssen mit dem freien *National Health Service*[82] konkurrieren und folglich gibt es sozusagen eine automatische Kontrolle von überhöhten Preisen. Andererseits schreckt der begrenzte Betrag, den der neu qualifizierte Lizenziat verdienen darf, manchmal junge Leute, die Familien zu unterhalten und keine andere Einkommensquelle haben, ab 'den neuen Beruf' zu ergreifen.

3

Abgesehen vom Berufsverhalten gibt es vielleicht einen anderen Grund, um unerwünschte radionische Praktiker auszuschließen, nämlich die Möglichkeit, dass die radionischen Verfahren dazu verwendet werden können, einen bösen Einfluss auszuüben.

Es gibt dazu zwei Gedankenschulen. Einige Radioniker haben immer angenommen, dass die radionischen Verfahren nur für nützliche Zwecke verwendet werden können. Sie behaupten, dass eine radionische Behandlung nur 'gut' sein kann, weil sie bloß danach trachtet, Disharmonie im 'Prä-physischen' zu entfernen und den Patienten mit den 'normalisierenden Kräften der Natur' zu behandeln. Sie kann nicht dazu benutzt werden – davon sind sie überzeugt – zu töten oder zu zerstören.

Andere, nicht weniger aufrichtig, haben eine abweichende Sichtweise. Während sie darin überstimmen, dass Radionik in verantwortlichen und ethischen Händen nur gut sein kann,

82 Nationaler Gesundheitsdienst

meinen sie auch, dass das Potenzial sowohl negativ wie positiv sein muss – wie es einer ausgedrückt hat. Deshalb akzeptieren sie die Möglichkeit, dass radionische Energien für böse Zwecke missbraucht werden können. Sie nehmen an, dass Radionik keine Ausnahme von der Regel ist, dass die meisten natürlichen Phänomene, die der Mensch entdeckt hat – von der Atomenergie bis zu Drogen – sowohl zum Bösen wie zum Guten verwendet werden können.

Diese Praktiker verschließen ihre Augen auch nicht vor der Tatsache, dass einige der Radionik-Techniken, wie die Verwendung von Blutflecken oder Haarproben, nicht zu vergessen die moderne Art des afrikanischen 'Streichorakels', eine unangenehme Ähnlichkeit mit den berichteten Techniken der Medizinmänner oder 'Schwarzmagier' haben. Und es gibt eine Menge gut beglaubigter Berichte, dass Medizinmänner durch ihre Praktiken ihren Feinden schaden oder sie töten können. Diese Praktiker meinen deshalb, dass sie die negativen Möglichkeiten der Radionik nicht ignorieren sollten.

Information, die in den vergangenen Jahren durch den Eisernen Vorhang gesickert ist, hat klar gemacht, dass die sowjetischen Wissenschaftler mit massiver staatlicher Unterstützung dem Westen in der parapsychologischen Forschung und dem Studium verwandter Themen viele Jahre voraus sind. Wir können also sicher sein, dass sie alles über Radionik wissen – wahrscheinlich mehr als wir.

Da sie dafür bekannt sind, diese Forschungen für die Verteidigung und den Geheimdienst zu verwenden, ist es sicher anzunehmen, dass sie nicht zögern werden, sie für offensive Zwecke zu nutzen, *wenn* sie Wege dazu finden.

Auf jeden Fall ist die Radionik nun einmal da und es gibt keine Möglichkeit, ihre Entwicklung aufzuhalten. *Wenn* es also Gefahren in diesem Zweig der Wissenschaft gibt – wie es sie in einigen anderen Zweigen gibt – ist es desto besser, je eher wir 'die Nessel fest greifen, um ihr Brennen zu vermeiden'. Wir müssen alles über Radionik herausfinden, was wir können, und wenn wir herausfinden, dass sie Gefahren enthält, müssen wir sobald wie möglich nach Schutz und Gegenmaßnahmen suchen. Und je mehr Leute es gibt, die über Radionik Bescheid wissen und an ihrem Studium interessiert sind, desto wahrscheinlicher werden wir solche finden.

Was sind die möglichen Gefahren der Radionik? Allgemein gesprochen eine Furcht, dass radionische Techniken dazu verwendet werden könnten, den menschlichen Geist ohne das Wissen ihrer Besitzer zu kontrollieren, weil die Radionik mit den Kräften des Geistes befasst ist.

Wenn diese Gefahr wirklich realistisch ist, müssen wir deswegen keine Angst haben, weil es tatsächlich *bloß ein anderer Aspekt einer Gefahr ist, der wir jeden Tag ausgesetzt sind.*

Denn ob es uns gefällt oder nicht, wir leben in einem Zeitalter 'des Kampfs um den menschlichen Geist' – ein Zeitalter, in dem 'Geisteskonditionierung' durch professionelle 'Mythenschöpfer' alltäglich ist. Moderne Massenmedien haben Propaganda und Werbetechniken die Mittel gegeben, um wie niemals vorher in der Geschichte den Geist von Millionen zu beeinflussen, und oft ist dieses Geistkonditionieren erfolgreich.

Vieles davon ist natürlich harmlos. Werbung mag uns zum Beispiel dazu ermuntern, etwas zu kaufen, wofür wir keinen wirklichen Bedarf haben und was wir uns nicht leisten können – was bloß unsere monatlichen Raten vergrößert.

Aber einiges ist gefährlich. In den letzten fünfzig Jahren haben wir epische Demonstrationen der katastrophalen Wirkung von Geisteskontrolle gesehen. Zuerst gewann die kommunistische Propaganda – unterstützt durch rücksichtslose Macht – die Geisteskontrolle über zahllose angeblich intelligente Leute und versklavte einen großen Teil der menschlichen Rasse. Zweitens beherrschte die Nazipropaganda unter Verwendung der Technik der Großen Lüge die Geister der meisten Deutschen und schlug sich im verheerendsten Krieg der Geschichte nieder.

Im Lichte solcher Beispiele verheerender Wirkungen *bestehender* Methoden der Geisteskontrolle muss jede mögliche Gefahr in der Radionik relativ gering erscheinen, besonders da uns die Radionik überwältigende Vorteile bietet. Wir versagen uns ja auch nicht die Vorteile von Autos wegen des Risikos von Verkehrsunfällen.

Die Radionik kann uns auch etwas über die Potenziale des menschlichen Geistes und der Macht des Gedankens lehren. So kann sie uns helfen, uns vor den Gefahren der menschlichen Geisteskontrolle durch *irgendeine* Technik zu warnen und kann vielleicht einen Schutz aufzeigen, den wir uns zu eigen machen können. Tatsächlich wird einiges im nächsten Abschnitt vorgeschlagen.

Radionikanwender widmen sich natürlich nur den wohltuenden Anwendungen der Radionik für Menschen, Tiere und Landwirtschaft. Sie haben – wenigstens offiziell – nichts mit den möglichen Gefahren oder Gegenmitteln zu tun, obwohl die meisten von ihnen davon wissen. Aber in diesem Zeitalter der 'Geisteskontrolle' sind wir glücklich, diesen neuen Beruf verantwortlicher Männer und Frauen zu haben, die sich der Kräfte des Geistes und anderer feinstofflicher Elemente im Menschen bewusst sind und die unser Wissen über diese lebenswichtigen und lange vernachlässigten Themen vermehren. Denn die zukünftige Gesundheit – wenn nicht das Überleben – unserer Zivilisation kann gut von einem besseren Verständnis dieser Dinge abhängen.

4

Da wir gerade die möglichen Gefahren der Radionik erörtert haben, mag dies eine so gute Gelegenheit sein wie jede andere, Verteidigungsmaßnahmen für den Fall in Betracht zu ziehen, dass sie notwendig sein sollten. Und auch wenn einige Radioniker anderer Meinung sein werden, glaubt der Autor, dass sie einfach sind und auf der Hand liegen.

Sie können zusammengefasst werden, indem wir sagen, dass wir selbst nicht 'den Trottel spielen' sollten. Mit anderen Worten, niemand kann unseren Geist durch Radionik oder andere Mittel beeinflussen – *wenn wir es nicht zulassen.*

Das ist von der Hypnose her – eine Methode der Geistesbeeinflussung – klar, die uns trotz einiger landläufiger Überzeugungen nicht dazu bringen kann, uns konträr zu unserer Natur oder zu unseren Wünschen zu verhalten.

Ein befreundeter Doktor, eine Autorität in der Anwendung der Hypnosebehandlung psychiatrischer Fälle, hat einige der Mythen über Hypnose platzen lassen. „Kannst du mich dahingehend hypnotisieren", fragte der Autor, „das Rauchen aufzugeben?"

„Nein", antwortete der Doktor nachdrücklich. „Nicht, wenn du das Rauchen nicht aufgeben *willst*!"

„Ist irgendeine der Geschichten wahr, die man über Hypnotiseure hört, die Mädchen dazu bringen, sich öffentlich auszuziehen?"

„Sie können das nicht mit Mädchen tun, die von Natur aus anständig sind", antwortete er. „Sie können es nur mit Exhibitionistinnen tun, die nichts dagegen haben, sich vor einem Publikum auszuziehen und die vielleicht sogar einen Nervenkitzel davon bekommen."

Diese unmissverständlichen Aussagen eines hoch qualifizierten medizinischen Hypnotiseurs zeigen, dass andere unseren Geist nicht durch Hypnose beherrschen können, wenn wir es ihnen nicht gestatten.

Können Medizinmänner oder 'schwarze Magier' tun, was westliche Hypnotiseure nicht können? Des Autors Kenntnis dieser Eigenschaften – und Interesse daran – ist minimal, aber er ist überzeugt, dass die gleiche Regel gilt: Sie können uns nicht schaden, wenn wir nicht wollen, dass sie das tun, wenn wir uns nicht vor ihnen fürchten und wenn wir unseren mentalen Schutz aufrechterhalten.

Über einige afrikanische Medizinmänner wird berichtet, dass sie enormes Ansehen haben, und einige einfach gesinnte Afrikaner scheinen fest daran zu glauben, dass sie die Kräfte des Lebens und des Todes handhaben können. So *töten sich* wahrscheinlich diejenigen, die angeblich an der Wirkung der Ausübungen von Medizinmännern sterben, durch blinde Furcht und ein Gefühl der Hilflosigkeit *selbst*. Ihr Tod scheint sozusagen in der gleichen Weise psychosomatisch induziert wie einige Gefangene der Kommunisten eher an Furcht und Hoffnungslosigkeit gestorben sind als an körperlicher Misshandlung.

'Schwarze Magier'? Wenige von uns werden wahrscheinlich in die Verlegenheit geraten, einem zu begegnen, aber wenn doch, scheint es keinen Grund zu geben zu glauben, dass sie mehr tun können als Hypnotiseure, außer wir nehmen sie ernst oder fürchten uns vor ihnen. *Wenn* also dem so ist, wie einige nahe legen, dass 'schwarze Magie' die Kehrseite der Radionik ist, dann sollte eine positiv-heitere und gelassene Geisteshaltung eine vollkommene Verteidigung sein.

Wie früher angedeutet, sind bestehende Techniken der 'Geisteskonditionierung' wahrscheinlich gefährlicher als irgendetwas, dass mögliche Verderber der Radionik ersinnen können. Aber wir können uns gegen diese ebenso gut verteidigen, wenn wir uns ihre Existenz klar machen und ihnen verweigern, auf uns einzuwirken.

Die Furcht ist die Achillesferse, auf die wir Acht geben müssen. Denn mit unserer Furcht zu spielen, ist eine der wirkungsvollsten Lieblingstechniken der Geisteskonditionierer und Mythenschöpfer aller Art, sowie ohne Zweifel auch der afrikanischen Medizinmänner.

In einem anderen Zusammenhang wies Präsident Franklin D. Roosevelt auf diese Gefahr und ihr Gegenmittel in seiner denkwürdigen Redewendung hin: „Das Einzige, was wir fürchten müssen, ist die Furcht selbst."

Diese Wahrheit lässt sich natürlich auch auf persönliche Ängste anwenden, mit denen Radionikpraktiker manchmal zu tun haben, weil sie sich der Wirkungen besonders bewusst sind, die der Geist auf den Körper ausüben kann. Einige glauben zum Beispiel, dass Furcht vor Krebs dazu beiträgt, Krebs hervorzurufen. Und weil die Radionik sowohl dem Geist als auch dem Körper helfen kann, ist sie besonders wirkungsvoll dabei, die persönlichen Ängste des Individuums zu mindern, ob deren Ursache nun rein emotional oder teilweise körperlich ist.

Die Radionik bietet uns auch Anhaltspunkte zur Lösung eines anderen Problems, in das Furcht manchmal verwickelt ist:

Nicht viele von uns sind das Feindobjekt eines Medizinmannes oder eines 'Schwarzmagiers', aber nur wenige von uns können durch das Leben gehen – besonders dann, wenn wir leitende Positionen innehaben – ohne Hass oder Neid zu erregen, auch wenn dies nicht unser Fehler sein mag. Dies führt zu der Frage: da der Gedanke eine machtvolle Kraft ist, können uns die zornigen oder rachsüchtigen *Gedanken* anderer schaden – ganz unabhängig von irgendwelchen Handlungen, die sie unternehmen könnten, um 'sich zu rächen'?

Die Radionik gibt uns zwei Argumente, warum wir nicht über die Gedanken anderer besorgt sein müssen und warum sie nicht auf uns einwirken können, wenn wir es nicht zulassen. Das erste ist, dass der Patient Widerstand leisten und sogar die nützlichen Kräfte der Radionik zunichte machen kann, wenn er das will. Das ist der Grund, warum Tiere, die der Radionikbehandlung keinen Widerstand entgegensetzen, manchmal bessere Patienten sind als Menschen, wie wir gesehen haben.

Das zweite Argument ist, dass jedes Individuum verschieden ist und genaues 'Einstimmen' – durch welches Instrument oder Gerät auch immer – und ein individueller 'Schlüssel' erforderlich sind, um es radionisch zu behandeln. Mit anderen Worten, jeder von uns hat sozusagen seine individuelle 'Gedankenwellenlänge' und die Gedanken anderer können nicht auf uns einwirken, wenn sie von unterschiedlicher 'Wellenlänge' sind.

Angenommen, unsere *Motive* waren angemessen und wir haben die Wut anderer aus irgendeinem guten Grund erregt, ohne wütend oder rachsüchtig gehandelt zu haben, dann sind wir auf einer unterschiedlichen 'Wellenlänge' und Gedanken des Ärgers anderer können unsere 'Empfangsvorrichtung' nicht berühren und uns deshalb nicht schaden. Kurzum, wir haben gar nichts von den Gedanken anderer zu fürchten, *wenn* unsere Motive solide sind und wenn wir uns weigern, uns auf deren 'Wellenlänge' einzustimmen.

Wenn das nicht so wäre, müssten ehrenhafte Richter, die oft wütende Kriminelle zu bestrafen haben, oder gewissenhafte leitende Angestellte, die nachtragenden Unfähigen kündigen müssen, durch die Gedanken, die zu erregen ihre Pflichten sie zwingen, an ernsten 'psychosomatischen' Konsequenzen leiden. Offensichtlich passiert das, wenn überhaupt, selten. Die meisten Richter leben glücklich bis zu einem reifen Alter, und wenn Geschäftsleiter dazu neigen, kurz nach dem 'goldenen Handschlag' zu sterben, geschieht das nicht deswegen, weil sie im Verlauf ihrer Karrieren einer Menge Leute kündigen mussten, sondern gewöhnlich deshalb, weil sie sich selbst zu hart ran genommen haben und die plötzliche Rückwirkung der Untätigkeit für ihre Körper zu viel ist.

Gesunde Motive und Selbstvertrauen sind also ein vollkommener Schutz gegen die Gedanken, wenn auch nicht notwendigerweise gegen die Handlungen unserer persönlichen Feinde.

All dies wurde übrigens treffend, wenn auch unwissentlich durch Tennysons selbstgefällige und wahrscheinlich optimistische Bemerkung zusammengefasst, die er Sir Galahad zuschrieb:

Meine Stärke ist wie die Stärke von zehn,
Weil mein Herz rein ist.

Obwohl wir nicht hoffen können, es dem unglaublichen Sir Galahad gleichzutun, so haben wir doch gegen die Gedanken anderer eine effektive Verteidigung, wenn wir uns die Mühe machen, sie anzuwenden.

5

Während sie sich immer auf ihren Hauptzweck - die Förderung des Radionikerberufs - konzentrierte, hat die *Radionic Association* engen und freundlichen Kontakt mit denen unterhalten, die in anderen unorthodoxen Formen des Heilens wie 'Naturtherapie' oder dem so genannten geistigen Heilen engagiert sind. Ihre Tagungen und Publikationen wurden deshalb bald ein Forum für die Ansichten vieler, die an neuen – oder alten – Methoden des Heilens interessiert waren, ob sie sich nun direkt für Radionik interessierten oder nicht.

Diese Politik förderte einen Fluss von Ideen und Theorien – der immer noch anhält – in ziemlich unverdaulichen Mengen. Und es wird wahrscheinlich einige Zeit dauern, bis dies alles aufgenommen und eine umfassende Theorie formuliert ist, die alle Formen nicht orthodoxen Heilens einschließt.

Mitglieder der Gesellschaft sind auch Homöopathen und Chiropraktiker, von denen einige Radionik in Verbindung mit ihren praktizierten Methoden verwenden. Einige Homöopathen finden zum Beispiel Radionik zur Auswahl passender Heilmittel nützlich. Einige Radionikanwender ergänzen die Radionikbehandlung mit homöopathischen Verschreibungen. Enge Beziehungen wurden auch mit denen hergestellt, die an Radiästhesie oder Pendeln interessiert sind, weil, wie die Gesellschaft in einem erklärenden Merkblatt aussagt:

> Die besondere Form der bei Radionik benutzten außersinnlichen Wahrnehmung (ASW) ist vielfach als die radiästhetische Fähigkeit bekannt. Das Wort 'Radiästhesie' ist von 'Radiesthesia' abgeleitet, die anglisierte Form des französischen *Radiesthesie*, was den Gebrauch eines Pendels bedeutet (das heißt eine Spule am Ende eines Fadens), um Informationen zu erhalten, auf die der bewusste Geist keinen Zugriff hat.
>
> Ein Radiästhet erwirbt seine Information durch das Stellen der Frage, zu der er die Antwort zu wissen wünscht, und durch Beobachtung, ob die Antwort - entsprechend der Art oder Richtung des Pendelschwungs – ja oder nein ist.

Ein Radionikanwender arbeitet ganz genauso, außer dass er einen etwas kunstvolleren Apparat als ein Pendel zur Registrierung seiner zustimmenden und ablehnenden Antworten benutzt. Es sind tatsächlich im wesentlichen die Natur des verwendeten Apparats und die Zwecke, zu denen die ASW-Fähigkeit gebraucht wird, die die Radionik von den nahe verwandten Techniken des Pendelns und der Radiästhesie unterscheiden.

Die Radionikanalyse wird tatsächlich manchmal kurz als 'eine Instrumentenform der Radiästhesie' definiert. Und heute verwenden einige Radionikanwender lieber ein Pendel als den Gummidetektor. Sie behaupten, dass das Pendel leichter zu verwenden ist, wenn man sich einmal die Kunst durch Übung angeeignet hat.

Dieses freimütige Anerkennen durch die Gesellschaft, dass die radiästhetische Fähigkeit die Grundlage von Radionik ist, wurde wahrscheinlich durch die Arbeit einiger Wissenschaftler besonders in Frankreich und der UdSSR unterstützt. Während es verfrüht wäre, zu sagen, dass das Pendeln im Westen inzwischen wissenschaftlich 'angesehen' ist, haben einige achtbare Wissenschaftler sich davon überzeugt, dass das Pendeln ein echtes Phänomen ist, sogar trotz der Tatsache, dass sie die Erklärung noch nicht kennen.

Professor Rocard von der wissenschaftlichen Fakultät an der Universität von Paris und Direktor des Physiklabors an der *Ecole Normale Superieure* veröffentlichte zum Beispiel 1962 ein Buch, das einige sorgfältige Experimente beschreibt, bei denen herausgefunden wurde, dass ein signifikanter Bruchteil der Leute beim Handhaben der traditionellen gegabelten Haselrute künstlich erzeugte Magnetfelder wahrnehmen konnten.

In ihrem bemerkenswerten Buch haben auch Sheila Ostrander und Lynn Schroeder berichtet, dass das Pendeln in der UdSSR ein legitimes Feld wissenschaftlichen Studiums ist. Sie zitieren den Präsidenten der geologischen Abteilung der Moskauer Staatsuniversität, der aussagt, dass die Sowjets vor dem Durchbruch der Entdeckung der wissenschaftlichen Grundlage des Pendelns stehen.

Die Gesellschaft hat durch ihr beharrliches Flaggezeigen am radiästhetischen Mast tatsächlich klar gemacht, dass der neue Beruf der Wissenschaft voraus ist; er wendet bereits Phänomene an, deren Realität die Wissenschaft, leise aber beständig, erst zu würdigen beginnt.

Wenn einige Leser dieses Thema immer noch verfolgen, könnte es sein, dass sie sich mittlerweile ein wenig schwach fühlen. Es mag dann erfrischend und hilfreich sein, über die gegenwärtige Radionikpraxis aufzuklären und einige Auszüge aus dem oben erwähnten Merkblatt der Gesellschaft zu zitieren, welches zusammengestellt wurde, um der Öffentlichkeit eine einfache Erklärung zu liefern.

Nach der Ausführung, wie 'die zwei Konzepte der außersinnlichen Wahrnehmung und der ziemlich ausgefallenen Instrumentierung nach dem Muster von Abrams bewusst zusammengebracht und sowohl zur Diagnose als auch Behandlung von Krankheiten eingesetzt wurden,' beschreibt das Merkblatt im Weiteren den Gummidetektor, verbesserte Instrumente und die Verwendung von Blutmustern von entfernten Patienten. Weiter heißt es darin:

> Wenn ein Radionikpraktiker konsultiert wird, ist es übliche Praxis, dass der Patient, egal wie weit er entfernt sein mag, dem Praktiker einen Blutstropfen auf einem Stück Löschpapier schickt, zusammen mit einer vollständigen Beschreibung seiner Symp-

tome. Der Praktiker stimmt dann seinen Geist auf den Patienten ein und setzt die Schalter auf seinem Diagnoseinstrument in die entsprechenden Positionen, vergleichbar mit der Einstellung oder Einstimmung eines Radios, um eine entfernte Übertragung zu empfangen. Wenn das getan ist, fährt der Praktiker, unterstützt durch sein allgemeines Wissen der Anatomie und Physiologie, fort, in einer methodischen und vorbestimmten Reihenfolge eine Reihe von Fragen über die Krankheitsursachen des Patienten zu stellen, seien sie körperlich oder psychologisch. Indem er diejenigen Fragen notiert, auf die er beim Benutzen des Gummidetektors eine bejahende Antwort erhält, macht der Praktiker dann eine Analyse des Zustandes des Patienten. Eine Radionikanalyse ist nicht das selbe wie eine medizinische Diagnose; der Hauptunterschied besteht darin, dass sich die letztere hauptsächlich damit beschäftigt, die spezielle Krankheit anhand der Symptome des Patienten zu bestimmen, wohingegen die erstere eine Einschätzung der zugrunde liegenden Ursachen ist, welche die Symptome hervorrufen.

Wenn die Analyse komplett ist, projiziert oder überträgt der Praktiker mittels eines radionischen Behandlungsinstruments (wieder mit dem Blutstropfen als Verbindung) die heilenden Einflüsse (wieder ausgedrückt in Form von Verhältnissen oder 'Raten') auf den Patienten, die für ein Ausgleichen und daher eine Neutralisierung der metabolischen oder psychologischen Störungen erforderlich sind, aus denen die Symptome herrühren. Zusätzlich oder alternativ kann er andere Formen der Behandlung, wie Änderungen in der Kost des Patienten, osteopathische Manipulation oder homöopathische oder naturheilkundliche Medizin empfehlen.

Die Radionik, die eine engere Verwandtschaft mit dem so genannten spirituellen Heilen und anderen Formen der natürlichen Therapie hat als mit der allopathischen Medizinwissenschaft, hängt vom Gebrauch einer angeborenen, aber bisher wenig entwickelten Fähigkeit des menschlichen Geistes ab. Ihre Arbeitsweise ist nicht rein mechanisch und ihre Aufmerksamkeit liegt mehr auf dem inneren oder spirituellen Aspekt der natürlichen Ordnung, einschließlich des menschlichen Lebens, als auf dessen oberflächlichem, körperlichem Aspekt. Dennoch, diejenigen, die sie als Mitglied der *Radionic Association* praktizieren, müssen ihre radiästhetische Fähigkeit trainieren und disziplinieren und sie in Verbindung mit ihren Instrumenten in einer methodischen und daher wissenschaftlichen Weise anwenden. So wird manchmal nicht unpassend gesagt, dass die Radionik ein Tätigkeitsfeld darstellt, in dem Physik und Metaphysik, Wissenschaft und Religion sich treffen und miteinander verschmelzen.

Zusätzlich zur Analyse und Behandlung menschlicher Leiden wird Radionik zur Analyse und Behandlung tierischer Leiden, Feldfruchtkrankheiten und Mängeln des Bodens selbst verwendet, aber die Praxis auf diesen Gebieten erfordert natürlich spezielles Training, weil sich die Techniken unterscheiden, während die Prinzipien die gleichen sind.

Gegenstand aller Radionikbehandlung auf jedem Gebiet ist es, für das kranke Wesen unter Behandlung, sei es ein Mensch, ein Tier, eine Pflanze oder

> ein Stück Boden, ein Stadium des dynamischen Gleichgewichts zwischen den natürlichen Kräften, deren greifbarer Ausdruck es ist, wiederherzustellen, so dass es sein volles Potenzial verwirklicht und sich so weit wie möglich dem göttlichen Entwurf annähert, für den eine perfekte Spiegelung zu sein es bestimmt ist.

Es wird bemerkt worden sein, dass die Gesellschaft sorgfältig zwischen einer Radionikanalyse und einer medizinischen Diagnose unterscheidet. Obwohl es gute Gründe dafür gibt, werden vielleicht viele die Unterscheidung nicht schätzen und die 'Diagnose' passender finden. Auf jeden Fall hat der medizinische Stand kein Monopol auf das Wort Diagnose, das heute im Geschäftsleben und in der Industrie oft verwendet wird. So scheint es legitim zu sein, es ebenfalls beim Auffinden von Fehlern im Präphysischen zu benutzen.

6

Da die radiästhetische Fähigkeit eine persönliche Qualität ist, ist es natürlich, dass verschiedene Anwender verschiedene Instrumente benutzen sollten. Einige meinen, dass ihnen die Instrumente von de la Warr oder moderne Varianten am meisten zusagen. Andere bekommen gute Ergebnisse mit den einfachsten Instrumenten, eines von ihnen eine moderne Version von Bill de la Warrs Drahtspiralen. Einige benutzen für verschiedene Zwecke eine Kombination der Instrumente. Ein außergewöhnlich talentierter Radionikpraktiker – dessen Namen nicht zu erwähnen der Autor versprochen hat – kann Berichten zu Folge ohne überhaupt irgendein Instrument diagnostizieren. Denn Instrumente sind bloß Geräte, um die radiästhetische Fähigkeit des Bedieners zu fokussieren oder zu eichen und ein paar wenige Leute können das ohne irgendeine Instrumentenhilfe.

Dies war der Fall bei dem berühmten amerikanischen Seher, dem verstorbenen Edgar Cayce, der einen entfernten Patienten in Trance diagnostizieren und seiner Sekretärin eine vollständige Beschreibung der Krankheit des Patienten sowie deren Ursache diktieren und ebenso Heilmittel verschreiben konnte. Dieser bemerkenswerte Mann, dessen Kraft durch hunderte kompetenter Zeugen bestätigt worden ist, musste nicht durch den ermüdenden Frage- und Antwortprozess gehen, den Radionikpraktiker benutzen müssen.

Augenscheinlich gibt es keine modernen Radionikpraktiker mit Cayces Qualitäten, keiner von ihnen fällt in Trance, wenn er diagnostiziert und keiner von ihnen kann eine Diagnose diktieren, ohne durch die Frage- und Antwortprozedur zu gehen. Aber der Bericht über Edgar Cayce zeigt die Höhen, die die Radionikdiagnose und Behandlung erreichen *kann*. Und es mag sein, dass der Beruf eines Tages einen anderen Cayce hervorbringt.

Obwohl Cayce einzigartig war, kann es kaum einen Zweifel geben, dass medizinische Praxis und Erfahrung bei einigen der besten Ärzte ähnliche Qualitäten entwickeln. Obwohl sie dies vielleicht nicht bewusst wahrnehmen und, sogar wenn sie es tun, zögern es zuzugeben, scheinen einige Ärzte 'instinktiv' zu wissen, was bei ihren Patienten nicht stimmt.

Einer der besten Doktoren, den der Autor jemals gekannt hat, besitzt unzweifelhaft diesen 'Instinkt', lehnt es aber rundweg ab, ihn anzuerkennen. Eine Geschichte, die er dem Autor erzählte, macht jedoch klar, dass er, bewusst oder nicht, irgendeine Form von ASW oder radiästhetischer Qualität in seiner Praxis benutzt:

Nach vielen Monaten Überstunden nahm er einen sehr notwendigen Nachmittag zum Angeln frei. Doch sobald er sein Gerät herausgenommen und seine Frau das Picknick ausgepackt hatte, hatte er eine solch starke Ahnung, dass einer seiner Patienten einen Unfall hatte, dass er widerwillig zusammenpackte und in sein Büro zurückfuhr. Da erfuhr er, dass sein Patient in einen ernsten Unfall verwickelt war und dringend seiner Aufmerksamkeit bedurfte.

Kein Zweifel, hunderte Ärzte haben Ahnungen über ihre Patienten gehabt. Und diejenigen, die sie gehabt haben, werden es nicht so schwer finden, an die Möglichkeiten der Radionik zu glauben.

Wenn sie diese Ahnungen in ihrer medizinischen Praxis nützlich gefunden haben, sind sie vielleicht bereit den Wert der Kooperation mit Radionikpraktikern zu erwägen, wie es tatsächlich schon einige tun, wann immer es eine Chance gegenseitiger Hilfe gibt. Denn es sollte gesagt werden, dass Radionikpraktiker *bewusst* Qualitäten benutzen, die einige gute Ärzte schon *unbewusst* anwenden. Auf diese Weise kann die Radionik offen gesinnten Ärzten helfen, die medizinisch hoch qualifiziert sind, aber zufällig diese Qualität nicht besitzen.

7

Im Juli 1969 stellte sich die Gesellschaft erfolgreich der Herausforderung von Publicity, die sie normalerweise scheut:

Ganz aus eigener Initiative veröffentlichte William Hickey, der viel gelesene Kolumnist des Londoner *Daily Express*, eine Empfehlung für die 'Black Box'. Er beschrieb, wie Commander Ted Lord und sein Sohn David ihre Wiederherstellung der Behandlung durch 'das Burford Centre' zuschrieben – die Geschäftsstelle der Gesellschaft befand sich zu der Zeit in Burford.

Zwei Jahre zuvor, schrieb William Hickey, war der Commander Lord 'ernstlich krank' und 'ein Schatten seines früheren Selbst' gewesen. Aber jetzt war er vollkommen wiederhergestellt und sicher, dass seine Erholung 'von dem Stück Haar stammte, das er abgeschnipselt ... und während der Tage an das Burford Centre geschickt hatte, als er glaubte, dass seine Tage gezählt seien.'

Der Commander Lord kam, um das 'Zentrum' selbst zu sehen und Haarabschnitte seiner Kinder für den Fall dazulassen, dass sie in der Zukunft benötigt würden. Als also sein Sohn David ernstlich an Heuschnupfen erkrankte, telefonierte der Commander Lord mit dem 'Zentrum', um um Hilfe zu bitten. Am nächsten Morgen war Davids Heuschnupfen schon besser und er hatte den Sommer über, nach welchem er nach Südafrika aufbrach, keine weiteren Unannehmlichkeiten.

William Hickeys Bericht - tatsachengetreu, genau und ohne schnippische Kommentare – erzeugte unverzüglich Folgen, obwohl er keine postalische Adresse enthalten hatte. An dem Morgen kamen von überall her telefonische Anfragen und am nächsten Tag strömten, dank des Einfallsreichtums des britischen Postbüros, Briefe herein, wenn auch einige von ihnen bloß an 'Die Black Box, Burford' oder 'Die Professoren, Burford' und so weiter adressiert waren.

Innerhalb kurzer Zeit hatten die Gesellschaft 228 Nachfragen aus ganz Großbritannien und auch aus Übersee erreicht, schlagender Beweis der Popularität von William Hickeys Kolumne und auch für den dringenden Bedarf einiger seiner Leser. Einige Anfrager waren tatsächlich so aufgeregt, dass sie vergaßen ihre Adresse anzugeben und bloß Mitleid erregend 'Bitte hilf mir. Sam' oder 'Ich bin verzweifelt. Ethel.' schrieben.

Diese Hilfegesuche konnten nicht ignoriert werden und Frau Elizabeth Baerlein, zu der Zeit Vorsitzende der Gesellschaft, und ihre Kollegen schritten zur Tat. Jeder Brief mit einer Rückadresse wurde durch die Sekretärin der Gesellschaft beantwortet und Frau Baerlein selbst, mit den Briefen vor sich, wählte geeignete Praktiker radionisch aus, an die der Anfrager verwiesen wurde. Diese Praktiker überprüften im Gegenzug die Briefe radionisch, um zu bestimmen, ob sie helfen konnten und in einigen Fällen entschieden sie, dass sie es nicht konnten.

Im Ganzen wurden 189 Patienten an die 18 kooperierenden Praktiker überwiesen, die direkt an die betreffenden Personen schrieben, 100 von ihnen antworteten. Von diesen begannen 93 die Radionikbehandlung.

Ende Januar 1971 prüfte die Gesellschaft sorgfältig die Ergebnisse der Behandlung und leitete die folgende Statistik ab:

erfolgreich behandelt 23	noch in Behandlung 25
keine Verbesserung 20	teilweise erfolgreich 17

keine statistische Angabe 8

Es ist fair anzunehmen, dass viele dieser Patienten schwierige Fälle waren, deren Probleme normaler medizinischer Behandlung nicht zugänglich waren, denn sonst hätten sie sich nicht bemüht, nach Burford zu schreiben oder die Radionikbehandlung zu akzeptieren.

In ihrem Bericht an die Mitglieder erläutert die Gesellschaft:

> Diese Zahlen werden als extrem eindrucksvoll angesehen, denn sie zeigen eine Erfolgsquote von mehr als 25%. Es sollte bedacht werden, dass kein Nachfrager mehr über Radionik oder 'die Box' wusste als das, was in William Hickey's Kolumne erschienen war und keiner von ihnen durch Freunde oder Verwandte mit Radionikerfahrung beein-

flusst war. Die Nachfrager gingen daher ganz unvoreingenommen und völlig freiwillig an die radionische Behandlung heran, was den Zahlen möglicherweise sogar eine noch größere Bedeutung gibt.

Obwohl diese Herausforderung von der Gesellschaft nicht gesucht wurde, macht der Erfolg, mit dem sie sich ihr stellte, eines der bedeutendsten Experimente in der ganzen Geschichte der Radionik aus.

Kapitel Neun

Ein Muster zeigt sich

Alle Dinge begannen in Ordnung, so werden sie enden und so beginnen sie wieder, gemäß dem Verfüger der Ordnung und der mystischen Mathematik der Himmelsstadt.

Sir Thomas Brown, 1605-82

1

Es würde zu lange dauern – und könnte unnötig verwirren –, all die neuen Theorien und Instrumente zu berücksichtigen, die in den letzten Jahren aufgetaucht sind. Aber wenn wir aus diesem Grund nicht alle diejenigen, die zu der neuen Wissenschaft beitragen, besprechen können, spiegelt das nicht die Bedeutung ihrer Arbeit. Tatsächlich wäre der Versuch einer Voraussage, welche spezielle Annäherung oder Entwicklung sich schließlich als die bedeutendste erweisen wird, töricht bei so vielen noch immer ungelösten Mysterien und so vielen Leuten, die sich darum bemühen sie zu lösen.

In diesem Kapitel können wir jedoch die Untersuchungen zweier Männer betrachten, die, zu der Zeit da dieses niedergeschrieben wird, die Richtungen anzuzeigen *scheinen*, wohin sich die Radionik wahrscheinlich in der Zukunft entwickeln wird. Diese zwei sind Malcolm Rae und David Tansley, welche jederzeit die Hilfe und Ermutigung anerkennen würden, die sie von anderen Mitgliedern der *Radionic Association* bekommen haben.

Obwohl sie völlig verschiedene Hintergründe und Erfahrung haben und auf ganz unterschiedlichen Linien arbeiten[83], haben beide mit ihren Methoden Erfolg, was zeigt, dass es mehr als einen Weg zur Radionikheilung gibt. Tatsächlich zeigen ihre Untersuchungen den großen potenziellen Spielraum der Radionik auf.

2

Malcolm Rae, geboren 1913 in Cheshire, begann seine Geschäftslaufbahn in einem Obstgroßhandel, eine Erfahrung, die sehr bald die Anwendung mentaler Arithmetik unentbehrlich machte. Beim Ausbruch des 2. Weltkriegs trat er in die *Royal Navy* als Marinespäher bei der Marineluftwaffe ein und stieg im Verlauf von sieben Dienstjahren zum Rang eines *Lieut-Commanders* auf. Während seiner Dienstlaufbahn hörte er zum ersten Mal durch einen Offizierskollegen von Radionik.

Nach dem Krieg betrieb er zuerst eine Wäscherei und Trockenreinigung in Anglesey und dann einen Autoverleih in London. Während er den letzteren betrieb, las er John Wilcox' Buch, das ihn zu einem aktiven Interesse an der Radionik inspirierte. Er trat der *Radionic Association* 1960 bei, wurde 1965 als Mitglied aufgenommen und diente 1967 im Beirat. Er ist Ehrenmitglied des Direktoreninstituts und Mitglied des Instituts für fortgeschrittene Kraftfahrer.

Rae brachte daher für die Radionik praktische Erfahrung, ungewöhnliches technisches Training bei der *Navy* und einen mathematischen Geist mit. Hilfe und Ermutigung bei seiner ra-

---

83 Anm. d. Red.: 1977 veröffentliche David Tansley sein Buch 'Dimensionen der Radionik' (Radionik Verlag, 1999), in dem er in Zusammenarbeit mit Dr. Aubrey Westlake über seine Arbeit und die von Malcolm Rae berichtet.

dionischen Arbeit erhielt er durch Dr. Spink, Dr. Westlake, Frau Baerlein und Frau Dower.

Rae – der das Pendel als Detektor bevorzugt – gründet bei seiner Arbeit vieles auf die Annahme, dass der radiästhetische Sinn 'viele Merkmale mit seinen bescheideneren Gegenstücken teilt', den Sinnen des Sehens, Hörens, Schmeckens, Riechens und Tastens, und er sollte nicht als irgendwie geheimnisvoller angesehen werden, auch wenn er ein sehr viel weiter entwickelter und wenig verstandener Sinn ist.

> Ich fühle mich deshalb konsequenterweise in dem Glauben gerechtfertigt, dass er dazu in der Lage sein sollte, unter allen Umständen zuverlässig zu messen, wenn es etwas zu messen gibt. [sagte er 1970 in einem Vortrag über seine Arbeit.]
>
> Augen können sehen, wo immer Licht ist. Der radiästhetische Sinn sollte entdecken, wo immer es irgendetwas gibt, auf das er reagiert.

Rae meint deshalb, dass, wenn zwei verschiedene Bediener in ihrer Diagnose leicht unterschiedliche Ergebnisse bekommen, die Diskrepanz nicht einem Unterschied ihrer radiästhetischen Sinne zuzuschreiben ist, *sondern der Art, in der sie ihn benutzt haben*.

> Die normalen Augen zweier Leute werden das selbe Bild sehen, wenn es vom gleichen Standpunkt aus fokussiert wird. Das in den Händen von zwei radiästhetisch sensitiven Personen über einer Tabelle benutzte Pendel sollte die gleiche Antwort hervorbringen, vorausgesetzt, dass die zwei Personen genau die gleiche Frage stellen und dass keiner von ihnen versucht, unter unangemessenen Umständen zu arbeiten.

Rae glaubt deshalb, dass es für Radionikanwender unbedingt erforderlich ist, die Frage, die sie ihrem radiästhetischen Sinn stellen, so präzise wie möglich zu formulieren.

> Ich kann versichern, dass bei der praktischen Arbeit mit Dr. Spink, bei der einer von uns den Befund des anderen prüfte, wir genau die gleiche Antwort erhielten, wann immer wir genau die gleiche Frage formuliert haben. Jede Unstimmigkeit zwischen unseren Antworten war Signal zum unverzüglichen Vergleich der genauen Art der Frage, die wir gestellt hatten.
>
> Wenn einer einmal zuverlässig mit dem Pendel den Nord- oder Südpol eines Magneten messen kann, liegt die Hauptfertigkeit der radiästhetischen Arbeit auf dem Feld des Gedankens, und da Worte die primären Werkzeuge des Gedankens sind, ist es notwendig zu lernen, jede Frage in der Reihenfolge der Worte zu formulieren, die sie ohne Zweideutigkeit ausdrücken wird.
>
> Diese Fertigkeit zu entwickeln ist nicht einfach und ich habe herausgefunden, dass, auch wenn es nur um die allereinfachsten Fragen geht, es klug ist, die nahe liegendste wörtliche Formel aufzuschreiben, die ich mir im Geist ausdenken kann und dann radiästhetisch die Übereinstimmung zwischen der Formel und dem Begriff zu messen und wenn nötig die Formel Wort für Wort abzuändern, bis die genaue Übereinstimmung erreicht ist.

Auf diese Weise führt Rae zwei wichtige Punkte an, die der Autor nirgendwo anders so klar ausgedrückt gesehen hat:

Erstens, wir sollten jede Vorstellung ablegen, dass es beim radiästhetischen Sinn etwas 'gespenstisches' gibt. Er ist ein natürlicher Sinn, der latent bei allen Menschen vorhanden und bei so einigen bis zu einem gewissen Ausmaß entwickelt ist. Deshalb gibt es keinen Grund zu vermuten, dass dieser Sinn in irgendeiner Weise weniger zuverlässig oder nützlich sein sollte als unsere anderen Sinne - wenn wir ihn richtig benutzen. Im Gegenteil, auf einige Arten kann er zuverlässiger und nützlicher sein als jene, weil er uns sofortigen Zugriff auf Informationsquellen geben kann, die für sie nicht verfügbar sind.

Zweitens, da wir diesen Sinn mit unseren Gedanken oder Fragen fokussieren müssen, wird die Information, die er uns bringt, nur so genau sein wie die Gedanken, die wir verwenden. In Analogie, unsere Augen bringen uns genaue Information bis zu dem Ausmaß, wie wir sie richtig steuern und fokussieren, wenn wir dies gewöhnlich auch unbewusst tun, und unsere Ohren werden uns nur die richtige Antwort geben, wenn wir uns auf die Töne konzentrieren, die sie uns übermitteln.

In Washington D.C. lebend, wo der einzige Industriezweig in einer massiven Produktion von konfusen Wortergüssen politischer, gesetzlicher und bürokratischer Art besteht, fühlt sich der Autor zu der Überlegung verleitet, dass die genauere Kontrolle unserer Gedanken und Worte bitter nötig ist, von der Radionik ganz abgesehen!

Radiästhesie mag weniger mysteriös und 'fernab' erscheinen, wenn wir uns daran erinnern, dass alle unsere Sinne von subtilen und schnellen mentalen Prozessen, einschließlich des Gedächtnisses, abhängen. Unsere Augen führen uns zum Beispiel verschiedene Wellenlängen des Lichts in Mustern angeordnet zu und es ist unser Geist, der diese Wellenlängen als verschiedene Farben und die Muster als bekannte Objekte interpretiert.

Unsere Ohren führen uns verschiedene Wellenlängen der Töne in der Luft zu und unser Geist interpretiert die verschiedenen Frequenzen, und wenn diese in Mustern angeordnet sind, die wir Worte nennen, interpretiert er ihre Bedeutung mit der Hilfe unseres Gedächtnisses. Geschmack und Geruch weisen uns auf chemische Änderungen hin, die wir deuten müssen; Berührungssignale auf Druckveränderungen, deren Bedeutung wir zu bestimmen haben.

Mit all unseren 'normalen' Sinnen sind also Geistprozesse verbunden, nachdem sie uns ihre Signale übermittelt haben. Mit dem radiästhetischen Sinn sind Geistprozesse direkt verbunden, sie müssen sozusagen nicht auf Signale warten, die unsere anderen Sinne uns zuführen. Ist so die direkte Anwendung dieser mentalen Prozesse durch den radiästhetischen Sinn, auch wenn wir sie nicht verstehen, nicht weniger mysteriös?

Tatsächlich können wir sogar sagen, dass sie 'natürlicher' ist.

3

Auf der Suche nach dem besten Weg, Gedanken präzise zu formulieren, kam Rae zu dem Schluss, dass Verhältnisse oder Formen benutzt werden sollten, um irgendeinen Gedanken auszudrücken. Er fand, dass Worte normalerweise Gedanken nicht so genau ausdrücken, weil einige für verschiedene Leute eine spezielle Bedeutung haben, einige haben emotionale Nebenbedeutungen und auf jeden Fall sind nicht alle überall in der Menschheit gleich. Er meinte, dass Verhältnisse oder Formen, geometrische Veranschaulichungen der Verhältnisse, größere Genauigkeit und Stabilität besitzen. Er bevorzugte Verhältnisse, weil sie bis zu jedem gewünschten Genauigkeitsgrad angegeben werden können, während die Genauigkeit der Formen von der Genauigkeit der Zeichnung abhängt.

Bei der Erstellung einer radionischen Diagnose ist es oft notwendig zu bestimmen, bis zu welchem Ausmaß die verschiedenen Körperteile nicht wirksam funktionieren, 'die Abweichung von der perfekten Struktur und Funktion' zu messen, wie Rae es sagte. Die beste Art solche Messungen auszudrücken, ist in der Form eines Verhältnisses oder des Prozentsatzes vom Optimum.

Rae entschied, dass existierende Schalterinstrumente – gewöhnlich mit acht oder neun Schaltern, eingeteilt von 0 -10 – nicht genügend Genauigkeitsstufen boten. Er entwarf deshalb ein Instrument mit vierzig Schaltern, wobei jeder Schalter von 0 - 44 kalibriert war, was eine weit größere Anzahl exakter möglicher Kombinationen ergab. Er fand jedoch bald durch radiästhetische Tests heraus, dass *idealerweise* jeder Schalter nicht weniger als 2618 Einstellungen besitzen sollte, was das Instrument in der Herstellung unerschwinglich teuer machen würde.

Aber er konnte die Zahl 2618 nicht aus dem Kopf bekommen und nach einigen Diskussionen mit Freunden begriff er, dass 1 zu 1.618 den 'goldenen Schnitt' oder das 'goldene Verhältnis' darstellt, was als die ungleiche Teilung einer geraden Linie definiert werden kann, welche sich ergibt, wenn sie so geteilt ist, dass das Verhältnis des kleineren zum größeren Teil dem des größeren zum Ganzen genau entspricht. Dieses Verhältnis ist annähernd 1 : 1.618, oder gröber 5 : 8. Von ihm kann sowohl eine geometrische Reihe als auch ebenso eine arithmetische Reihe abgeleitet werden, von denen jede im dritten Glied 2.618 hat.

Dieses Verhältnis wurde von den antiken Griechen 'golden' genannt, weil sie ein Rechteck mit diesem Seitenverhältnis als ästhetisch befriedigender ansahen als irgendein anderes. Sie verwendeten es, um die Ausmaße vieler Kunstwerke zu bestimmen. Es ist ein 'Harmonieverhältnis', das nicht nur in der griechischen Architektur verwendet wurde, sondern welches auch von Leonardo da Vinci mit vielen durchschnittlichen Maßverhältnissen zwischen Teilen der menschlichen Anatomie in Verbindung gesetzt wurde und es kann bei vielen natürlichen Lebensformen beobachtet werden. Heute ist der 'goldene Schnitt' die Basis in einer Kunsttheorie, die als dynamische Symmetrie bekannt ist.

Es ist faszinierend festzustellen, dass Rae nicht über das 'goldene Verhältnis' nachdachte, als er radiästhetisch die Frage stellte, um die optimale Zahl zu finden. Und als er sie fand, würdigte er ihre Bedeutung erst nach weiteren Studien. So stieß er, nur durch Radiästhesie, auf eine Zahl von großer Wichtigkeit in der Natur, welche eines der Grundverhältnisse dessen sein kann, was Sir Thomas Browne so bezaubernd als 'die mystische Mathematik der Himmelsstadt' beschrieb.

Wenn wir bedenken, wie viele andere Zahlen er gefunden haben könnte, sind die Chancen gegen seine rein zufällige Entdeckung dieser einzigartigen Zahl astronomisch. Seine Entdeckung des 'goldenen Schnitts' ist somit ein schlagendes Argument für seine Überzeugung, dass die Radiästhesie 'in der Lage sein sollte, unter allen Umständen zuverlässig zu entdecken, wo es irgendetwas für sie zu entdecken gibt.' Und dies wird durch die Erfahrung des Physikerfreundes des Autors weiter unterstützt – in einem früheren Kapitel erwähnt –, der herausfand, dass er mit dem Instrument von Hieronymus manchmal genauere Antworten erhielt als mit der 'hoch entwickelten Hardware' in seinem Labor.

Soweit dem Autor bekannt ist, ist Malcolm Rae der erste, der mathematische Konzepte in die radionische Wissenschaft einführte. Aber da es viele Jahre her ist, seit der Autor Mathematik in technischen Studien anwenden musste, hat er das wenige vergessen, was er wusste, und muss eingestehen, dass er sich nicht kompetent genug fühlt, um Raes Anwendungen der Mathematik auf Radionik zusammenzufassen.

Andererseits kann er ihren Wert erkennen, weil Mathematik ein Mittel ist, um Organisation oder ihr Fehlen auszudrücken, und die Radionik ist mit dem Messen und der Bemühung beschäftigt, Desorganisation im 'präphysischen' Stadium zu heilen.

Ein Instrument mit Schaltern, die in Übereinstimmung mit dem 'goldenen Schnitt' eingeteilt sind, wäre nicht nur zu teuer in der Herstellung, sondern auch zu umständlich im Gebrauch. Und obwohl Rae einfachere Instrumente für die Diagnose und Behandlung gebaut hatte – eines mit einer 24er Skala ist durch die Radionik-Treuhandgesellschaft lieferbar – benutzt er für die meisten Diagnosezwecke jetzt Diagramme. Denn er hat herausgefunden, dass Verhältnis und Diagramm austauschbar sind und dass 'ein Diagramm auf einer Karte, das äquivalent zu irgendeinem Verhältnis ist, energetisiert werden kann, um den gleichen Effekt zu erzeugen wie dieses Verhältnis.'

Er hat Mittel ausgearbeitet, um die notwendigen mathematischen Daten zu finden und die Diagramme mit genügender Genauigkeit zu zeichnen (siehe Abb. 10 und 11). Diese Diagramme werden auf Gummi aufgezogen, das mit Partikeln von magnetisiertem Stahl imprägniert ist, der, wie er herausgefunden hat, Störungen zwischen dem Intellekt des Bedieners und dem intuitiven Prozess der radiästhetischen Messung reduziert.

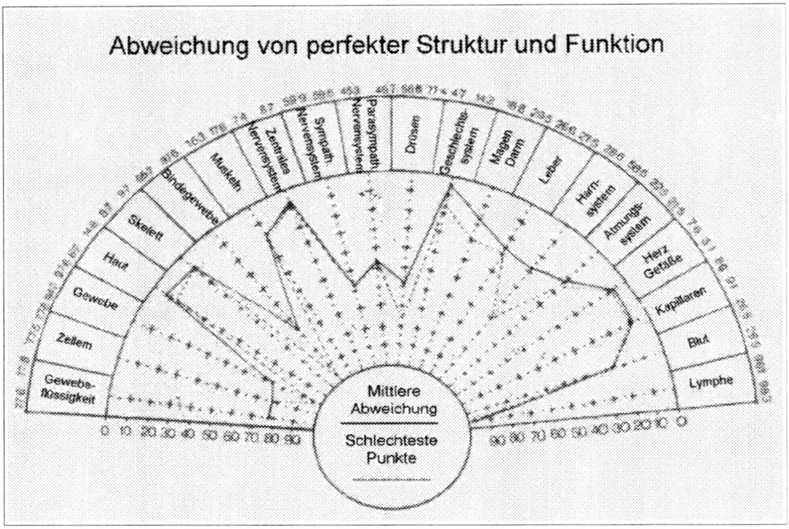

Abb. 10
Rae Diagnosekarte von George W. Meek, 23. Januar 1972

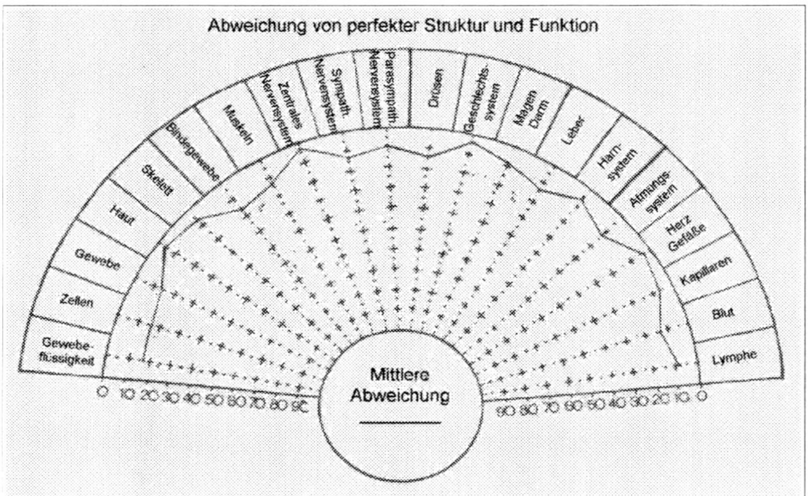

Abb. 11
Rae Diagnosekarte von George W. Meek, 13. Mai 1972

Eine Diagnose wird mit einem Pendel über der 'Probe' oder dem Muster des Patienten gemacht, das auf das Diagramm gelegt wird. Die Auswahl von Heilmitteln, wie zum Beispiel Spurenelemente, wird durch radiästhetisches Testen von vorliegenden Proben der Rezepte durchgeführt.

Die 'Projektion' oder Behandlung wird durch zwei Arten von Instrumenten ausgeführt, die von Rae entworfen und konstruiert wurden. Um seine Worte zu zitieren:

> Radionische Projektion nimmt zwei Formen an – das wiederkehrende Gruppenheilmittel und die individuellen Heilmittel.
>
> Zu wiederholten Projektionen und Projektionen von homöopathischen und Blütenheilmitteln – ein Projektor, der durch unterbrochene (gepulste) magnetische Energetisierung einer geometrischen Zeichnung arbeitet, die das archetypische Muster des Heilmittels darstellt.
>
> Für einzelne Projektionen oder Heilmittel, die nur als numerische Verhältnisse ausgedrückt werden – ein Projektor mit sechs Schaltern, die von 1 - 1000 kalibriert sind und durch eine Wechselstromversorgung energetisiert werden.
>
> Die Projektion für das wiederholte Gruppenheilmittel wird automatisch durch einen Zeitschalter kontrolliert, der beim Beginn jeder vierten Stunde für 15 Minuten einschaltet. Sie wird zu all denen projiziert, die in Behandlung sind.
>
> Das Gruppenheilmittel ist allmählich aus dem intellektuellen Bestreben entwickelt worden, eine Definition zu konstruieren, die jede Variation und jeden Krankheitszustand abdecken würde; und um eine Projektion zu finden, die so weit wie möglich den

ganzen Inhalt dieser Definition heilen würde, ohne die Möglichkeit irgendjemandem zu schaden.

Rae erklärt weiter, dass er allmählich die Gruppenprojektion verbessert hat und in der Lage war, wachsende Anteile der Patientenbehandlung dorthin zu übertragen, was mehr Gelegenheit gibt, Faktoren zu suchen und zu behandeln, die für das Individuum spezifisch sind.

Man wird bemerken, dass er eine geometrische Darstellung für die Gruppenbehandlung und einen Schalterprojektor für Einzelprojektionen verwendet und bei beiden Pulse der Wechselstromenergie. Diese Anwendung von elektromagnetischer Energie ist in gewissem Sinne eine Rückkehr zu den Methoden einiger früherer Anwender, einschließlich der landwirtschaftlichen Pioniere in Harrisburg.

4

Obwohl es vielleicht vielen schwer fällt zu glauben, dass eine geometrische Zeichnung für die Diagnose verwendet werden und – wenn sie durch Wechselstrom energetisiert wird - Patienten aus der Entfernung heilen kann, liefern kürzlich durchgeführte Versuche 'in der Anwendung der Radionik zur chemischen Veränderung des menschlichen Blutes' – durch einen unvoreingenommenen amerikanischen Forscher – einen schlagenden Beweis, dass dies tatsächlich passiert.

Einige Jahre lang war George W. Meek von Fort Myers, Florida, an verschiedenen unorthodoxen Heilmethoden interessiert gewesen und hatte eine spezielle Studie der Radionik gemacht. Dabei hatten ihn 'besonders die kreativen Entwicklungen, die in diesem Bereich von Malcom Rae, London, sowohl in Bezug auf neue Diagnose- als auch Behandlungstechniken gemacht wurden, beeindruckt.'

Als sich die Gelegenheit ergab, entschied er sich deshalb, Rae's Methoden an sich selbst zu testen und erstellte einen detaillierten Bericht. Er war liebenswürdig genug, diesem Autor eine Kopie zuzusenden und mit echtem Wissenschaftlergeist erlaubte er großzügig ihre Veröffentlichung. Das Folgende ist eine Zusammenfassung:

Seit fünf Jahren litt Meek unter Gicht, die er zuerst mit Zyloprim kontrollieren konnte und dann mit zwei Benamid-Tabletten pro Tag. Das war erfolgreich, außer wenn er in längere und angespannte Geschäftstätigkeiten eingebunden war. Auf jeden Fall aber 'rebellierte er gegen die Vorstellung, für den Rest seines Lebens Medikamente einnehmen zu müssen.'

1971 absolvierte Meek ein sehr hartes, weltweites Reiseprogramm und arbeitete allgemein auf einer hohen Stufe persönlicher Aktivität.' Etwa im Oktober 1971 erreichte sein Harnsäurewert 8.0 mg Prozent und gegen Januar 1972 'zeigte sich deutlich ein Gefühl des Unbehagens' und er erkannte, dass er umgehend etwas korrigieren musste. Eine medizinische Untersuchung brachte ans Licht, dass nicht nur die Nieren, sondern auch Blase und Prostata betroffen waren.

Er war im Begriff, Reisen in Europa zu unternehmen und von Küste zu Küste in den Vereinigten Staaten und in verschiedenen Regionen Südamerikas, einschließlich des Dschungels am oberen Amazonasbecken und der Galapagosinseln im Pazifik. So sah er ein, dass Methoden der Selbstbehandlung schwierig sein würden und beschloss 'die Aufgabe Rae zu übergeben', während er in seinem vollen Reise- und Arbeitsplan fortfuhr.

Nach einer vorläufigen Diagnose (siehe Abb. 10), um nach Mängeln zu suchen, verschrieb Rae drei Spurenelement-Präparate, um das zu korrigieren, was er aufgespürt hatte. Bevor er London verließ, kaufte Meek drei kleine Fläschchen dieser Mittel zu Gesamtkosten von etwa £ 1,50.

Nach seiner Rückkehr in die Vereinigten Staaten stellte sich bei einem medizinischen Labortest heraus, dass Meeks Harnsäurewert bei 8.5 mg Prozent lag und er wies Rae an, die Behandlung zu beginnen, während er die Mittel wie angewiesen einnahm – sie waren in erster Linie dazu gedacht, Ansammlungen im lymphatischen System zu abzubauen.

Etwa sechs Wochen später zeigte eine andere Blutanalyse, dass der Harnsäurespiegel auf 6.7 mg Prozent gefallen war und das lymphatische System angefangen hatte frei zu werden.

Rae setzte die 'Projektionen' von London aus bis zum 13. Mai fort – abgesehen von einer zehntägigen Unterbrechung –, als er eine weitere Diagnose machte (siehe Abb. 11), von welcher er eine Kopie an Meek schickte. Kurz darauf besuchte Meek das Labor in Florida wegen eines letzten *SMA Befunds,* der zufrieden stellend war.

Am Ende des Experiments zeigten Tabellen vom Labor und von Rae, dass der Harnsäurewert auf 6.6 mg Prozent zurückgegangen war, dass es eine messbare Verbesserung in zehn und keine Änderung in zwei Punkten gab.

Während der ganzen Zeit des Experimentes führte Meek – 62 Jahre alt – 'ein Leben selbst auferlegter, persönlicher Aktivität, das etwa genauso anstrengend war, wie es die meisten jüngeren Männer als wirklich sehr stressig ansehen würden.' Er notiert die *praktischen* Ergebnisse der Behandlung trotz dieser Aktivität wie folgt:

1. Alle Steifheit in den Gelenken verschwand.

2. Ich musste nachts acht oder neun Stunden lang nicht mehr aufstehen, um Wasser zu lassen, sogar wenn Kaffee oder andere Flüssigkeiten vor dem zu Bett gehen getrunken wurden.
3. Das Tröpfeln kleiner Mengen Urin sowohl tags als auch nachts hörte auf.
4. Es gab eine allgemeines Gefühl exzellenter Gesundheit und Vitalität.

Meek fasst das Experiment zusammen: „Ohne irgendwelche physischen Proben diagnostizierte, behandelte und überwachte Rae dann regelmäßig den physischen Zustand von George W. Meek, der mehrere tausend Meilen entfernt wohnt und häufig auf Reisen ist. Die Ergebnisse umfassten gewünschte Änderungen des Zustandes von Harnweg und Prostata des Patienten sowie messbare und wünschenswerte Änderungen in 10 von 12 Punkten der Blutchemie."

Beim Versenden seiner Radionik Analyse vom 14. Mai, einige Tage vor der endgültigen 12 Punkte Blutanalyse, kommentiert Rae: „Die aktuelle hier beigefügte Darstellung... zeigt ein Bild allgemeiner Gesundheit in etwa dem Maße, wie man es vernünftigerweise bei jemandem erwarten könnte, der ein so aktives Leben führt wie Sie."

Diese Ergebnisse sind besonders bedeutend, weil:

1. Patient und Behandler während des Experiments mehrere tausend Meilen getrennt waren.
2. Der Patient in außergewöhnlich anstrengende Reise- und andere Tätigkeiten eingebunden war.
3. Die Ergebnisse der Radionikbehandlung durch medizinische Standardlabormethoden überprüft wurden.

4. Die Ergebnisse mit dem auf ein Stück Papier geschriebenen Namen und Adresse des Patienten – als einzige Probe oder Stellvertreter – mittels einer energetisierten Karte erreicht wurden.
5. Es ein gut dokumentiertes und medizinisch gestütztes Beispiel einer Fernbehandlung ist.

5

Wie erklärt Rae diese Ergebnisse? Kurz gesagt, er glaubt, dass die Radionik einem Patienten auf zwei Arten hilft: Erstens, sie kann Mängel entdecken und Heilmittel verschreiben, um sie zu korrigieren. Zweitens, sie kann den Körper instruieren, *wie er sich selbst heilen kann*. Er betrachtet seine 'Projektionen' als 'Signale', die dem Körper mitteilen, was zu tun ist. Auszug aus einem Artikel in '*Radionic Quarterly*'[84], 1972:

> Von Natur aus weiß ein Patient unbewusst, was in ihm getan werden sollte, um seine Leiden zu heilen. Aber Stress, Schocks, Verletzungen und das Ringen mit seiner Umgebung haben ihn verwirrt und devitalisierte Nahrung, schlechte Nahrungswahl und Verschmutzung haben zu biochemischer Unausgewogenheit geführt.
>
> Der 'Verwirrung' des Patienten wird durch die Einführung annehmbarer, kodierter Anweisungen abgeholfen, die ihn daran erinnern, was zu tun ist, damit es ihm besser geht – und solche Botschaften können in der chemischen Struktur von Medikamenten oder spezieller, mit weit weniger Gefahr un-

84 Vierteljährlich erscheinendes Journal der *Radionic Association*, Pendant zur deutschen 'Radionik Information'

erwünschter Neben- und Nacheffekte, als homöopathische Heilmittel übertragen werden oder sie können direkt von einem radionischen Instrument projiziert werden, das für diesen Zweck entworfen wurde.

In der Radionik gibt es, behauptet Rae, keine Energieübertragung zwischen dem Anwender oder seinem Instrument und dem Patienten. Die 'Einwirkung aus der Entfernung' besteht aus einem abgegebenen 'Signal' zu den 'Feldern' des Patienten.

Bei der Behandlung von Meek betrachtete Rae es demnach so, dass er Meeks Körper genaue Instruktionen sendete, wie er seine natürlichen Kräfte anwenden sollte, um sich selbst zu heilen. Er stellt sich dies jedoch *nicht* als analog zum Senden von Radiosignalen über eine Entfernung von 3500 Meilen vor. Er betrachtet das 'Muster' oder den 'Stellvertreter' des Patienten als untrennbaren Teil von - oder Verbindung mit – dem 'Feld' des Patienten. Da man annimmt, dass diese Felder unendlich dehnbar sind, spielt die Entfernung zum Patienten keine Rolle.

Mit anderen Worten, er betrachtet das 'Muster' als ein integrales Stückchen des Feldes des Patienten, bequemerweise in seinem Labor zur Hand, aber permanent mit dem Patienten verbunden. Wenn er seine Gedanken auf dieses 'Muster' konzentriert, 'schwört' oder stimmt er sich selbst auf das Feld des Patienten ein und kann es wie erforderlich diagnostizieren oder instruieren, wo immer der Patient sein mag.

Diese zugegebenermaßen grobe Zusammenfassung kann natürlich Rae's tiefreichendem Denken über das große Mysterium der Radionik nicht gerecht werden und der Leser darf nicht ihn für diese Interpretation verantwortlich machen. Aber sie kann als Teil-Erklärung dienen, bis wir die ganze Theorie der Radionik im nächsten Kapitel betrachten können.

In der Zwischenzeit wird der Leser bemerkt haben, dass Rae's Analyseblätter für Meek wie schon früher erwähnt 'Abweichungen von der perfekten Struktur und Funktion' zeigen. Mit anderen Worten, sie bilden ein Mittel, um *die Effizienz der Funktion* verschiedener Körperteile zu messen. Dies ist ein Aspekt und Vorteil der Radionik, welcher vielleicht nicht genügend wahrgenommen wird.

Wie Rae es ausdrückt, niemand ist so gesund und kraftvoll, dass er nicht besser sein könnte. Mit Raes Verwendung von Verhältnissen ist es möglich, genau zu messen, wie weit eine Person gerade hinter der optimalen Leistung zurück bleibt; und Radionik kann ihr helfen diese zu erreichen, soweit es unter Berücksichtigung ihres Alters, ihrer Arbeit oder ihrer Umgebung möglich ist.

Das ist nicht das Gleiche wie prophylaktische Radionik, weil der Patient möglicherweise gerade gar keine aktuelle Tendenz hat, gegen die er sich schützen müsste. Er ist vielleicht bloß nicht ganz auf der Höhe und funktioniert physisch oder mental nicht so gut, wie er könnte.

Bei vielen Leuten ist die Grenze zwischen niedriger Funktion und beginnender Krankheit natürlich nicht klar definiert. Aber mit einer guten Radionikdiagnose ist das wirklich bloße Theorie, weil sie eine Krankheit gewöhnlich entdecken kann, bevor es irgendwelche physischen Symptome gibt.

Wenn die Diagnose nur eine niedrige Funktion aufzeigt, kann die Behandlung die Leistungsfähigkeit erhöhen und auf diese Weise die Möglichkeit einer beginnenden Krankheit reduzieren.

Um Rae zu zitieren, es gibt nur fünf „fundamentale Ursachen von Krankheit, die sich in einem anfangs gesunden Individuum entwickeln können“:

1. Überfluss im Körper: zum Beispiel schädliche Substanzen oder zu große Mengen im Grunde unschädlicher Substanzen.
2. Mangel: zum Beispiel die Abwesenheit von Substanzen, die der Körper für Wachstum, Erhalt oder Wiederherstellung benötigt.
3. Psychosomatische Leiden – oder das Versagen des Individuums mit dem Leben fertig zu werden.
4. Schädigung durch Verletzung.
5. Milieu: in einer Umgebung leben oder arbeiten zu müssen, welche dem Individuum Belastungen auferlegt, die größer sind als wofür es bestimmt war.

Zur Abhilfe von alledem ist die Radionik in der Lage, denn der geschickte Anwender, unterstützt durch Instrumente, die seine Aufmerksamkeit steuern und konzentrieren, ist in der Lage das Muster der Ursachen zu ermitteln, die zu irgendeiner Symptomenreihe beitragen und sie in vielen Fällen wirksam zu behandeln, während er seinen Patienten bei den meisten übrig bleibenden Fällen anweist, wo er um Hilfe nachfragen soll.

Außerdem kann er häufig das ursächliche Muster erfassen und behandeln, bevor der Patient sich der nachfolgenden Symptome bewusst wird, und ihn so vor möglicher Krankheit bewahren.

All dies legt eine Richtung nahe, in welche die Radionik in Zukunft wahrscheinlich ihre Nützlichkeit ausdehnen wird, wofür wir den Ausdruck '*Vorsorgeradionik*' prägen können. Dies bedeutet einen Aspekt der Radionikdiagnose und -behandlung, die entweder einen Leistungsabfall oder eine Erkrankung *vorhersieht* und *beidem vorbeugt*.

Ein chinesischer Freund des Autors versichert ihm, dass nichts dran ist an dem landläufigen westlichen Glauben, die Chinesen würden ihre Ärzte bezahlen, damit diese sie gesund erhalten. Aber eines Tages werden wir Patienten sehen, die einen Radioniker bezahlen, damit er genau das tut. Das würde eine Menge Leid und Kosten sparen.

Bevor wir Raes Karten verlassen, sollte erwähnt werden, dass einige der Anwender auch Muster einfacherer Art verwenden. Eins von ihnen – bekannt als das Peggotty Instrument und bei der Radionik Treuhandgesellschaft erhältlich – besteht aus einem Brett mit Löchern darin, in denen mit kleinen Stiften Muster gebildet werden können. Es sieht so aus, dass ein weiterer Zukunftstrend der Radionik die zunehmende Verwendung von Mustern und Darstellungen verschiedener Arten sein wird.

6

David V. Tansley, D.C.[85] hat ein neues Konzept der Radionik entwickelt: er hat von den östlichen Philosophien gewonnenes Wissen auf das Problem angewendet, die Radionik wirksamer zu machen.

Wenn das auf den ersten Blick esoterisch erscheint, sollte nachdrücklich betont werden, dass seine Methode ganz lo-

85 Doktor der Chiropraktik

gisch und geerdet ist, das Ergebnis ungewöhnlich abwechslungsreichen Trainings und Erfahrung.

Er wurde in England geboren und aufgezogen und erhielt im Alter von siebzehn Jahren ein erster Klasse Zertifikat in allgemeiner Landwirtschaft. Er emigrierte dann nach Kanada, wo er bis zum Alter von 19 Jahren in verschiedenen Berufen arbeitete, er ging nach Kalifornien und arbeitete im Gartenbau und der Landschaftsplanung. Er machte häufige Reisen nach England und diente zwei Jahre in der R.A.F.[86] als Radartechniker.

Zurückgekehrt nach Kalifornien wurde er Bildhauer und unterhielt einen erfolgreichen Einmannbetrieb. Er ging nach England, besuchte die St. Martins Kunstschule und kehrte dann zurück nach Kalifornien und zum Gartenbau. Während er dort war, entschloss er sich Chiropraktik zu studieren, graduierte 1965 mit besonderer Auszeichnung vom Los Angeles College der Chiropraktik und gründete kurz danach eine Praxis in England.

Während er in Kalifornien arbeitete, fand er irgendwie Zeit für ernsthafte Studien der östlichen Philosophie am Ananda Ashram. Später, während er in England praktizierte, interessierte er sich für Radionik, schloss sich der *Radionic Association* an und ist – zur Zeit der Niederschrift dieses Buchs - Mitglied ihres Beirats.

Seine Studien der östlichen Philosophie überzeugten ihn davon, dass, da Krankheit bei dem beginnt, was er 'die feinstoffliche Anatomie des Menschen' nennt, ein Studium ihrer Gesetze und Prinzipien die Radionikpraxis vereinfachen und verbessern kann. Anders ausgedrückt, die Radionik kann schneller weiter kommen, wenn sie versucht, mehr vom Prä-

86 Royal Air Force (engl.) = königliche Luftstreitkräfte

physischen zu verstehen, und sich weniger um die physischen Symptome sorgt, die dem Präphysischen entspringen.

Er hat herausgefunden, dass Defekte in der 'feinstofflichen Anatomie' oder im ätherischen Körper am besten direkt an seinen Kraftzentren oder 'Chakren' behandelt werden. Aus diesem Grund nennt er seine Methode der Radionik 'Zentrumstherapie'.

Da die westliche Wissenschaft und Medizin nichts über den 'ätherischen Körper' weiß und de facto seine Existenz nicht anerkennt, hat Tansley keine Alternative, als ihn in seiner Terminologie der östlichen Philosophen zu beschreiben. Das muss uns nicht abschrecken, bloß weil die östlichen Philosophen den Westlern oft durch einige ihrer uninformierten – und manchmal unausgeglichenen – Vertreter zuwider gemacht worden sind.

Wie ein orientalischer Schüler weiß, gibt es von den alten Weisheiten viel zu lernen, auch wenn die frühen Philosophen nicht wussten, wie Automobile, Farbfernseher oder Auswurftoaster herzustellen sind. Die Vaibhashikas zum Beispiel, eine frühe Sekte der indischen Buddhisten, wussten etwa 2000 Jahre vor der modernen Physik eine Menge über Atome. Und da die Alten von materiellen Entwicklungen und Vorrichtungen weniger in Anspruch genommen waren als der moderne Mensch, würden wir annehmen, dass sie mehr Zeit gehabt haben, die innere Natur des Menschen selbst zu studieren.

Weil die Radionik mit dem Präphysischen beschäftigt ist – und vielleicht dem Prä-Präphysischen – ist der Versuch sowohl logisch als auch wertvoll, jede sachdienliche Weisheit der Alten auf ihre Entwicklung anzuwenden. Hierbei laufen jedoch Radionikenthusiasten einige Gefahr, einen unglückseligen Eindruck in der Öffentlichkeit zu machen. Denn für viele Leute ist die Radionik so schon 'gespenstisch' genug, und wenn sie dann noch die Vorstellung aufnehmen, dass sie irgendwie mit orientalischem Mystizismus in Verbindung steht, werden sie widerstreben, sie als eine ernste Wissenschaft zu akzeptieren. Das kommt daher, weil wenige die Weisheit der Alten verstehen, und viele ordentliche Bürger neigen dazu, die orientalische Mystik nur nach einigen ihrer weniger bewundernswerten Anhänger zu beurteilen.

Was immer deshalb Radionikanwender privat studieren oder unter sich diskutieren, jede Verbindung der Radionik mit Mystizismus im allgemeinen Sinn bedeutet, den Kritikern und Opponenten Munition zu liefern und ein breiteres Verständnis und Akzeptanz zu verzögern. Dies ist ein Problem der Öffentlichkeitsarbeit, dessen sich augenscheinlich einige Radionikpraktiker nicht bewusst sind. Diese Erläuterungen beziehen sich natürlich nicht auf die Arbeit von Tansley, der ein ernsthafter, mit beiden Beinen auf der Erde stehender Student des alten Wissens ist und der einen großen praktischen Beitrag zu dessen Anwendung auf Radionik geleistet hat.

7

Es ist weniger als 40 Jahre her, dass Dr. Harold Burr die elektrodynamischen Felder – oder L-Felder[87] – entdeckte, die alle lebenden Formen durchdringen und regulieren. Es ist nur wenige Jahre her, dass Bill de la Warr in einer subtileren Art von Feld die 'Knotenpunkte' entdeckte, die den menschlichen Körper umgeben. 1911 machte, wie wir festgehalten haben, Dr. Kilner ein den Körper umgebendes Feld sichtbar. Und erst vor wenigen Jahren berichtete eine ausgezeichnete amerikanische Ärztin, dass bestimmte Sensitive hellseherisch nicht we-

87 L-fields für life fields engl. = Lebensfelder

niger als drei verschiedene Feldarten 'sehen' können, die mit dem menschlichen Körper verbunden sind, und dass jene ihr erzählt haben, dass der Zustand dieser Felder den mentalen und körperlichen Zustand des Patienten anzeigt.

Demnach ist es nicht zu schwierig, die Lehren der alten Philosophen zu akzeptieren, dass die 'feinstoffliche Anatomie' oder 'der ätherische Körper' des Menschen aus vier 'Äthern' verschiedener Dichte zusammengesetzt ist, ganz ähnlich wie sein physischer Körper aus fester Materie, Flüssigkeiten und Gas aufgebaut ist. Es ist sogar noch leichter, dies zu akzeptieren, wenn Tansley uns sagt, dass einige der ältesten Schriften zeigen, dass ihre Verfasser ein bemerkenswert detailliertes Wissen der Anatomie und Physiologie der Nerven- und endokrinen Systeme besaßen.

Da Burr zeigte, dass L-Felder organisierende Eigenschaften besitzen und deshalb selbst auf hoher Ebene organisiert sein müssen, würden wir natürlich noch weitere feinstoffliche Felder erwarten, die genauso so hoch, wenn nicht höher, organisiert sind. Wir müssen also nicht überrascht sein, wenn uns Tansley erzählt, dass der 'ätherische Körper', der die ganze physische Form durchdringt, ein 'Gewebe von Energieströmen, Kraftlinien und Licht' ist und sieben Haupt-'Chakren' oder Kraftzentren, 21 kleinere Chakren und 49 'Energie-Brennpunkte' besitzt.

Er macht die interessante Beobachtung, dass die Akupunkturpunkte, die jetzt so viel Interesse erwecken, als zusätzliche, kleinere Kraftzentren angesehen werden können.

Die sieben Haupt-Kraftzentren oder Chakren befinden sich im 'ätherischen' Körper und sind deshalb, außer für Sensitive, unsichtbar. Doch Tansley erzählt uns, dass die Alten sie folgendermaßen lokalisierten: eines oben am Kopf, eines auf der Stirn zwischen den Augenbrauen und die verbleibenden fünf sind mehr oder weniger gleichmäßig vom Nacken die Wirbelsäule hinunter bis zur Spitze des Kreuzbeins verteilt. Die Alten lehrten, dass jedes Chakra sein physisches Gegenstück in einer bestimmten endokrinen Drüse besitzt. Aus diesem Grund wird die Behandlung des entsprechenden Chakras oft als der beste Weg angesehen, um die richtige Funktion dieser Drüse und des Körpers als Ganzes wiederherzustellen.

Tansley beschreibt die Chakren als 'rotierende Energiewirbel', die sich da befinden, wo sich Energiestränge im 'ätherischen Körper' kreuzen, welche als Brennpunkte für die Aufnahme und Übertragung von Energien verschiedener Art dienen.

Es ist offensichtlich, dass lebende Dinge nicht ohne irgendeine äußere Energie, die sie in Gang hält, existieren könnten. Wir wissen zum Beispiel, dass ohne die Energie von der Sonne alles Leben aufhören würde. Wir fangen an, andere Formen von Strahlung aus dem Raum zu entdecken und es gibt ohne Zweifel viele andere, von denen wir nichts wissen. Die Alten begriffen die Existenz äußerer Energie und nannten die unbekannte Kraft oder die Kräfte 'Prana', ein Ausdruck aus dem Sanskrit, der grob 'Lebensenergie' bedeutet, die wir, wie sie lehrten, durch unsere 'Chakren' absorbieren.

Was immer 'Prana' sein mag, Tansley hat herausgefunden, dass unsere Chakren auch für andere Energieformen wie Elektrizität, Licht, Ton und Farbe aufnahmefähig sind. Diese können durch Radionikpraktiker verwendet werden, um die entsprechenden Chakren *über* den Blutstropfen oder andere 'Muster' des Patienten zu behandeln. Von diesen vier Energieformen findet Tansley für die Zentrumstherapie das Licht verschiedener Farben und Intensitäten am wirksamsten.

Durch das Konzentrieren seiner Aufmerksamkeit auf die Chakren war Tansley in der Lage die Radionische Diagnose zu vereinfachen. Eine normale Radionikdiagnose kann für den Anwender ein langer, erschöpfender Prozess sein. Tansley berichtet, dass mit der Zentrumstherapie für einen durchschnittlichen Fall fünf Minuten oder weniger zur Diagnose benötigt werden und er beschreibt den Vorgang als einfach, schnell und präzise. Zuerst beurteilt er die Qualität der Chakrafunktion und dann das Ausmaß der 'Belastungen' und Gifte und auch die Qualität des 'ätherischen Körpers'. Diese Information wird dann mit den Symptomen des Patienten in Zusammenhang gebracht.

Bei der Betrachtung der 'Belastungen' (oder Neigungen) macht Tansley sich ein Konzept zu eigen, das von Abrams aufgestellt wurde, der der Meinung war, dass jeder von uns eine 'Grundinfektion' syphilitischen Ursprungs besitzt (ein Jahrhundert früher hatte Hahnemann, der Begründer der Homöopathie, diese 'Belastungen resp. Anlagen' oder die Miasmen entdeckt und behandelt). Dies ist keine physische Syphilis, sondern eine latente Schwäche im Prä-Physischen, welche die menschliche Rasse von den vergangenen Generationen erworben hat. Abrams erhielt von allen seinen Patienten eine schwache syphilitische Reaktion unterschiedlicher Intensität, ob sie nun Syphilis gehabt hatten oder nicht, und er betrachtete es als eine zugrunde liegende Hauptursache von Krankheit. Er behandelte seine Patienten radionisch, um dies routinemäßig zu eliminieren.

Sogar wenn er es erkannte, machte Abrams nicht deutlich, dass diese Grundinfektion eine nicht-physische *Tendenz* oder Neigung im Präphysischen war und einige Kritiker beschuldigten ihn des Glaubens, dass 'jeder' im gewöhnlichen Sinn 'Syphilis hat'. Und eine ganze Anzahl rechtschaffener Leute war natürlich entsetzt.

Tansley erkennt drei Haupt -'Anlagen', syphilitisch, tuberkulös und krebsartig, und er sagt, dass sie die Gesundheit in der heimtückischsten Weise unterminieren und oft zu groben organischen Krankheitserscheinungen führen können. Deswegen sind diese unter den ersten Dingen, nach denen er bei der Diagnose schaut und die ersten Dinge, die er in Angriff nimmt und mit der Zentrumstherapie eliminiert.

Niemand weiß wirklich, wie wir diese 'Anlagen' erwerben, deren Vorhandensein vor Abrams nicht vermutet wurde. Aber augenscheinlich glaubten die Alten, dass wir unsere ätherischen und physischen Körper aus der – präphysischen und materiellen – Substanz dieses Planeten aufbauen und dass dieser über Millionen Jahre durch das Beerdigen von Millionen erkrankter Körper 'verschmutzt' worden ist – ein unerfreulicher Gedanke, der unseren Umweltschützern bis jetzt noch nicht eingefallen ist und gegen den weder sie noch Regierungen etwas tun können.

8

Obwohl Tansley das entwickelt hat, was man als 'Abkürzung' für die Radionikdiagnose und -behandlung bezeichnen könnte, indem man sich auf den ätherischen Körper und seine Chakren konzentriert, ist seine Methode natürlich im Wesentlichen immer noch eine radionische; er verwendet Blutstropfen oder Haarproben als Zeugen und verlässt sich zur Erkennung auf das Pendel.

Nach vielen Experimenten ersann er ein sehr geniales Instrument – bekannt als das *Mark III Center Instrument* –, welches Mittel nicht nur für die Diagnose, sondern auch für die Behandlung durch Elektrizität, Licht und Ton beinhaltet. Die *Radionic Association* hat die Herstellung dieses Instrumentes in die Wege geleitet und auch einen Anwenderkurs für seine Bedienung.

Eines der interessanten Merkmale dieses Instruments ist, dass Tansley, wie Rae, auch herausgefunden hat, dass bei der Radionik *Geometrie* oder *Muster* eine große Bedeutung haben, doch aus ganz unterschiedlichen Gründen verwendet Tansley den Kreis. Im Zentrum des Bedienerpults befindet sich eine Probenplatte, die von zwei konzentrischen Kreisen umgeben ist, jeder von ihnen hat acht 'Resonatoren' mit Schaltern, die von 1 bis 10 eingeteilt sind. Alle auf dem Instrument verwendeten Raten besitzen acht Ziffern.

Tansley machte sich dieses Muster zu eigen, denn „um eine volle Beziehung zwischen dem Fluss der ätherischen Kräfte und dem Radionikinstrument sicher zu stellen, muss die Platzierung der Schalter mit der kreisförmigen Peripherie des kosmischen Raumes übereinstimmen. Auf diese Weise gibt es für die Aufnahme und Verteilung der Energien weniger Widerstand."

Tansley's Artikel zu lesen und auch sein exzellentes, kürzlich erschienenes Buch[88] – für all das dieser Autor sehr dankbar ist – heißt, die immense Menge an Forschung und Arbeit hoch zu schätzen, die in die Entwicklung des Konzeptes und in die Ausrüstung der Zentrumstherapie gesteckt worden ist. Sein Buch, knapp unter hundert Seiten lang, ist ein Abriss ausgedehnter Studien und eine Reflektion tiefgründigen Denkens. Es ist für die Radionik ein Glücksfall, dass Tansley sowohl fähig als auch willens ist, seine Arbeit in einem Buch zu beschreiben.

Obwohl dieses Buch mit faszinierender Information voll gepackt ist, schreibt er, dass es nur die Oberfläche eines riesigen Themas ankratzt und dass ein Möchtegernanwender der

88 Der feinstoffliche Mensch, Synthesis Verlag

Zentrumstherapie nur durch weiteres Studium und hart gewonnene Erfahrung Erfolg haben kann. Doch ist sein Buch wesentlicher Lesestoff für jeden, der damit anfangen will.

Dieser kurze Überblick ist natürlich bloß eine grobe Skizze von Tansleys äußerst technischem und wichtigem Beitrag zur Radionik. Denn eine Zusammenfassung seiner Schriften zu versuchen, wäre gerade so töricht wie der Versuch einer Übersicht über ein medizinisches Lehrbuch in einem neuen Gebiet der Medizin. Jedoch wird er hoffentlich dem Leser ein vorläufiges Verständnis von Tansleys Methode verschaffen und ihm auch zeigen, dass sie eine wohlbegründete und praktische Grundlage besitzt.

Zusammenfassend kann gesagt werden, dass Tansleys Arbeit eine natürliche und logische Erweiterung der Arbeit der frühen Pioniere ist und er ist immer freimütig in Anerkennung dessen, was er Albert Abrams, Ruth Drown und Bill de la Warr zu verdanken hat.

9

In diesem Kapitel haben wir zwei neue Methoden der Radionik besprochen und es bleibt, Ähnlichkeiten und Unterschiede zu betrachten.

Beide Methoden beruhen auf dem radiästhetischen Sinn des Bedieners und der Verwendung des Pendels. Beide verwenden 'Muster' und beide führen Fernbehandlungen aus. Beide würdigen die Bedeutung geometrischer Muster. Beide sind mit der Behandlung des Präphysischen beschäftigt.

Rae stellt sich die Radionikbehandlung als Anweisung an den Körper vor, wie er sich selbst heilen muss. Tansley stellt es sich als Unterstützung des freien Flusses heilender Energie durch die Chakren vor und der Unterschied zwischen diesen zwei Konzepten ist vielleicht hauptsächlich eine Frage der Wortwahl. Denn wenn der menschliche Körper in sich die Mittel besitzt, sich selbst zu heilen, schließen diese Mittel ohne Zweifel die Reinigung und Stimulation der 'Chakren' mit ein.

Abgesehen von den Instrumenten ist dann der Hauptunterschied zwischen den beiden Methoden, dass, während Rae den Zustand aller Hauptorgane und Systeme des Körpers prüft, Tansley die physischen Symptome sozusagen umgeht und sich unmittelbar mit dem 'ätherischen Körper' und seinen 'Chakren' befasst, von denen gesagt wird, dass sie die Organsysteme beherrschen.

Beide Männer haben große Beiträge zu der sich entwickelnden Kunst der Radionik geleistet. Aber es ist wahrscheinlich zu früh, eine Voraussage zu versuchen, welche Methode wahrscheinlich bei den zukünftigen Anwendern beliebt sein wird. Denn da der radiästhetische Sinn eine persönliche Sache ist, hängt viel von den persönlichen Vorlieben ab. Einige Praktiker verwenden sowohl Rae's als auch Tansley's Instrumente.

Es scheint keinen Grund zu geben, warum Rae's Methode nicht direkt auf die 'Chakren' angewendet werden kann und seine mathematisch präzisen Techniken könnten gut in der Lage sein, diese Methode sogar noch wirksamer zu machen. Denn in der Bekämpfung jeder Form von Desorganisation, ob im Physischen oder Präphysischen, ist die präzisere die bessere Methode. Seine Techniken geben dem Anwender auch Zugriff auf einen weiten Bereich an Information, der für einige Patienten notwendig oder wünschenswert sein kann.

Wenn der Autor deshalb gebeten würde, eine Vermutung zu wagen, würde er sagen, dass die zwei Methoden sich ergänzen und die Zukunft eine Kombination von ihnen sehen wird.

Kapitel Zehn

Auf schmalem Grat

Unser Wissen ist ein Tropfen, unsere Unwissenheit ein Meer.

William James

1

Sehen wir mal, ob wir irgendeine Erklärung der Phänomene finden können, die wir auf den vorhergehenden Seiten untersucht haben. Versuchen wir, irgendeine Hypothese zu finden, die sie alle zusammen bringen kann.

Im besten Fall kann alles, was wir finden oder vorschlagen, nur versuchsweise und unvollständig sein; und, wie der Leser am Anfang gewarnt wurde, mögen viele von denen, die mit Radionik arbeiten, nicht mit uns übereinstimmen. Doch die Tatsache, dass es so viele Unsicherheiten über die in die Radionik einbezogenen Phänomene gibt, macht es um so wichtiger, zu versuchen, etwas von dem Mysterium aufzudecken und zu einem gewissen Grad an Übereinstimmung zu kommen, und sei er auch begrenzt.

Mit diesem entscheidenden Schritt in tiefes Wasser ist jeder Leser, der die Ausdauer hatte, so weit zu lesen, ein genau so qualifizierter Taucher wie der Autor. Der Erstgenannte hat nun die gleichen Fakten wie letzterer und ist genauso fähig, sie zu interpretieren. So will der Autor in der Hoffnung, dass sie den Leser befähigen, für sich selbst zu einer angemessenen Erklärung zu kommen, nur Vorschläge machen.

Wir können für den Anfang vielleicht darin übereinstimmen, dass die Radionik den gegenwärtigen Horizont der Physik, Medizin oder Biologie übersteigt. So müssen wir uns dem Gegenstand mit einem offenen Geist und ohne irgendwelche vorgefassten Meinungen nähern. Wir müssen auch erkennen, dass es ebenso unnötig wie töricht ist zu versuchen, die Radionik in der orthodoxen Wissenschaftssprache zu erklären, da sie sich nicht an die wissenschaftlichen Gesetze anpasst, wie sie heute bekannt sind. Tatsächlich mögen wir unsere Sprache unzulänglich finden und müssen einige Ergänzungen prägen. Aber daran ist nichts falsch, weil jeder neue Zusatz zu Wissenschaft oder Technologie nach neuen technischen Ausdrücken ruft, die für die Wissenschaftler des vergangenen Jahrhunderts ganz unbegreiflich gewesen wären.

Also, fahren wir fort und wagen den Schritt.

2

Es mag nützlich sein damit zu beginnen, uns selbst daran zu erinnern, wie jung die moderne Wissenschaft ist und wie wenig wir wirklich über irgend etwas wissen. Das sollte unnötig sein, aber es gibt, so unglaublich es scheinen mag, immer noch solche, die glauben, dass die große Struktur der modernen Wissenschaft vollständig und alles, was zu tun übrig bleibt, ein wenig innere Dekoration ist.

Tatsächlich ist es noch nicht lange her, dass einer der führenden Köpfe der amerikanischen Wissenschaft feierlich proklamierte, dass die Wissenschaft nichts mehr von Bedeutung zu lernen hätte. Bevor der Autor den Zeitungsausschnitt, der dieses faszinierende Beispiel erlesener Aufgeblasenheit beinhaltete, einordnen konnte, um ihn hier wiederzugeben, kaute leider sein Hündchen darauf herum und konnte ihn – verblüffenderweise – verdauen.

So ist es vielleicht wert, sich daran zu erinnern, dass die meisten der großen Fortschritte in der Physik, Elektronik und Medizin alle innerhalb der letzten hundert Jahre oder so gemacht worden sind. Bestimmt ist es dann naiv zu vermuten, dass der Mensch in der kurzen Zeit das *ganze* gewaltige Lager an Naturgeheimnissen entschlüsselt hat. Wenn einige von ihnen vom Beginn der Geschichte an bis zu den jüngsten Zeiten verborgen bleiben konnten, ist es dann nicht vernünftig zu vermuten, dass es eine Menge mehr zu entdecken gibt?

Es ist tatsächlich offensichtlich, dass es sie gibt, denn wir haben noch nicht solche Mysterien wie die Natur der Gravitationskraft gelöst oder wie der menschliche Geist arbeitet und es gibt immer noch eine Anzahl von Krankheiten, die wir nicht vollständig heilen oder kontrollieren können. Es ist dann kein Wunder, dass die Mysterien der Radionik so wenig erkannt oder verstanden werden.

Da Radionik sich mit unserem Körper beschäftigt, wird es nützlich sein, einen neuen Blick auf ihn zu werfen und zu begreifen, wie verschieden er wirklich von dem ist, was er im Badezimmerspiegel oder auf der Waage zu sein scheint.

Was für einen Eindruck der Spiegel oder die Waage uns immer geben mag, Tatsache ist, dass unser Körper zum großen Teil aus Leere zusammengesetzt ist – wie John Wilcox uns so weise in seiner Studie über Radionik[89] erinnert. Denn wie jedermann weiß, bestehen die Atome, die unseren Körper bilden, aus einem zentralen Nukleus, der von einer dünnen 'Wolke' wirbelnder Elektronen umgeben ist.

---

89 John Wilcox, Radionic Theory and Practice (Radionik, Theorie und Praxis), London 1960

Die Atome haben einen Durchschnittsdurchmesser von weniger als einem 100.000.000stel Zoll und der zentrale Kern ist etwa 10.000 mal kleiner. Zwischen dem Kern und der Elektronen-'Wolke' gibt es, soweit wir wissen, abgesehen von den Feldern eine großen leeren Raumanteil. Grob gesprochen ist der Kern dem Durchmesser der Sonne gleich und das Atom als Ganzes der Größe des Sonnensystems. Oder, wenn man das vorzieht, könnten wir den Kern mit einem Fußball in der Mitte des größten Zuschauerraumes der Welt vergleichen, in dem Elektronen um die Decke kreisen. Auf welche Art man es auch immer betrachten möchte, in jedem Atom gibt es einen relativ riesigen Anteil Leere.

Die Atome mit ihren wirbelnden Elektronen werden durch Felder und Kräfte am Auseinanderfliegen gehindert, von welchen wir einige bei der Erzeugung der Atomenergie zu spalten gelernt haben. Und die Tatsache, dass wir einige Atome in Energie umwandeln können, zeigt, dass Materie wirklich eine Form der 'kristallisierten Energie' ist. Was auch immer uns also die Badezimmerwaagen erzählen mögen, unsere Körper sind letztlich aus einer Form von Energie und viel leerem Raum zusammengesetzt, was den Übergewichtigen überhaupt kein Trost sein wird.

Um einen Schritt weiter zu gehen, unsere Körper bestehen aus Molekülen, zusammengesetzt aus Atomen und gewöhnlich in äußerst komplexen und unstabilen Zusammenstellungen aufgebaut, die immer wieder zusammenbrechen und neu gebaut werden. Diese Moleküle werden zusammen mit unseren Zellen und Organen bei beständigen Änderungen des Materials durch die elektrodynamischen Felder oder L-Felder zusammengehalten, die von Harold Burr[90] entdeckt und früher erwähnt wurden.

Dies erlaubt uns, das Bild von unseren Körpern zu ergänzen, sie sind aus einer Form von Energie und einer Menge feldgefüllten Raums zusammengesetzt, welcher durch ein kontrollierendes Feld organisiert und unterhalten wird. Oder anders ausgedrückt, unsere Körper sind aus Feldern in Feldern gemacht, in ziemlich der gleichen Weise wie jene chinesischen Schachteln, wo eine in der anderen steckt.

Da der Körper selbst und alle seine Organe, Zellen, Moleküle und Atome ihre eigenen Felder besitzen, ist es verlockend jenen denkwürdigen Vers anzuführen:

Große Felder haben kleine Felder
auf ihren Rücken, um sie zu bekämpfen;
und kleine Felder haben kleinere Felder
und so weiter *ad infinitum*.

Felder sind demnach also für unsere Existenz ganz wichtig. Aber was ist ein Feld? Kurioserweise weiß die Wissenschaft eine Menge darüber, was Felder *machen*, aber sie weiß nicht, was Felder *sind*.

Eine akzeptierte Definition eines Felds ist diese: Wenn etwas an einem Punkt im Raum passiert, weil etwas anderes an einem anderen Punkt passiert ist, ohne sichtbare Mittel, durch

---

90 Dr. Burr starb im Februar 1973 im Alter von 83 Jahren. Aber der Autor ist glücklich, berichten zu können, dass seine kürzlich erschienene Zusammenfassung seines Lebenswerks (Blaupause der Unsterblichkeit, Radionik Verlag, 2005) zunehmend Interesse von umsichtigen Wissenschaftlern anzieht, die die große Signifikanz seiner Entdeckung bemerkt haben. Zum Zeitpunkt dieser Niederschrift planen einige tatsächlich die Fortführung seiner Forschungen.

die die 'Ursache' auf das 'Ereignis' bezogen werden kann, wird von den zwei Ereignissen gesagt, dass sie durch ein 'Feld' verbunden sind.

Das erlaubt ein anderes – und noch weniger irdisches – Bild von unserem 'gar so festen Fleisch': es wird durch eine unendliche Anzahl unsichtbarer 'Mittel' zusammengehalten, durch die 'etwas etwas anderem etwas tun' kann.

All dies zeigt, dass unsere Körper durch subtile, unsichtbare und nicht greifbare Kräfte, deren wirkliche Natur wir nicht kennen, organisiert sind – und von ihnen abhängen. So ist es sicherlich nicht überraschend, dass die feinstofflichen Phänomene der Radionik in der Lage sind, die Organisation des menschlichen Körpers zu beeinflussen – und die aller anderen lebenden Formen?

Wir benötigen keinen Schmiedehammer, um ein Ei zu knacken. Warum dann vermuten, dass nur der Schmiedehammer starker Medikamente die schwachen, unsichtbaren Feldorganisationen des menschlichen Körpers beeinflussen kann? Wie wir gesehen haben, beschäftigt sich die Radionik mit der präphysischen Organisation des Körpers und sucht die Fehler in der Organisation zu berichtigen, aus denen die Symptome herrühren. Weder benötigt noch verwendet sie einen solchen Schmiedehammer, um sozusagen die zerbrechlichen Schalen der Desorganisation zu knacken.

3

Burrs größte Entdeckung zeigt, dass Desorganisation der Krankheit vorausgeht – und deren Ursache ist. Denn er demonstrierte, dass oft anomale Spannungsmuster in den organisierenden L-Feldern des Körpers gefunden werden, bevor es irgendwelche physischen Symptome gibt. Anomale Spannungen können zum Beispiel manchmal Warnung vor bösartigem Wachstum sein, bevor physische Symptome erscheinen – eine unschätzbare Hilfe für zukünftige Ärzte.

Ob sich die radionische Behandlung auf die elektromagnetischen L-Felder oder sogar auf irgendeinen noch feinstofflicheren organisierenden Faktor auswirkt oder nicht, Burr's Entdeckung zeigt, dass die Radionik auf der richtigen Spur ist, wenn sie bei der Krankheitsbehandlung die Desorganisation angeht.

Da Organisation – im weitesten Sinne – das Produkt des Geistes oder Gedankens ist, kann *Des*organisation nur durch etwas dem Geist oder Gedanken Verwandtes berichtigt werden. Und es gibt reichlich Hinweise darauf, dass dies nicht nur möglich, sondern ganz normal ist.

Alle Ärzte wissen zum Beispiel, dass eine optimistische Geisteshaltung bei einem Patienten ein wirksamer Faktor bei dessen Genesung ist. Und die meisten Ärzte haben Fälle gehabt, bei denen ein kräftiger 'Lebenswille' des Patienten die medizinischen Wahrscheinlichkeiten umgekehrt haben. Dies sind alltägliche Beispiele, wie der *Geist* des Patienten hilft, die Desorganisation der Krankheit zu korrigieren.

Wie auch immer er das tun kann, Dr. Leonard J. Ravitz jun., ein Schüler von Burr, hat elektronisch bewiesen, dass der Geist oder Gedanke einen messbaren Einfluss auf die L-Felder des menschlichen Körpers hat, mit anderen Worten, dass der Geist sich zumindest auf den elektromagnetischen Organisator des Körpers auswirken kann. Denn schon 1948 entdeckte er, dass es möglich ist, die Tiefe der Hypnose mit einem empfindlichen Voltmeter zu messen, weil die Hypnose das L-Feld verändert. In anderen Experimenten hat er auch herausgefunden, dass der Geisteszustand durch die elektrischen Spannungsmuster im Feld widergespiegelt wird und dass es möglich ist, emotional instabile Leute durch unstete Spannungen in ihren Felder zu erkennen.

Mit einem geeigneten Voltmeter ist es leicht – und spaßig –, die Wirkung des Gedankens auf das L-Feld zu demonstrieren. Erst neulich beobachtete der Autor ein solches Experiment, als ein Freund durch eine Elektrode, die an seiner Stirn befestigt war und die andere an der Handfläche seiner Hand, an ein Instrument angeschlossen wurde. Beim Start registrierte das Voltmeter 35 Millivolt, doch als der Mann seinen Geist allmählich leer machte, fiel die Spannung langsam ab. Als der Autor an das Voltmeter angeschlossen wurde, blieb die Spannung beständig bei 38 Millivolt, bis er zufällig an etwas Lustiges dachte und die Spannung unmittelbar auf 45 Millivolt hinauf schoss. Humor ist eine so schwer fassbare, unbestimmte Gedankenform, dass es faszinierend war zu beobachten, dass sogar eine lustige Erinnerung auf das L-Feld einwirken kann. Dies ist, so weit der Autor weiß, bisher in der 'Literatur' noch nicht besonders erwähnt worden, doch ist es bekannt, dass unerfreuliche Erinnerungen sich auf das Voltmeter auswirken.

Solche Experimente zeigen, dass der Geist, Gedanke oder das Gedächtnis – subtile, wenig verstandene Phänomene – Wirkungen auf das L-Feld erzeugen können, *die elektronisch gemessen werden können*. So ist es leicht zu verstehen, dass negative Gedanken – wie Angst, Sorge oder Kummer – einen schlechten Einfluss auf das L-Feld haben können. Normalerweise kontrolliert das L-Feld die Organisation des Körpers, doch wenn er teilweise desorganisiert oder durch den Einfluss des Geistes aus der Fassung gebracht ist, würden wir nachteilige Wirkungen auf den Körper erwarten. Das ist es wahrscheinlich, wie 'psychosomatische' Krankheit verursacht wird.

Es ist natürlich seit dem Beginn der Geschichte bekannt gewesen, dass sich der Geist oder die Emotion auf den Körper auswirkt. Die Frauen der Höhlenmenschen bemerkten wahrscheinlich, dass ihre Babys Liebe benötigten, um sie gesund zu machen und die Wirkungen von Sorge oder Stress auf die Gesundheit sind bei guten Ärzten immer bekannt gewesen. Heute wächst die Forschung auf diesem Gebiet. Einige neuere Studien haben zum Beispiel gezeigt, dass 'psychosozialer Entzug', zum Beispiel Mangel an Liebe, sowohl die *körperliche* als auch geistige Entwicklung eines Kindes verzögern kann. Aber Burr's Entdeckung bietet zum ersten Mal eine Erklärung dafür an, *wie* der Geist auf den Körper einwirkt.

Demnach ist es also gut belegt, dass Liebe oder Sorge, beides Formen des Gedankens, stark auf den menschlichen Körper einwirken können, und kürzlich haben Cleve Backster und andere herausgefunden, dass menschliche Gedanken sogar auf Pflanzen einwirken können. So ist es ganz natürlich, dass der Geist des Bedieners eine so wichtige Rolle bei der radionischen Diagnose und Behandlung spielen müsste.

4

Die meisten Leute werden zustimmen, dass das Universum wunderbar organisiert ist. Aber nicht jeder vergegenwärtigt sich, dass *Organisation*, das Produkt des Schöpfergeistes, als *zugrunde liegende Realität* dahinter steht. Das ist leicht einzusehen, wenn wir einen Moment darüber nachdenken:

Die Wissenschaft hat uns gezeigt, dass alle Materie aus Grundelementen in verschiedenen Verhältnissen und Anordnungen zusammengesetzt ist. Sie hat auch gezeigt, dass die Elemente selbst aus ähnlichen subatomaren Partikeln in unterschiedlicher Anzahl und Anordnung zusammengesetzt sind. Die Unterschiede zwischen zwei Stoffarten oder zwei Elementen sind deshalb bloß *Unterschiede in der Anordnung allge-*

meiner Grundkomponenten – oder ihrer Organisation im Raum.

Die Physik hat uns gezeigt, dass der Unterschied zwischen zwei Formen elektromagnetischer Energie – zum Beispiel zwischen Licht- und Radiowellen – bloß einer der Frequenz bzw. Anzahl der Schwingungen pro Sekunde ist. Mit anderen Worten, der Unterschied zwischen Licht- und Radiowellen oder zwischen rotem und blauem Licht ist nur einer *der Organisation in der Zeit.*

Wir haben gelernt, dass sich die Bestandteile der Atome manchmal wie Partikel und manchmal wie Wellen verhalten, ein Unterschied in der Organisation. Und die Kernphysik hat bewiesen, dass Materie manchmal in Energie verwandelt werden kann und Energie in Materie, mit anderen Worten, eine Organisation im Raum kann manchmal in eine Organisation in der Zeit umgewandelt werden – *und umgekehrt*.

All dies zeigt, dass die Identität – oder Realität – von allem im Universum von etwas Unsichtbarem und Ungreifbarem abhängt – einer Organisation in der Zeit oder im Raum oder in beidem. Kurzum, *Organisation* ist der zugrunde liegende, gemeinsame Bestandteil von allem.

In all unserer Erfahrung ist die Art der Organisation das Produkt einer Intelligenz oder eines Geists. Es kann ohne den vorausgehenden Gedanken irgendeines Geists keine Organisation irgendeiner Art geben, ob es sich um die Pläne für ein Gebäude, die Route, der wir beim Autofahren folgen, oder sogar die Anordnung für einen Mittagstisch handelt.

So können wir sehen, dass die Letzte Realität – die ursprüngliche, wesentliche Ursache und Bestandteil von allem – Geist oder der Gedanke ist.

Dies ist natürlich manchen seit Tausenden von Jahren bekannt. Wie es die alten Buddhisten ausdrückten: „Alles was wir sind, ist das Ergebnis von dem, was wir gedacht haben, besteht aus Gedanken; der Geist steht über allem.“ Plato und Anaxagoras vergegenwärtigten sich, dass Organisation und Geist die Grundlage von allem sind, und in diesem Jahrhundert haben sich so große Denker wie Sir James Jeans das Universum als aus reinem Gedanken 'bestehend' vorgestellt. Die Radionik, bei welcher der Gedanke eine so wichtige Rolle spielt, ist demnach bei ihrer Krankheitsbehandlung näher an der Realität als rein chemische oder biologische Methoden. Denn sie greift die *Des*organisation *direkt* an, welche die Grundursache für Krankheit ist.

5

Obwohl der Geist oder der Gedanke die Grundlage all dessen ist, was existiert, wissen wir befremdlich wenig darüber. Das ist hauptsächlich deshalb so, weil viele Leute immer noch den Gedanken mit dem menschlichen Gehirn verwechseln und eine glückliche – aber nutzlose – Zeit damit verbringen, nach einer elektrischen oder chemischen Erklärung zu suchen. Sie vergegenwärtigen sich nicht, dass das Gehirn nur ein erstaunlicher Computer ist, der durch den Geist oder die Gedanken seines Besitzers 'programmiert' ist.

Ein anderer Grund, warum wir so wenig wissen ist, dass bis in die allerjüngsten Zeiten die wenigen, die mehr über den Gedanken herausfinden wollten, als hoffnungslos exzentrisch angesehen und durch die orthodoxe Wissenschaft gemieden oder sogar verspottet wurden, ausgenommen, wie wir festgestellt haben, in der Sowjetunion.

Wir wissen jedoch ein oder zwei Dinge über den Gedanken, die für die Radionik von Bedeutung sind und die jeder zweifelnde, aber unvoreingenommene Leser für sich selbst prüfen kann, wenn er ein wenig Hausaufgaben macht.

Zahllose Experimente in der Gedankenübertragung, die seit den Anfängen der Geschichte bekannt gewesen ist, haben gezeigt, dass der Gedanke Wirkungen durch den Raum hindurch erzeugen kann, Wirkungen, die augenscheinlich nicht durch die Entfernung beeinflusst werden. Professor Vasiliev aus Leningrad leitete einige Experimente in der Gedankenübertragung über eine Entfernung von etwa 900 Meilen mit keiner messbaren Abschwächung oder Verzögerung.

Anders ausgedrückt, ein Gedanke an einem Punkt im Raum kann einen Effekt – einen anderen Gedanken – an einem anderen Punkt im Raum durch keinerlei sichtbare Mittel, durch welche die 'Ursache' (der originale Gedanke) auf das 'Ereignis' (den entfernten Gedanken) bezogen werden kann, erzeugen.

Im Licht der akzeptierten Definition eines Felds, die gerade zitiert wurde, ist es klar, dass Ursache und Wirkung durch ein Feld verbunden sind. Kurzum, *ein Gedanke verhält sich wie ein Feld*.

Andere, die dieses Offensichtliche haben aufblitzen sehen, haben diesem Phänomen verschiedene Namen gegeben. Doch in einem anderen Buch - das dieses Thema ausführlicher erforscht, schlug dieser Autor T-Felder[91] vor, um Gedankenfelder zu beschreiben. Dies geschah teilweise, um sie von den elektromagnetischen L-Feldern zu unterscheiden, teilweise zur Vereinfachung und teilweise, um jegliche Mehrdeutigkeit zu vermeiden. Denn ein T-Feld ist genau wie sein Name sagt ein Feld von Gedanken, welches genauso real ist wie ein elektromagnetisches Feld, wenn auch von diesem sehr verschieden. Es ist nicht mehr und nicht weniger. Mit anderen

91 T-fields – Thought-fields (engl.) = Gedankenfelder

Worten, der Gedanke ist sozusagen eine Kraft 'aus eigenem Recht'.

Da Gedanken Wirkungen erzeugen können und ihre Identität über große Entfernungen bewahren, ist es leicht, einzusehen – und sehr wichtig zu erinnern –, dass *T-Felder ganz getrennt vom menschlichen Gehirn existieren können.* Ein weiterer Beweis dafür ist, dass, obwohl die Zellen des Gehirns beständig einem Stoffwechsel unterliegen – das heißt, sie werden auseinander genommen und mit frischem Material wieder aufgebaut – das Gedächtnis oder 'die gespeicherten Gedanken' dauerhaft sind. Wir können uns zum Beispiel an Dinge aus der Kindheit erinnern, obwohl das Material unserer Gehirnzellen seitdem hunderte Male vollständig ausgetauscht worden ist, wie die moderne Forschung mit 'markierten Elementen' gezeigt hat.

Sicherlich muss also etwas so Beständiges wie das Gedächtnis ganz unabhängig vom Material sein, welches immer wechselt?

Was ist dann die Funktion des menschlichen Gehirns? Es ist eine Maschine, die vom Geist benutzt wird. Wie gerade eben vorgeschlagen, ist es analog zu einem Computer, aber unendlich komplexer und vielseitiger. Seine Zellen sind grob den Datenspeichern eines Computers gleich – obwohl im Unterschied zu diesen das Material der Zellen ständig wechselt. Wenn wir etwas sehen oder lernen, machen wir ein T-Feld davon, welches wir in einer oder mehreren Zellen lokalisieren. Dies, so meint der Autor, findet statt, damit sie in einer dreidimensionalen Struktur gebrauchsfertig 'verankert' sind.

Um zu denken, müssen wir die T-Felder in der richtigen Reihenfolge abtasten, die alles verkörpern, was wir gelernt haben. Wenn wir etwas sagen wollen, müssen wir die T-Felder, die unser Wortwissen darstellen, ordnen und in der richtigen Weise benutzen. Wie unser Geist diesen erstaunlichen Prozess des Abtastens und Wiedergewinnens der Erinnerung genau ausführt, weiß niemand, doch scheint es wahrscheinlich, dass er es nicht tun könnte, wenn unsere T-Felder nicht sozusagen in ordentlicher Weise 'registriert' wären. Sonst glichen unsere Gehirne einem Büro, in welchem hunderttausende unordentlich herumliegender Papiere von einem kräftigen Wind durcheinander gewirbelt würden.

Denn T-Felder sind nichtkörperlich, nichträumlich und können den Raum durchqueren. Sie können jede Gestalt annehmen, von der eines mikroskopisch kleinen Punktes, angeheftet an eine Gehirnzelle, bis hin zu einem Feld, das sich unbestimmt im Raum ausdehnt. Wenn sie nicht festgelegt und richtig in die dreidimensionalen 'Aktenschränke' der Gehirnzellen eingeordnet wären, wie könnten wir sie dann jemals finden und benutzen, wenn wir sie brauchen? Wie es aussieht, ist das 'Registrierungssystem' so gut und der Abtastmechanismus so erstaunlich, dass der Prozess normalerweise beinahe augenblicklich stattfindet. Manchmal, das ist wahr, 'sind wir um ein Wort verlegen' und es kann einige Sekunden dauern, sich an es zu erinnern. Manchmal kann es viel länger dauern, um das T-Feld irgendeines vergangenen Ereignisses zurückzurufen oder einem bekannten Gesicht einen Namen zuzuordnen. Aber normalerweise ist der Prozess des Abtastens und Wiedergewinnens eines T-Felds so perfekt und schnell, dass wir uns darüber nicht bewusst sind.

Diejenigen, die uns glauben machen wollen, dass Denken ein rein elektrochemischer Prozess ist, verwechseln den Computer mit der Information, die er speichert und benutzt. Computer verwenden Elektrizität genau so wie unsere Gehirne. Aber sogar der enthusiastischste Computerfan verwechselt die Stromversorgung nicht mit der Information, mit welcher der Computer programmiert ist.

Diese elektrochemischen Theoretiker übersehen auch eine Eigenschaft der T-Felder, die aus unserem Blickwinkel wichtig ist, und zwar, dass T-Felder sich nicht nur an Gehirnzellen heften können, sondern ebenso an *jede Art von Materie*. Mit anderen Worten, eine Gehirnzelle kann der *beste* 'Anker' eines T-Feldes sein, ist aber nicht die *einzig* mögliche Art von Anker.

Dies wird durch das ziemlich alltägliche Phänomen der Psychometrie bewiesen, ein unglücklicher Name für eine der bedeutendsten Eigenschaften des Gedankens. T-Felder können in einem kleinen Edelstein, einem Papierstück oder einem großen Gebäude verankert oder lokalisiert werden und viele Sensitive sind in der Lage sie wahrzunehmen und vergangene Ereignisse oder Szenen mit großem Detail zu beschreiben. Dies ist bei Parapsychologen gut bekannt, doch aus irgendeinem seltsamen Grund zollen sie dem Phänomen, das so bedeutend wie leicht zu prüfen ist, nicht viel Aufmerksamkeit.

6

Wir können die Tatsachen, die wir über den Gedanken zusammengetragen haben, zusammenfassen und sehen, ob sie uns helfen können Radionik zu erklären:

1. Der Gedanke verhält sich wie ein Feld und erscheint in einer unendlichen Vielfalt von T-Feldern.
2. Er kann Wirkungen quer durch den Raum erzeugen, die, soweit wir wissen, nicht durch Entfernung oder Zeit beeinflusst werden.
3. Der Gedanke ist unabhängig vom menschlichen Gehirn und kann gesondert von ihm existieren.

4. Er kann sich nicht nur an Gehirnzellen anbinden, sondern ebenso an jede Art von Materie.
5. Er kann die organisierenden L-Felder des menschlichen Körpers beeinflussen.
6. Organisation, die allem, das existiert, seine Identität und Realität gibt, muss das Produkt des Geistes oder des Gedankens sein.
7. Geist oder Gedanke müssen deshalb der Organisation vorausgehen.

Um den letzten Punkt zu entwickeln, da es keine Organisation ohne irgendeinen *vorausgehenden Gedanken* geben kann, *muss es einen Entwurf geben – eine 'Blaupause des Gedankens' sozusagen – für alles, das existiert*. Es muss einen Gesamtentwurf für das Universum geben und kleinere, Gedanken kompatible Entwürfe für alle seine Komponenten, von den Sternen und Planeten herunter bis zum einfachsten Atom und seinen Partikeln.

Jeder Architekt, Schiffsbauer oder Flugzeugingenieur weiß, wie viele Zeichnungen und Blaupausen gemacht werden müssen, bevor ein Gebäude, ein Schiff oder ein Flugzeug konstruiert werden kann. Normalerweise wird ein kompletter Satz für die Lebensdauer der Konstruktion für den Fall aufbewahrt, dass sich eine Störung zeigt oder Änderungen gemacht werden müssen.

Es scheint vernünftig, anzunehmen, dass die Natur – ohne Raummangel – alle ihre 'Gedankenblaupausen' unbegrenzt bewahrt, weil das Universum nicht nur eine beständige Struktur ist – so weit wir wissen –, sondern ebenso eine, die sich ständig ändert. 'Gedankenblaupausen' müssen deshalb für die Natur immer verfügbar sein, um die Organisation zu unterhalten, um Änderungen zu machen oder um irgendeine zeitweilige 'Desorganisation' (wie sie uns erscheint), die auftauchen könnte, zu korrigieren. 'Desorganisation' in den Strukturen der Natur können sich durch solche Dinge ergeben wie die Kollision von Meteoriten mit anderen Körpern im Raum, durch Erdbeben, durch klimatische Veränderungen oder durch Krankheit.

Wie und wo archiviert die Natur ihre 'Gedankenblaupausen'? Da wir wissen, dass der Gedanke sich an jede Form von Materie anheften kann, scheint es vernünftig zu vermuten, dass die Natur ihre Blaupausen mit und in den einzelnen Strukturen oder Organisationen 'ablegt', die sie repräsentieren, gerade so wie sie L-Felder in allen lebenden Formen bewahrt, um sie zu organisieren und zu unterhalten.

Da es die Natur für notwendig erachtet, ein L-Feld für alle und jede Lebensform, vom Menschen zu Mäusen, von Bäumen zu Samen, bereitzustellen, würden wir auch von ihr erwarten, diese mit 'Gedankenblaupausen' auszustatten. Denn der Gedanke kann die L-Felder beeinflussen und diese 'Blaupausen' sind wahrscheinlich die Mittel der Natur, um die Struktur zu modifizieren, gerade so wie wir unsere L-Felder modifizieren können und auf diese Weise unsere Körper durch unsere Gedanken, wie wir gerade jetzt sahen.

Obwohl wir diese 'Gedankenblaupausen' als T-Felder beschreiben könnten, weil sie aus Gedanken 'zusammengesetzt' sind und die gleichen Eigenschaften besitzen, sind sie eher von der Art *standardisierter Muster* als die T-Felder, die wir erzeugen, weil es ihre Funktion ist, eine besondere Struktur oder Form zu organisieren. Um sie also von den T-Feldern zu unterscheiden, welche unsere verschiedenen Erinnerungen und unser Wissen darstellen, sollten wir vielleicht die Blaupausen der Natur 'organisierte Felder' oder kurz 'O-Felder' nennen. Um die beiden in einer groben Analogie zu vergleichen, können wir sagen, dass unsere T-Felder den Eindrücken eines Künstlers gleichen, während die O-Felder der Natur mehr wie Architektenpläne sind. Übrigens *könnten* O-Felder das sein, was Guyon Richards entdeckte.

Es scheint logisch, zu vermuten, dass die Natur ihre O-Felder mit der Form oder den Strukturen ablegt, die sie repräsentieren, weil sie sich in einer unendlichen Vielfalt ergötzt. Wir wissen aus Erfahrung, dass bürokratische Zentralisation dazu neigt, Gleichförmigkeit zu erzeugen und Vielfalt zu zerstören. Da die Natur kein Bürokrat ist und Gleichförmigkeit nicht gern hat, würden wir von ihr erwarten, die 'Akten' ihrer O-Felder zu dezentralisieren, besonders, da für sie keine Notwendigkeit besteht, sie alle in einem monumentalen, den Kosmos füllenden Schrank aufzubewahren wie der Zentralrechner – 'das Monster' – des *US Internal Revenue Service*. Denn da der Gedanke offensichtlich nicht durch Zeit oder Entfernung beeinflusst wird, kann die Natur – oder wenn man es vorzieht der Geist des Schöpfers - unmittelbaren Zugriff auf jedes O-Feld haben, wo immer es im Universum auch sein mag. Die Natur muss keine Papiere hin und her schieben.

Es ist interessant zu bemerken, dass dieses unmittelbare Gewahrwerden des Schöpfergeistes von jedem Ereignis und Detail in der Organisation des Universums durch Jesus Christus klar beschrieben wurde, als er sagte: „Kauft man nicht zwei Sperlinge für einen Groschen? Dennoch fällt keiner von ihnen auf die Erde ohne euren Vater. Nun aber sind auch eure Haare auf dem Haupt alle gezählt.“[92]

Die O-Felder der Natur müssen in unbegreiflicher Anzahl existieren und in unvorstellbarer Mannigfaltigkeit und Vielschichtigkeit. Im Fall des menschlichen Körpers können wir annehmen, dass es ein Gesamt-O-Feld gibt, welches sich

---

92 Matth. 10, 29-30

über das L-Feld hinwegsetzen kann, wenn oder wann notwendig. Dies könnte vielleicht das Gleiche wie der 'ätherische Körper' sein, der von den östlichen Philosophen beschrieben wurde - oder ein Teil davon. Doch das spielt für unseren Blickwinkel keine Rolle, wenn wir dem zustimmen können, dass es in jedem von uns ein organisierendes 'Gedankenfeld' geben muss, welches ein sehr kleiner Teil des zugrunde liegenden Entwurfs des Universums sein muss oder, wenn man das vorzieht, einer der nicht begrenzbaren 'Gedanken' des Schöpfers.

Obwohl auf den ersten Blick die Idee eines O-Feldes zu unbestimmt erscheinen mag, um es sich vorzustellen oder es zu akzeptieren, bleibt die Tatsache bestehen, dass jeder von uns sie jeden Tag bilden und verwenden muss. Diesen Morgen musste der Autor zum Beispiel auf die andere Seite der Stadt fahren, um einige Besorgungen zu machen. Vor dem Start bildete er in seinem Geist ein 'Organisationsfeld' der zu fahrenden Straßen und Abzweigungen sowie der günstigsten Reihenfolge, in der die Besorgungen zu erledigen wären. Dieses O-Feld wurde in seinem Geist durch reine Gedanken ausgeformt und wenn etwas seinen Start verhindert hätte, hätte es niemals irgendeine physische Form angenommen.

Jeder von uns kann sich weitere Beispiele ausdenken und wenn wir das tun, ist es dann so schwierig zu akzeptieren, dass die Natur ein O-Feld für jeden einzelnen ihrer Entwürfe und jede einzelne Struktur bilden muss?

Da wir wissen, dass die Materie des Universums unzählige elektromagnetische Felder enthält, Felder in Feldern, groß und klein, bis hinunter zum winzigen Feld innerhalb eines Atoms, würden wir von der Natur erwarten, ihre O-Felder in der gleichen Weise zu entfalten. Anders ausgedrückt, innerhalb des O-Feldes des Körpers muss es unzählige O-Felder für jedes

Organ, jede Zelle, jedes Molekül und Atom geben, genau wie es untergeordnete L-Felder gibt.

Da diese innerhalb des Gesamt-O-Feldes und ein Teil von ihm sind, *muss letzteres sich beständig jeder Desorganisation, Schädigung oder Krankheit in jedem Teil des Körpers bewusst sein*.

Wenn wir übereinkommen können, dass all dies vernünftig und wahrscheinlich scheint, haben wir einen wichtigen Anhaltspunkt für das Mysterium der Radionik.

7

Beginnen wir mit der Betrachtung der Radionikdiagnose im Licht dessen, was wir diskutiert haben:

Ein 'Muster', ein Blutstropfen, ein paar Haare, ein Stück erkranktes Gewebe oder auch eine Unterschrift, bringt das O-Feld des Anwenders mit dem O-Feld des Patienten in Berührung, welches – durch die Natur des Geists – *weiß*, was mit dem Patienten nicht stimmt. Wenn die Beziehung zwischen den zwei O-Feldern einmal eingerichtet ist, spielt die Entfernung keine Rolle, da beide Organisationen des Gedankens sind, und es gibt eine unmittelbare Kommunikation zwischen den beiden. *Auf diese Weise kann das O-Feld des Anwenders aus dem O-Feld des Patienten herausfinden, woraus die Störung besteht.*

Wenn der Praktiker jedoch nicht die seltene Gabe eines Edgar Cayce besitzt, gibt es das Problem, dass das O-Feld des Praktikers dessen bewusstem Geist sagen muss, was es herausgefunden hat. Es kann dies nur durch ein Ja oder Nein Signal als Antwort auf Fragen tun, die durch den Geist des Anwenders gestellt werden.

Wenn die Antwort 'Nein' ist, passiert nichts. Aber wenn sie 'Ja' ist, löst das O-Feld ein Signal im Nervensystem des Anwenders aus. Niemand scheint genau zu wissen, wie dies gemacht wird, doch das Ergebnis ist entweder ein Pendel in Gang zu setzen, das durch den Anwender gehalten wird, oder sonst seine Finger zu veranlassen, sich an das Gummi des Detektors zu heften. Alternativ nimmt das Signal, im Fall von Abrams' Reaktionen, die Form eine Reflexes in der Bauchwand an, das durch Klopfen oder Überstreichen aufgefunden werden kann.

Mit anderen Worten, es ist das O-Feld des Anwenders, das die Diagnose vom O-Feld des Patienten entdeckt. Es teilt seinen Befund dann mit, indem es durch das Nervensystem des Anwenders auf Fragen antwortet.

Cayce konnte ohne diesen Prozess auskommen, weil es eine direkte Kommunikation zwischen seinem O-Feld und dem Sprachzentrum seines Gehirns gegeben zu haben scheint. Während er schlief, konnte er deshalb seiner Sekretärin alles diktieren, was sein O-Feld über den Patienten heraus gefunden hatte. Obwohl der Autor niemals von jemand anderem gehört hat, der das kann, haben unzweifelhaft einige hoch intuitive Ärzte und Radionikanwender 'Ahnungen' und 'wissen instinktiv', was mit ihren Patienten nicht in Ordnung ist, und sie erhalten diese Information wahrscheinlich durch die Kommunikation zwischen ihrem und dem O-Feld des Patienten.

Ein ähnlicher Prozess muss angewendet werden, um Tiere, Pflanzen und Feldfrüchte zu diagnostizieren, weil die Natur *alle* ihre Schöpfungen – seien es auch lebende Formen aus unbelebten Substanzen wie Arzneimittel – mit O-Feldern ausstatten muss, von welchen das O-Feld des Anwenders Information erhalten oder von denen es die Anwesenheit ermitteln kann. Ohne Zweifel ist das die Erklärung des Wünschelrutengehens und der Radiästhesie, weil Grundwasser und Mineralien O-Felder haben müssen, deren Anwesenheit ermittelt werden kann.

Demnach ist es nur recht und billig zu sagen, dass die Radionikdiagnose, das Wünschelrutengehen und die Radiästhesie alle von der Gedankenübertragung zwischen O-Feldern abhängen. Das Pendel, der Gummidetektor, der Bauchreflex und der traditionelle Gabelstock des Wünschelrutengängers sind bloß verschiedene Möglichkeiten, mittels derer das O-Feld des Bedieners dessen Nervensystem verwendet, um seine Fragen zu beantworten.

Es gibt einige, die meinen, dass die Radionikdiagnose und Radiästhesie eine Form der elektromagnetischen Übertragung sind, ähnlich wie beim Radio. Doch der Autor behauptet, dass es aus drei Gründen Gedankenübertragung sein muss:

Erstens, das ist die einfachste Erklärung – und einfache Erklärungen sind gewöhnlich die wahrscheinlichsten –, weil man erwarten würde, dass der ganze Prozess vom Gedanken abhängt, da bekannt ist, dass der Geist des Operateurs einbezogen ist.

Zweitens, obwohl viele Versuche gemacht worden sind – und gemacht werden –, Radiofrequenzen zu finden, die vom menschlichen Körper ausgehen und die große Entfernungen überqueren könnten, ist – so weit der Autor weiß – keiner erfolgreich gewesen.

Drittens, in den vorher erwähnten Experimenten zur Gedankenübertragung verwendete Professor Vasiliev eine sehr sorgfältige Abschirmung. Das schloss alle Möglichkeiten irgendwelcher elektromagnetischen Strahlungen aus, ausgenommen, wie er erklärte, „im Bereich der Strahlung mit einer kürzeren Welle (Röntgen- oder Gammastrahlen), welche unwahrscheinlich ist, oder alternativ im Bereich der Kilometerwellen oder statischer elektrischer Felder. Die Möglichkeit, dass diese letzten zwei Faktoren eine Rolle spielen, ist jedoch auch kaum wahrscheinlich."

Der Autor betrachtet Professor Vasilievs Meinung als entscheidend, weil sein Werk über Gedankenübertragung lang und wissenschaftlich und er ein äußerst gewissenhafter Experimentator höchster Rechtschaffenheit war.

Aus diesen Gründen meint der Autor, dass wir die Möglichkeit der elektromagnetischen Gedankenübertragung fallen lassen können. Wenn das so ist, scheinen uns nur O-Felder und die Gedankenübertragung als die einzige mögliche Alternative übrig zu bleiben.

8

Was ist die Funktion des 'Musters'? Wie wir gesehen haben, glauben einige, dass der Blutfleck oder das Haar eine Erweiterung des Felds des Patienten ist, das sie in ihren Büros oder Labors diagnostizieren und behandeln können. Sie mögen Recht haben, weil in der radionischen Landwirtschaft, wie wir gesehen haben, das 'Schlüsselfoto' mit dem 'Reagens' behandelt wird.

Andererseits meinen andere, dass das 'Muster' bloß ein Mittel ist, um Verbindung mit dem Patienten zu bekommen, ungefähr vergleichbar mit den Abstimmspulen und Kondensatoren in einem Radiogerät.

Von diesen beiden Theorien bevorzugt der Autor die zweite aus folgenden Gründen:

Erstens benötigte Edgar Cayce, der unzweifelhaft vollendetste Radionikdiagnostiker in der Geschichte, überhaupt keine 'Muster'; um einen entfernten Patienten zu diagnostizieren, musste er nur wissen, wo der zur Zeit der Diagnose sein würde.

Zweitens, einige der besten modernen Radionikanwender können ihren Geist ohne ein physisches 'Muster' auf einen Patienten einstimmen oder, was das anbetrifft, auf irgendeine Krankheit oder ein Arzneimittel.

Drittens, obwohl einige Wünschelrutengänger Proben oder Mineralien nützlich finden, können viele ihre radiästhetischen Fähigkeiten ohne sie anwenden.

Vielleicht ist der Unterschied zwischen den Theorien nur semantisch. Aber es möchte scheinen, dass 'Muster' nicht unerlässlich sind. Anderseits finden die meisten Radionikanwender es unmöglich, ohne sie eine Verbindung mit dem Patienten herzustellen. So ist also die Frage, die wir zu beantworten suchen: warum sind sie nützlich?

Unser Konzept der O-Felder gibt uns einen Anhaltspunkt für die Erklärung. Da Gedankenfelder jeder Art sich an jede Art von Materie, ob es eine winzige Gehirnzelle, ein kleiner Edelstein oder ein großes Gebäude ist, anheften können, scheint es offensichtlich, dass ein Blutfleck oder ein Haar ein Muster oder eine Nachbildung des O-Felds des Körpers mit sich führen muss, von dem es stammt. Da jedes menschliche Sein einzigartig ist, müssen unsere O-Felder einzigartig und individuell sein. Auf diese Weise bringt die durch ein 'Muster' getragene Nachbildung des O-Felds den Anwender in Kontakt mit dem O-Feld des Patienten.

Wenn wir das Foto eines Freundes anschauen, denken wir an ihn oder sie und niemanden sonst, weil ein Foto eine individuelle Sache ist, die uns helfen kann, über ihren Gegenstand nachzudenken. Ähnlich ist eine Unterschrift – die manchmal als 'Muster' verwendet wird – individuell und hilft uns an den Unterschreiber zu denken, und wenn eine Unterschrift mit der

Hand aufs Papier geschrieben wird, ist es ebenso möglich, dass irgendeine Nachbildung des O-Felds des Unterschreibers auf das Papier aufgeprägt ist.

Kurzum, ein 'Muster' ist für das O-Feld und den Geist des Operateurs, was ein Foto oder eine Unterschrift für sein Auge ist: ein Mittel zur Einrichtung der Verbindung. Wenn das einmal getan ist, spielt es keine Rolle, ob der Patient im selben Raum ist oder in Australien, weil der Anwender und der Patient durch den Gedanken verbunden sind, der durch die Entfernung nicht beeinträchtigt wird und augenblicklich handelt.

9

Für einen Anhaltspunkt über die Natur der Radionikheilung ist der Autor seinem Pekinesen, Mr. Pekoe, zu Dank verpflichtet, der in die Jahre kommt und sich manchmal nicht so wohl fühlt, wie er könnte.

Die meisten Tiere wissen 'aus Instinkt', sich selbst zu helfen, wenn sie krank sind. Sie hören zum Beispiel mit dem Essen auf oder gehen in einen ruhigen Winkel und schlafen, eine Praxis der 'leichten Diät' oder 'Bettruhe' ähnlich, die durch die Ärzte oft verordnet wird. Doch Mr. Pekoe besitzt ein bemerkenswertes, kleines O-Feld, das ihm sagt, wie spezielle Heilmittel zu finden sind.

In dieser unverdorbenen Gegend von Nova Scotia, die er im Sommer gern besucht, gibt es eine große Fülle wilder, nicht unterscheidbarer Pflanzen, die weder der Autor noch seine Frau jemals identifiziert haben. Doch Mr. Pekoe hat. Wenn er 'nicht er selbst' ist, verlässt er den Weg und streift umher, bis er irgendeine besondere Pflanze oder Pflanzen in einem Gewirr von Grünzeug gefunden hat und frisst die Blätter dann gierig. Es ist offensichtlich, dass er hierbei sehr wählerisch ist, weil es in dem großen Vegetationsgebiet nur ein oder zwei kleine Flecken gibt, die er als seinen Medizinkasten betrachtet; und wenn er sich nicht auf der Höhe fühlt, wird er die verlockende Witterung der Kaninchen, eines Eichhörnchens oder eines Fuchses ignorieren, um sie aufzuspüren, sogar wenn es bedeutet, auf seinen kurzen, rheumatischen Beinen über eine ganz schöne Entfernung unebenen Grunds watscheln zu müssen.

Wie findet er sie? Wenn die gewählte Vegetation irgendeinen Geruch hat, dann bläst der vorherrschende Wind öfter von Mr. Pekoe weg. So kann der Autor nur vermuten, dass Mr. Pekoe's O-Feld sich der Nähe der O-Felder wohltuender Pflanzen bewusst ist und dem kleinen Hund zeigt, wo sie sind. Er vermutet auch, dass O-Felder einen Anhaltspunkt für das Mysterium des 'Instinkts' liefern können, doch das nur nebenbei.

Das Beobachten der Selbstbehandlung von Mr. Pekoe brachte schließlich den Ausschlag für die Überzeugung des Autors, die von Malcolm Rae und anderen geteilt wird, dass es 'etwas' in uns allen gibt, das weiß, was mit uns falsch ist und wie es in Ordnung zu bringen ist. Da dieses 'Etwas' Wissen besitzen muss, muss es sicherlich ein Feld des Gedankens oder O-Feld sein? Wie hilft die Radionikbehandlung dem O-Feld, um dem Patienten zu helfen? Beim Versuch dies zu beantworten, sehen wir uns bei der Beschreibung der feinstofflichen Prozesse des Denkens den Begrenzungen der Sprache gegenüber und es ist ebenso wahrscheinlich, dass Radionik auf mehr als einem Weg hilft.

Malcolm Rae liegt in der Vermutung zweifellos richtig, dass die Radionikbehandlung den Patienten anweist, wie er sich selbst heilen muss, und wir sollten vielleicht die Worte ergänzen 'und ermutigt'. Der Autor mag ebenso bei der Vermutung richtig liegen, dass die Radionikbehandlung die Aufmerksamkeit der 'normalisierenden Naturkräfte' auf irgendeine Desorganisation zieht, die korrigiert werden sollte. Denn die Natur verabscheut Desorganisation und könnte gut sozusagen Verstärkungen in Reserve haben, um schwankende individuelle O-Felder zu stützen. Zusätzlich mag es 'Gruppen-O-Felder' zur Gesamtorganisation von Gruppen oder Menschenrassen geben.

Es ist allgemein bekannt, dass in Notfällen die meisten Männer und Frauen aus verborgenen Kraft- oder Mutreserven schöpfen können, von denen sie nicht wussten, dass sie existieren. Dies deutet an, dass die Natur für Notfälle vorsorgt und sicher irgendwelche verstärkenden O-Felder in Reserve hält, die das selbe sein mögen wie die Lebenskraft oder das 'Prana' von Ruth Drown. Wir können nur vermuten; doch zumindest können wir sicher sein, dass die Radionikbehandlung in der einen oder anderen Weise die Kräfte des Gedankens anzapft oder freisetzt.

Dies führt zu der Frage: wenn das O-Feld des Körpers weiß, was falsch ist und wie es richtig gestellt wird, warum sollte der Patient irgendeine 'Instruktion' oder 'Ermutigung' durch den Radionikanwender benötigen? Kurz, die Antwort darauf scheint zu sein, dass möglicherweise die Arbeit des O-Felds durch eine 'Rückkopplung' des Geists des Patienten blockiert oder verhindert ist und bevor es helfen kann, muss diese 'Rückkopplung' eliminiert werden.

Wir haben gesehen, dass der Geist das L-Feld beeinflussen und es davon abhalten kann, seine Arbeit zu tun, mit dem Ergebnis, dass sich psychosomatische Symptome wie Geschwüre entwickeln. Es scheint dann wahrscheinlich, dass der Geist des Patienten auch die Arbeit des subtileren O-Feldes stören kann und seine Bemühungen zu helfen zunichte macht. Deshalb mag die Radionik, indem sie den Geist des Patienten instruiert und ermutigt, diesem helfen, sozusagen auf sein O-Feld zu 'hören'.

Denn obwohl der Geist nicht in der Lage sein mag, das O-Feld zu schädigen, da es eine der 'Vorlagen' der Natur ist, kann er sicherlich die Kommunikation unterbrechen und sich weigern auf Instruktionen zu hören. Dies ist klar, weil jeder Radioniker weiß, dass seine bewussten Gedanken die Information blockieren oder verstümmeln können, die sein O-Feld ihm zu geben versucht. So können wir ohne Zweifel die Winke, die unsere O-Felder uns zu geben versuchen, ignorieren und tun das auch, besonders wenn wir unter dem Stress des modernen Lebens und der Umwelt stehen, wie Malcolm Rae nahe legte.

Deshalb ist vielleicht eine der Funktionen der Radionikbehandlung die 'Rückkopplung' vom Geist des Patienten zu stoppen und die normale Kommunikation mit seinem eigenen O-Feld wiederherzustellen. Und dies mag der Grund sein, warum Tiere so viel leichter zu behandeln sind als Menschen, sie haben keine 'Rückkopplung' oder müssen keine 'Blockaden' eliminieren. Sogar der Geruch eines Kaninchens kann zum Beispiel Mr. Pekoe's Aufmerksamkeit nicht ablenken, wenn sein O-Feld ihm aufgibt, diese speziellen Blätter zu finden.

Im Unterschied zu Mr. Pekoe sind die meisten Menschen entweder durch die Gewohnheit zu gefesselt oder durch ihre Angelegenheiten zu gedankenverloren, um zu hören, was ihre O-Felder ihnen zu sagen versuchen. Schwangere Frauen scheinen jedoch eine Ausnahme zu sein. Wie man hört, fühlen sie manchmal einen überwältigenden Wunsch nach irgendeinem ungewohnten Nahrungsmittel und dieser Wunsch mag ein Fingerzeig von ihrem O-Feld oder dem ihrer Embryos sein, dass in ihrer Kost bestimmte, wesentliche Elemente benötigt werden.

Wenn der langmütige Leser protestiert, dass all dies höchst unbestimmt und spekulativ sei, wird der Autor vergnügt zugeben, dass es so ist. Doch entschuldigt er sich nicht dafür, weil der Gedanke so unfassbar und so wenig verstanden ist, dass wir über die Art, wie er arbeitet, nur spekulieren können. Andererseits ist es wichtig zu versuchen, mehr über ihn und seine Anwendungen zu lernen, weil er, wie wir gesehen haben, die Letzte Realität des Universums ist. Und die Radionik, welche die Kräfte des Gedankens nutzt und handhabt, ist die vielversprechendste Annäherung an mehr Wissen über dieses ausgesprochen wichtige Thema.

10

Wir müssen versuchen, die Erklärung für einige andere Phänomene zu finden, die wir in diesem Buch erwähnt haben:

Wie sich der Leser vielleicht erinnert, behaupten Malcolm Rae und andere, dass wir durch die Radiästhesie die Antwort auf jede Frage erhalten können, die wir stellen wollen – nicht nur in medizinischen Dingen –, vorausgesetzt, dass wir die Frage präzise stellen. Wenn das so ist, woher kommt diese Information?

Es wurde gerade vorgeschlagen, dass die Natur ein O-Feld für alle ihre Formen und Strukturen unterhält, mit übergeordneten O-Feldern für größere Einheiten wie Sterne und Planeten, alle Gegenstand des O-Feldes des Universums und innerhalb von ihm oder, wenn man das vorzieht, im Schöpfergeist.

Wenn das richtig ist, muss es ein O-Feld für den Planeten Erde geben, das alle benötigten Informationen einschließt, um die Erde und alles auf ihr 'in Gang zu halten'. Dieses 'planetare Feld' kann als ein komplexes und vollständiges 'zentrales Datensystem' angesehen werden, in dem alle Pläne, Spezifikationen und Daten gespeichert sind, die benötigt werden, um die Organisation dieses Planeten zu unterhalten.

Wenn der Geist eines Radiästheten eine präzise und legitime Frage stellt, scheint es, dass er sich selbst in unmittelbaren Kontakt damit bringt und eine unverzügliche Antwort durch die sofortigen Gedankenprozesse erhält. Dieser Prozess – wenn auch viel schneller – entspricht grob der modernen Technik der Flugreservierungen. Dabei drückt der Flugangestellte, wie die meisten Leser gesehen haben werden, ein paar Knöpfe und fragt die Datenbank eines entfernten Computers ab, der auf der anderen Seite der Erde sein mag, um herauszufinden, ob es irgendwelche freien Plätze auf einem bestimmten Flug gibt. Ähnlich verwendet der Radiästhet seinen Geist anstatt der Knöpfe, fragt die 'Datenspeicher' des planetarischen Feldes ab und bekommt seine Antwort, wenn seine Frage richtig gestellt war, aber nur, wenn sie legitim ist.

Wir können uns nicht vorstellen, dass die Natur so naiv ist, dass sie bereitwillig alle ihre Dateien für diejenigen öffnet, die weder einen Bedarf noch die Qualifikationen haben, um sie nachzusehen. Denn das würde uns leichte 'Eselsbrücken' zu unseren Problemen und Lektionen geben, von denen sie erwartet, dass wir sie selbst lösen oder lernen. Mit anderen Worten, es muss viele 'klassifizierte' oder 'hoch geheime' Dateien im System der Natur geben, auf die wir keinen Zugriff haben können. Wenn wir aber legitime Information haben wollen, die zu handhaben wir qualifiziert sind – ganz abgesehen von dem, was vom O-Feld eines Patienten erhalten werden kann –, können wir das planetarische Feld radiästhetisch befragen.

Abgesehen von allen Beschränkungen, welche die Natur uns auferlegen mag, müssen unsere eigenen Begrenzungen berücksichtigt werden. Oft wissen wir zum Beispiel nicht genug über irgendeinen gegebenen Gegenstand, um zu wissen, welche Fragen zu stellen sind. Doch die hauptsächlichen 'Bremsen' bei dem Prozess befinden sich in unserem eigenen Geist. Sehnsüchtiges Denken, Angst und andere Emotionen blockieren gewöhnlich den empfindlichen Mechanismus der Kommunikation zwischen unserem O-Feld und unserem bewussten Geist und die Signale, die wir vom Pendel oder dem Detektor bekommen, mögen vom letzteren und nicht vom ersteren kommen. Wenn wir zum Beispiel begierig auf etwas sind – sagen wir das Gewinnen des *Irish Sweep*[93] – und fragen, ob es geschehen wird, wird unser eigenes sehnsüchtiges Denken ein 'Ja' Signal erzeugen, welches mit aller Wahrscheinlichkeit nicht durch das Ereignis bestätigt werden wird.

Anders ausgedrückt, bei der Befragung des planetarischen Feldes müssen wir so unpersönlich und losgelöst sein wie beim Diagnostizieren eines Patienten.

11

Eines der verwirrendsten Mysterien in der Radionik ist die schwer fassbare, persönliche Qualität, ohne die es unmöglich ist, gute radionische Fotos aufzunehmen. Der Leser wird sich erinnern, dass Bill de la Warrs Kamera ohne bestimmte Leute im Raum nicht richtig arbeitete. Auch Ruth Drown stellte fest, dass andere nur in seltenen Fällen ihre Fotos nachmachen

---

93 Das war eine Art Lotterie vor dem 2. Weltkrieg. Sie wurde nur ein- oder zweimal pro Jahr durchgeführt und der Gewinn war für die damalige Zeit sehr 'substanziell'. Erst später wurde dann die wöchentliche Lotterie eingeführt.

konnten und den Berichten zufolge verlor sie ihre persönliche Fähigkeit gegen ihr Lebensende.

Wir können nur eine 'gebildete' Vermutung zur Erklärung dieses Phänomens versuchen; und hierbei kommen uns zwei Tatsachen zu Hilfe, die für Ruth Drown und Bill de la Warr in den Tagen, da sie ihre Experimente machten, nicht verfügbar waren. Die erste ist die Entdeckung der L-Felder durch Dr. Burr und die zweite ist die Entdeckung durch Dr. Ravitz, dass der Geist oder Gedanke sich auf das L-Feld auswirken kann.

Wie wir alle wissen, werden fotografische Emulsionen durch die Form elektromagnetischer Strahlung beeinflusst, die wir Licht nennen, welches von den Molekülen in der Emulsion metallisches Silber ausfällt, um ein Bild zu formen. Demnach scheint es vernünftig zu sein zu vermuten, dass die Radionik- oder 'Gedankenfotografie' ebenso irgendein verbindendes elektromagnetisches Phänomen einbeziehen muss, weil es schwer zu glauben ist, dass der Gedanke eine direkte Wirkung auf die Moleküle in der fotografischen Emulsion haben kann.

Mit anderen Worten, um eine 'Gedankenfotografie' zu erzeugen, muss der Anwender mit seinem Geist irgendein elektromagnetisches Feld oder eine Energie in die Form eines Bildes fokussieren, so dass diese auf die Moleküle der Emulsion einwirken und das Silber ausfällen kann, um ein Bild zu erzeugen.

Die Psychometrie zeigt, dass T-Felder – verankert in einem Edelstein oder Gebäude – die Form von 'Bildern' annehmen können, die Sensitive so klar wie ein Foto oder einen Film 'sehen' können. Wir wissen auch, dass der Gedanke ein L-Feld verändern kann. Einige Leute sind vielleicht durch ihr Denken in der Lage, einen Teil ihres eigenen L-Felds in eine 'elektronische Nachbildung' eines Bildes in ihrem Geist zu formen. Sie können dann diese 'Nachbildung' mit oder sogar ohne ein Instrument auf eine fotografische Platte projizieren. Es ist diese 'Nachbildung', welche das Silber in der Emulsion niederschlägt, um ein Foto des Bildes zu formen, das der Operator in seinem Geist hat.

Aber es ist offensichtlich, dass nicht alle menschlichen L-Felder auf diese Weise verändert werden können und dass nur bestimmte Leute das besitzen, was wir 'bildsensitive' L-Felder nennen können. In ihren früheren Jahren muss Ruth Drowns eigenes L-Feld diese Eigenschaft besessen haben. Und es gibt Berichte von anderen, wie Ted Serios, der es hatte und manchmal 'Gedankenfotografien ohne jede instrumentelle Hilfe erzeugen konnte. Diejenigen jedoch, deren L-Felder nicht 'bildsensitiv' sind, müssen sich das 'bildsensitive' Feld von jemand anderem ausleihen.

Da L-Felder sich über die Körperoberfläche ausdehnen, ist es wahrscheinlich möglich, jemandes L-Feld auszuleihen, wenn dieser Jemand neben dem Ausleiher und den Instrumenten steht. Oder dass eine fotografische Platte durch jemanden mit 'bild-sensitivem' L-Feld 'vorkonditioniert' werden kann, siehe Seite 187.

Was macht ein L-Feld 'bildsensitiv'? Wir wissen es nicht. Bill de la Warr und andere versuchten vergebens die schwer fassbaren persönlichen Eigenschaften zu erklären oder zu definieren, deren bloße Gegenwart Radionikfotos möglich macht. Alles, was wir mit Sicherheit sagen können, ist, dass ein paar Leute 'bildsensitive' L-Felder besitzen und dass die meisten Leute sie nicht haben. Aber wir sind wahrscheinlich berechtigt anzunehmen, dass die elektromagnetischen Eigenschaften von bestimmten seltenen L-Feldern die Übertragungsmittel sind, durch die Gedankenbilder auf einer fotografischen Platte wiedergegeben werden können, weil sie die am leichtesten verfügbare Quelle der elektromagnetischen Energie sind.

Wenn wir richtig vermutet haben, können wir uns die Schritte im Prozess wie folgt vorstellen: mit einem Muster zum Herstellen einer Verbindung bittet das O-Feld des Anwenders auf Anweisung des bewussten Geistes des Anwenders das O-Feld des Patienten, ein Gedankenbild der inneren Schwierigkeit in einem bestimmten Teil des Körpers des Patienten zu senden. Im Fall von Dr. X's Patientin übertrug deren eigenes O-Feld ein Bild eines Gehirntumors. Im Fall der berühmten Kuh übermittelte das O-Feld des Tiers ein Bild eines Steins und ein Bild eines Stücks Draht in ihrem Magen.

Das O-Feld des Praktikers moduliert dann sein eigenes L-Feld oder das L-Feld von jemandem sonst, wenn er nicht 'bildsensitiv' ist, um eine elektronische Abbildung des Gedankenbilds zu formen. Diese Abbildung wirkt dann auf die Moleküle in der fotografischen Emulsion ein und erzeugt ein verborgenes Bild. Wenn der Film entwickelt wird, gibt es eine Fotografie des Gedankenbilds, das ursprünglich durch das O-Feld des Patienten übermittelt wurde.

Was ist die Funktion der 'Kamera'? Da Ruth Drowns 'Kamera' ganz anders war als die von Bill de la Warr, da Ted Serios etwas anderes verwendete und da Professor Fukurais Sensitive augenscheinlich überhaupt keine Kamera benötigten, scheint, was auch immer verwendet werden mag, rein sekundäre Funktionen zu haben, als Mittel zur Fokussierung des Geistes des Bedieners und zum Projizieren der elektronischen Abbildung.

Wenn all das Vorstehende sich eher liest wie das Kleingedruckte einer Versicherungspolice, kann der Autor nur die Begrenzungen der Sprache anführen bei dem Versuch, ein Mysterium und schwer fassbares Phänomen zu erklären. Er ist jedoch durchaus bereit zu glauben, dass es da gut eine bessere und einfachere Erklärung geben mag.

Wir können letztlich sicher sein, dass Gedankenbilder ein echtes Phänomen sind, das dazu bestimmt ist, eine zunehmend wichtige Rolle in der zukünftigen Medizin zu spielen, wenn es besser verstanden wird. Denn Gedankenbilder können nicht nur aus der Entfernung gemacht werden – die berühmte Kuh war weit weg von Oxford –, sondern manchmal können sie dem Diagnostiker ein informativeres Bild geben als ein Röntgenbild, besonders im Fall von erkranktem Gewebe, welches normalerweise für Röntgenstrahlen transparent ist.

12

Wie der Leser bemerkt haben wird, spielen Magnete und elektromagnetische Strahlen verschiedener Frequenzen, von niederfrequenten Pulsen bis zu Radiowellen und Licht, bei Radionikinstrumenten und Techniken eine Rolle. Bill de la Warr verwendete einen kleinen Stabmagneten, um die Einstellung seiner Diagnoseinstrumente zu 'schärfen', und auch Licht in seinen Behandlungsinstrumenten. Abrams fand heraus, dass Magnete die Magenreaktionen beeinflussten und verwendete in seinem Oszilloklast beides, gepulste elektrische Ladungen und auch Radiofrequenzen. Guyon Richards verwendete einen Radiofrequenz-'Verstärker', um die Magenreflexe zu erhöhen und von den frühen Tagen bis zur heutigen Zeit verwendeten viele andere damit Befasste auf verschiedene Weise elektromagnetische Strahlung, vor allem die Pioniere von Harrisburg, die bei der Behandlung von Feldfrüchten Radiosender verwendeten.

Es scheint deshalb klar, dass es irgendeine enge und wichtige Verbindung zwischen der Radionikenergie und elektrischer Energie gibt und dass dies eines der wichtigsten Mysterien der Radionik ist, die wir zu lösen versuchen müssen. Gleichzeitig müssen wir versuchen, zwei damit zusammenhängende Fragen zu lösen: *erstens*, wie und warum können Radionikenergien durch Drähte über verschiedene elektrische Schaltkreise übertragen werden und *zweitens*, was ist der Zweck der 'Schlüssel' in Form von Luftaufnahmen bei der radionischen Landwirtschaft?

Einmal mehr können wir unseren Anhaltspunkt aus der Psychometrie verwenden, dass T-Felder sich selbst an jede Materieform anheften können, und radionische Energien sind eine Form des Gedankenfelds. Wir wissen auch, dass der Gedanke elektromagnetische Felder modifizieren kann. Es scheint also vernünftig zu folgern, dass Radionikenergien sich zumindest an elektromagnetische Felder jeder Art anheften können.

Dies scheint um so wahrscheinlicher, wenn wir uns daran erinnern, dass Elektrizität ein Elektronenfluss ist und dass die elektromagnetische Strahlung die Form von Photonen annehmen kann. Die meisten Leute wissen, dass Licht aus Photonen besteht, aber viele realisieren nicht, dass alle elektromagnetische Strahlung – sogar die längsten Radiowellen – Photonen erzeugen. Wenn ein Gedankenfeld sich an eine Gehirnzelle anheften kann, warum sollte es nicht in der Lage sein, da es nicht-räumlich ist und ohne irgendeine physische Dimension, sich an solche subtilen kleinen 'Partikel' – Elektronen und Photonen – anzuheften?

Als unterstützendes Argument, Materie ist, wie wir wissen, eigentlich kristallisierte Energie. Wenn der Gedanke sich also an die kristallisierte Form der Energie anheften kann, warum nicht an Energie selbst, besonders da beide, Elektronen und Photonen, eine Art von Doppelleben zu führen scheinen, entweder als Teilchen oder als Welle?

Um diesem Konzept weitere Unterstützung zu geben, wir wissen, dass in lebenden Formen Intelligenz verschiedener

Arten mit Materie verbunden ist. Da solche lebenden Formen nicht nur durch elektromagnetische L-Felder zusammengehalten werden, sondern auch verschiedene elektrische Ströme und Ladungen einschließen, ist es dann so seltsam zu vermuten, dass der Gedanke oder die Intelligenz mit Elektrizität unabhängig von Materie verbunden werden kann?

Wenn diese Annahmen richtig sind, können wir anfangen, die Fragen zu beantworten, die wir uns gestellt haben. Für den Anfang betrachten wir einfache elektrische Schaltkreise oder auch nur Stücke aus reinem Kupferdraht. In diesem befinden sich die Elektronen nicht nur in einem beständigen Bewegungszustand innerhalb der Kupferatome, sondern sie wandern als Ergebnis des durch die lokale Stromversorgung, Radioübertragungen oder Ströme in der Erde induzierten Stromes in dem Schaltkreis oder Draht hin und her. Auf diese Weise bilden sie eine Art Förderband, auf dem sich die Radionikenergien von einem Muster oder einem Stück erkrankten Gewebes für eine Beförderung anheften können. Natürlich werden Widerstände, Induktanzen und Kondensatoren irgendeine Wirkung auf das 'Förderband' haben und dies mag die Abstimmwirkung von Abrams' Widerstandsboxen vielleicht *teilweise* erklären. Ob das so ist oder nicht, wir können sehen, weshalb und wie Abrams in der Lage war, Radionikenergien vom 'Dynamisierer', der die Probe enthielt, durch Drähte und Widerstände zur Stirn seines Subjektes zu leiten. Wir können auch sehen, wie 'Energien' zu Pflanzen übertragen wurden, die im Hieronymus Patent erwähnt werden.

Da T-Felder nicht-räumlich und zur unendlichen Ausdehnung fähig sind, können sie sich sozusagen über den ganzen Platz ausbreiten und nicht in einem Schaltkreis begrenzt werden, sogar obwohl ein Teil von ihnen daran angeheftet sein mag. Ohne Zweifel können sie sich für eine Beförderung an jedes verfügbare Photon anhängen – und tun es auch. Und sie haben eine Menge Chancen das so zu tun, weil wir fortwährend in elektromagnetischer Strahlung jeder Art wie Licht oder Radio- und Fernsehübertragungen gebadet werden.

Dies ist es vielleicht, warum Magnete in der Radionik so nützlich sind. Sie mögen helfen, die Wandergewohnheit der T-Felder sozusagen zu bremsen und sie bei der Stange zu halten. Und das mag erklären, warum Abrams herausfand, dass sein Subjekt im Erdmagnetfeld nach Westen schauen musste, bevor er irgendeinen Bauchreflex erhalten konnte.

Um all dies zusammenzufassen, können wir sagen, dass, während Elektronen und elektromagnetische Strahlung für Radionikenergien als 'Träger' dienen können, Permanentmagnetfelder dazu dienen können, die 'Träger' zu leiten. Mit anderen Worten, sie können analog zu Wellenleitern sein. Wir können auch sagen, dass *der Gedanke – oder die Intelligenz – ebenso gut mit reiner Energie wie auch mit der Materie verbunden werden kann*.

Radionische Landwirtschaft wendet mit ihren Luftaufnahmen als 'Schlüssel' beide Phänomene an. Ein Teil des O-Felds eines Gebietes mit Feldfrüchten macht sich als Träger die Photonen des Sonnenlichtes zunutze. Wenn dieses Sonnenlicht durch die Kameralinse fällt und auf den Film trifft, können die Photonen das O-Feld nicht länger aufnehmen und es wird auf die Elektronen in den Molekülen der fotografischen Emulsion übertragen. Auf diese Weise führen die fotografischen Negative, die in der radionischen Landwirtschaft verwendet werden, einen Teil oder ein Muster der Feldfrüchte mit sich.

Um die Feldfrüchte zu behandeln, wird die negative Luftaufnahme auf die Eingangsplatte des Radio-Übermittlers gelegt und mit einem geeigneten 'Reagens' überstreut. Auf diese

Weise wird das O-Feld des 'Reagens' über das O-Feld der Feldfrüchte, welches bereits durch die Elektronen in der Emulsion getragen wird, gelegt und modifiziert es. (Verschiedene 'Reagenzien' haben sich als wirksame Gegenmittel für verschiedene Pflanzenkrankheiten und Schädlinge herausgestellt.)

Unter bestimmten Umständen, so fand man heraus, genügt es, Feldfrüchte ohne irgendeine Radioübertragung zu behandeln, die Wirkung ist die gleiche, wie wenn die Feldfrüchte mit dem Reagens besprüht worden wären. Das ist so, weil die Modifizierung irgendeines Teiles eines O-Feldes das ganze Feld modifiziert, da die Entfernung keinen Unterschied macht; und sogar obwohl ein Muster des O-Felds der Feldfrüchte in den Elektronen der fotografischen Emulsion verankert ist, ist es ein integraler und unabtrennbarer Teil des 'Mutter'-O-Felds. Modifikationen dieses Musters durch das Reagens wirken deshalb auf das ganze O-Feld, wie weit weg der Rest davon auch immer sein mag.

Es scheint kein Zweifel daran zu bestehen, dass das Einschalten des Radio-Übermittlers die Wirkungen beschleunigt und erhöht, und wir müssen versuchen herauszufinden warum.

13

Wir können natürlich nur eine Vermutung wagen, weil niemand weiß, was ein Feld wirklich ist oder, in diesem Fall, was Elektronen und Photonen sind; niemand hat sie jemals gesehen und Dinge, die sich sowohl wie Partikel als auch wie Wellen verhalten können, sind schwer vorstellbar.

Nehmen wir an, dass ein O-Feld des 'Reagens' (und auch das O-Feld der Feldfrüchte vom 'Schlüssel') auf den Photonen der Radiowellen des Übermittlers reisen kann. Diese Wellen sind elektromagnetisch und wir würden deshalb, wenn sie die Feldfrüchte einhüllen, von ihnen erwarten, dass sie sich mit den elektromagnetischen L-Feldern der Feldfrüchte gegenseitig beeinflussen oder durchdringen. So können wir uns vorstellen, wie sie das O-Feld des 'Reagens', welches sie getragen haben, direkt in die L-Felder 'abladen'. Und genau dort wird es benötigt, um der Krankheit oder dem Schädling entgegenzuwirken.

Mit anderen Worten, Radio-Übermittlungen können den O-Feldern des Reagens helfen, in die L-Felder einer Feldfrucht *einzudringen und sie zu durchdringen*. Wenn das so ist, ist es nicht zu schwierig sich vorzustellen, dass das O-Feld des Reagens eine schnellere und vielleicht kräftigere Wirkung besitzt, als wenn es sich sozusagen selbst überlassen würde, seinen eigenen Weg ohne einen Träger zu finden.

Ob das O-Feld des Reagens sich an einem Träger festmacht oder seinen eigenen Weg findet, es wirkt nur auf das Gebiet der Feldfrüchte ein, das durch die Fotografie abgedeckt ist. Das ist so, weil es durch das O-Feld *der Feldfrüchte* geleitet wird, welches sich auch an einem Träger festmacht – oder an ihm entlang verläuft – und es nur mit diesen Feldfrüchten verbindet.

Die bei der Arbeit in Harrisburg verwendeten Radio-Übermittler waren nicht gerichtet und es gab eine beträchtliche Spannweite der Radiowellen, je weiter weg sie sich vom Übermittler befanden. Doch zahllose Experimente mit Luftaufnahmen-'Schlüsseln' und benachbarten Kontrollgebieten haben bewiesen, dass nur die codierten Gebiete von der Behandlung profitierten, wie weit die Spannweite der Übertragung auch war. *Radionische 'Schlüssel' passen nur für ein Schloss.*

Wenn diese Erklärung annähernd richtig ist, kann sie uns helfen zu verstehen, warum elektromagnetische Strahlung bei der Radionikmedizin nützlich ist. Sie kann die in der Radionik verwendeten Felder nicht in der akzeptierten Bedeutung des Begriffs 'verstärken', weil sie gedanklicher Natur sind und nicht elektronischer. Aber sie kann ihnen helfen, in die L-Felder einzudringen und sie zu durchdringen und auf diese Weise ermöglicht sie es ihnen, schnellere und kräftigere Wirkungen zu haben, sei es auf einen Patienten oder auf eine Pflanze. Und durch ihre Wirkung auf das menschliche L-Feld vermag sie die Bauchreaktionen eines Subjekts zu verstärken, wie Guyon Richards herausfand, und vielleicht auch die 'Sticks' auf dem Gummidetektor.

14

Wir haben uns wahrscheinlich weit genug in sehr tiefe Wasser gestürzt und sollten auftauchen, bevor sie noch undurchdringlicher werden, obwohl wir notwendigerweise viele Fragen ohne auch nur eine versuchsweise Erklärung hinter uns lassen müssen. Der Autor möchte wiederholen, dass die vorstehenden Ideen nur Vermutungen sind, er ist kein Weiser und beansprucht für die dargebotenen Erklärungen weder Richtigkeit noch Vollständigkeit. Tatsächlich hofft er, dass Andere bald bessere vorbringen.

Es wird für den Leser schmerzlich klar, dass es nicht nur keine wohlklingenden wissenschaftlichen Ausdrücke gibt, um mit ihnen ein riesiges neues Wissensfeld zu beschreiben – zur Zeit außerhalb des Gesichtskreises der Wissenschaft –, sondern auch, dass wir mit gewöhnlichem Deutsch[94] unser Bestes

94 Original 'in gewöhnlichem Englisch'

tun müssen, auch wenn es 'unwissenschaftlich' klingt. Aber wir müssen uns nicht dafür entschuldigen, ein paar Hypothesen aufzustellen – oder sogar für das Erfinden neuer Ausdrücke für unbekannte Phänomene –, weil die orthodoxe Wissenschaft schon immer Hypothesen als Ausgangspunkt verwendet hat und das Prägen eines neuen Jargons positiv zu genießen scheint.

Die Radionik ist nicht nur eine wichtige neue Wissenschaft aus eigenem Recht, sie ist auch ein dramatischer Umschwung der wissenschaftlichen und technologischen Trends dieses Zeitalters. Die moderne Wissenschaft und Technologie hat sich allgemein auf die Entwicklung immer wirksamerer Energieformen und immer wirksamerer Maschinen konzentriert. Im Kontrast dazu ist die Radionik die Wissenschaft der unendlich kleinen Energien (nach unseren Standards) und der feinstofflichen, nicht greifbaren – aber sehr mächtigen – Kräfte, sie befasst sich hauptsächlich mit bekannten und unbekannten Feldern. Doch, wie schon früher angedeutet, ist sie näher bei der Letzten Realität des Universums als die Physik, die Biologie oder die orthodoxe Medizin.

Es ist offensichtlich, dass es viel zu lernen gibt und dass die Radionik einen beinahe unbegrenzten Forschungsbereich bietet; ein ganz neuer unentdeckter Kontinent des Wissens bietet beispiellose Gelegenheiten für ein paar wissenschaftliche Cooks oder Kolumbusse der Zukunft.

Zur Zeit wird aus Mangel an Geld leider relativ wenig private Forschung weitergeführt, und weil die meisten, die von Radionik wissen, zu sehr mit ihren Praxen beschäftigt sind, um mehr zu tun als ein bisschen in ihrer Freizeit zu experimentieren. Tatsächlich wird heute, wie in einem früheren Kapitel angemerkt, die einzige intensive Forschung in dem, was man grob mit 'das Präphysische' umschreiben könnte, mit Regierungsunterstützung hinter dem Eisernen Vorhang unternommen – was für die Zukunft unserer Zivilisation eine gute oder nicht gute Sache sein mag.

Gegen etwas so Neues und schwer zu verstehendes wie Radionik kann man nichts anderes als Opposition erwarten seitens etablierter Autoritäten, alteingesessener Interessengruppen und 'tiefgefrorener' Stiftungen. So mag es viele Jahre dauern, bevor es eine angemessene Unterstützung für Radionikforschung gibt. Auf der anderen Seite gibt es immer die Möglichkeit, dass vielleicht einige starke und erfinderische Individuen ihren großen möglichen Nutzen für die Medizin und Landwirtschaft erkennen und der Radionikforschung die Unterstützung angedeihen lassen, die sie im öffentlichen Interesse so dringend benötigt und so reichlich verdient.

Wenn das geschieht, kann die Entwicklung der 'Wissenschaft der Zukunft' beschleunigt werden. Doch wenn solche Persönlichkeiten nicht existieren oder nicht gefunden werden können, wird – obwohl nichts die weitere Entwicklung der Radionik aufhalten kann – ihr Fortschritt langsamer sein und die Öffentlichkeit unter der Verzögerung leiden.

Finale

Es sind beinahe fünfzig Jahre vergangen seit jener Londoner Winternacht, als ich erstmals auf die Radionikgeschichte stieß, und diese letzten Seiten wurden etwa 3700 Meilen entfernt in einem Washingtoner Frühling geschrieben. Wenn mir irgendjemand erzählt hätte, dass ich nach einem halben Jahrhundert immer noch über Radionik und in den Staaten schreiben würde, hätte ich ihm nicht geglaubt.

Beim Schreiben dieser Geschichte war ich mir der Probleme voll bewusst, dass Radionik zu gut scheint, um wahr zu sein, und dass ihre Ergebnisse schwer zu glauben sind. Doch beim Nachdenken über die fünfzig Jahre, seit ich zum ersten Mal darüber hörte, ist mir aufgefallen, dass im letzten halben Jahrhundert *viele Dinge passiert sind, die weit unglaublicher als Radionik erschienen wären und die nun als alltäglich akzeptiert werden.*

Vor fünfzig Jahren war zum Beispiel das Radio in seiner frühen Kindheit und Fernsehen ein Traum der Science Fiction Autoren. Nur ein Jahr bevor ich von der Radionik hörte, hatte ich für den Londoner *Daily Express* über jenes erste transatlantische Telefongespräch – nur in einer Richtung – berichtet und wir kamen unseren Konkurrenzblättern zuvor, weil ihre weniger einfallsreichen Nachrichtenredakteure die ganze Sache als zu unwahrscheinlich ansahen, um sich damit zu befassen. Und heute Morgen wurde mein Telefonat nach London über Satellit geleitet, etwas, dass sich in jenen Tagen nur H. G. Wells hätte vorstellen können.

Alcock und Brown, weit vor Lindbergh, hatten gerade den Atlantik überflogen, doch die kommerzielle Luftfahrt war in einem primitiven Stadium: es hatte mehr von einem Abenteuer, um von London nach Paris als heute nach Amerika zu fliegen. Heute gibt es Jumbo Jets, die Hunderte von Leuten befördern, und das Flugzeug hat unsere frühere Flotte transatlantischer

Passagierschiffe auf eine Handvoll Schiffe reduziert, die zum großen Teil in der Kreuzfahrt engagiert sind. Wer hätte geglaubt, dass das passieren könnte?

Transistoren waren immer noch 25 Jahre in der Zukunft und wir konnten uns nicht vorstellen, dass das Radio ohne massive 'Röhren', gespeist von sperrigen und schweren Batterien, möglich sein könnte. Und wenn es irgendjemand gewagt hätte zu vermuten, dass wir eines Tages Radar haben würden, wäre er mit Mitleid bedacht worden – wenn er auch dem Gefängnis entgangen wäre.

Wir hatten uns noch nicht vollständig vom 1. Weltkrieg erholt und niemand hätte geglaubt, dass das besiegte Deutschland nach nur 16 Jahren – in Heldenverehrung eines paranoiden Ex-Korporals – stark genug wäre, nochmals die Weltherrschaft anzustreben und nur knapp scheitern würde.

Die russische Revolution hatte nur ein paar Jahre zuvor stattgefunden und nur wenige wagten vorherzusagen, dass der Kommunismus unter riesigen Menschenverlusten einen Großteil der Menschheit beherrschen würde. Tatsächlich denken viele, dass der Kommunismus ein 'aufregendes Experiment' ist.

In den Vereinigten Staaten träumte Professor Goddard von der Möglichkeit von Raketen, aber nur wenige nahmen ihn ernst. Und jedermann, der es gewagt hätte anzudeuten, dass eines Tages Raketen und Lenkgeschosse die Artillerie ersetzen oder dass der Mensch auf gigantischen Raketen zum Mond und zurück reisen würde, der wäre ohne Zögern eingesperrt worden.

Inner- und außerhalb seines Büros wurde Winston Churchill mit tiefstem Misstrauen für 'unglaubwürdig ' gehalten. Weil ich das Privileg hatte, ihn zu kennen und mit ihm zu arbeiten, als er politisch in Ungnade gefallen war, habe ich Grund zur Annahme, dass nicht einmal er geglaubt hätte, dass er eines Tages sein Land und die Alliierten zum Sieg führen und der berühmteste Mann der Geschichte sein würde.

Wir könnten solche Beispiele vielfach anführen, aber diese sind ausreichend dafür zu zeigen, dass wir in den letzten 50 Jahren in einem Zeitalter gelebt haben, das unseren Großeltern vollkommen unglaublich erschienen wäre. Und im Vergleich zu diesen erstaunlichen Ereignissen und wissenschaftlichen Errungenschaften – die sie verspottet hätten, wenn ein Prophet sie vorhergesagt hätte – sieht da die Radionik nicht sowohl plausibel als auch wahrscheinlich aus?

Dieses halbe Jahrhundert sollte uns eine Lektion erteilt haben. Obwohl wir die Zukunft nicht vorhersagen können, 'werfen doch oftmals kommende Ereignisse ihre Schatten voraus', und wir sollten doch beweglicher darin sein, solche Schatten zu sehen und zu interpretieren. Denn wir haben in den vergangenen 50 Jahren einen hohen Preis für unseren Mangel an Vorstellung bezahlt – für unseren Unwillen, Möglichkeiten überhaupt nur in Betracht zu ziehen, wenn sie auch nur im mindesten außerhalb des Gewöhnlichen liegen.

Hoffen wir, dass wir mit der Radionik nicht den gleichen Fehler machen und auf diese Weise ihren Nutzen für die Menschheit unnötig hinauszögern.

Washington D.C.
Mai 1973

Anhang

Radionikbehandlung von Pflanzen – einige Resultate

Zuwachs beim Kartoffelertrag

1949 – Kartoffellager – Potter Co. Pennsylvania

	Ertrag pro Morgen	***%-Wachstum über unbehandelt***	***%-Wachstum über konventionellem Sprühen***
Kontrolle (unbehandelt)	340.3 Scheffel	0	
Behandlung durch Konventionelles Sprühen*	394.7 Scheffel	15.9	
Radionikbe-handlung	446.5 Scheffel	32.2	13.1

* im Jahr 1949 siebenmal gesprüht

Zeugen:
Dr. E.L. Nixon – Landwirtschaftlicher Berater, Penna. Chain Store Council
R.B. Cooper – Direktor der Unico Labs, Ithaca, N.Y.
Henry Staiger – Co. der Berufsberater für Potter Co.
H.H. Armstrong – U.K.A.C.O.

1949 – Farview Farmstead, R.F.D. Nr.2, Easton. Pennsylvania

	Ertrag pro Morgen	***Scheffelzuwachs über konventionellem Sprühen***	***Neuer Zuwachs über konventionellem Sprühen***
Konventionelles Sprühen	401.30	0	
Radionikbehandlung	454.25	52.95 Scheffel	13.2

Zeugen:
Paul Buss – Farmmanager

1950 – Kartoffellager – Potter Co. Pennsylvania

	Ertrag pro Morgen	***%-Wachstum über unbehandelt***	***%-Wachstum über konventionellem Sprühen***
Kontrolle	163 Scheffel	0	
Konventionelles Sprühen*	199 Scheffel	22.1	
Radionikbehandlung	244 Scheffel	49.7	22.6

* im Jahr 1950 fünfmal gesprüht

Zeugen:
R. N. Benjamin – geschäftsführender Sekretär, PA. Farm Bureau Co-op.
C. W. Klopp – Forschungsabteilung, PA. Farm Bureau Co-op.
Clair Groff – Forschungsabteilung, PA. Farm Bureau Co-op.
Henry Staiger – Co. der Berufsberater für Potter Co.

Anmerkung: Wegen des ungünstigen Wetters im Jahr 1950 wurden die Testflächen einen Monat später bepflanzt und ebenso auf weniger produktivem Boden als im Jahr 1949. Diese beiden Faktoren trugen zum reduzierten Ertrag im Jahr 1950 verglichen mit denen aus dem Jahr 1949 bei.

Feldmais-Tests – 1950

Test Nr. 1 – Hershey Estates – Farm 40
Wirtspflanze – Feldmais und Süßmais
Insekten: Europäischer Kornbohrer, Süßmaisbohrer – zweite Brut, Baumwoll-Kapselbohrer.

I. Behandlungen
   1. 15. August
   2. 23. August
      a. Schlüssel – Luftaufnahme
      b. Verschiedene Reagenzien

II. Verfahren – Farm 40
   1. Kontrollfläche – 50 Reihen am Nordende des Felds
   2. Behandelte Fläche – Rest des Felds

III. Am 8. September – Resultate überprüft
600 einzelne Pflanzen der beiden Flächen wurden auf Vorkommen des Europäischen Kornbohrers oberhalb der Ähre

auf jedem Stängel überprüft.

1. Längs
   a. 100 Stängel in jeder zweiten Reihe jeder Seite des Felds (zusammen 200)
   b. 100 Stängel aus der ungefähren Mitte des Felds
2. Quer
   Gleiche Prozedur wie die Zählung längs, nur in anderer Richtung.

Ergebnisse:

Kontrollfläche			Radionisch behandelte Fläche		
Stängel-zahl	Richtung	Befallene Stängel	Stängel-zahl	Richtung	Befallene Stängel
100	längs	19	100	längs	8
100	quer	21	100	quer	10
100	längs	21	100	längs	13
100	quer	25	100	quer	15
100	längs	24	100	längs	11
100	quer	22	100	quer	12
--------		-------	--------		------
600	Summe	132	600	Summe	69

52.7% Kontrolle der zweiten Brut des Kornbohrers aus Hershey Estates, Farm 40, als Resultat von zwei radionischen Behandlungen.

Test Nr. 2 – Pennsylvania Farm Bureau Geflügelfarm

Behandlungen mit Luftaufnahmen als Schlüssel: 15. August und 27. August

Ergebnisse: Am 8. September auf Vorkommen des Europäischen Kornbohrers überprüft.

Kontrollfläche			Radionisch behandelte Fläche		
Stängelzahl	Richtung	Befallene Stängel	Stängelzahl	Richtung	Befallene Stängel
100	längs	14	100	längs	6
100	quer	7	100	quer	8
100	längs	7	100	längs	6
100	quer	12	100	quer	6
100	längs	28	100	längs	5
100	quer	20	100	quer	5
--------		-----	--------		-----
600	Summe	88	600	Summe	36

Befall – 14.66% Befall – 6%
Kontrolle – 59.07%

Test Nr. 3 – Fairview Farms, Northampton County
Behandlung mittels Luftaufnahme als Schlüssel: 1. August in Fairview Farms, 24. August von Hershey, Pa.
Am 12. September auf Vorkommen des Europäischen Kornbohrers untersucht.
Ergebnisse:

Kontrollfläche			Radionisch behandelte Fläche		
Stängel-zahl	Richtung	Befallene Stängel	Stängel-zahl	Richtung	Befallene Stängel
100	längs	8	100	längs	3
100	quer	14	100	quer	5
100	längs	3	100	längs	1
100	quer	2	100	quer	0
100	längs	4	100	längs	0
100	quer	2	100	quer	6
--------		-----	--------		-----
600	Summe	33	600	Summe	15

Befall – 5.5%
Kontrolle – 54.54%

Befall – 2.5%

Test 4 – Fairview Farmstead – Saatvermehrungsflächen – vom State College überwacht.
Behandlungen mit Luftaufnahmen als Schlüssel: 1. August Fairview Farms, 24. August von Hershey, Pa.
Am 12. September auf Vorkommen des Kornbohrers untersucht.

Ergebnisse:

Kontrollfläche			Radionisch behandelte Fläche		
Stängel-zahl	Richtung	Befallene Stängel	Stängel-zahl	Richtung	Befallene Stängel
100	längs	21	100	längs	1
100	quer	17	100	quer	1
100	längs	7	100	längs	6
100	quer	4	100	quer	9
--------		-----	--------		-----
400	Summe	49	400	Summe	17

Befall – 12.25% Befall – 4.25%
Kontrolle – 65.31%

Zeugen der Tests Nr. 3 und Nr. 4:
C. W. Klopp
Paul Buss
Herr Smoyer

Negative Ergebnisse:
Am 18. Juli und am 2. August wurde der Feldmais auf den Hershey Estates, Farm 40, und Farm Bureau Geflügelfarm behandelt. Der Mais war annähernd hüfthoch, zu welcher Zeit der Europäische Kornbohrer gut etabliert war und Größen von 1.2cm bis 1.5cm Länge erreichte. Von keiner der beiden Behandlungen wurde ein Erfolg erreicht. Konsequenterweise wurden neue Luftaufnahmen als Schlüssel zur Bekämpfung der zweiten Brut des Kornbohrers erstellt, deren Ergebnisse weiter oben aufgeführt sind.

Süßmais Tests – 1950

1. Behandlung
   1. 18. Juli – Schlüssel – Luftaufnahme, Film
   2. 02. August – Schlüssel – Luftaufnahme, Film
   3. 11. August – Schlüssel – Luftaufnahme, Film

Dies war ein ziemlich großes Feld, in dem Süßmais in einer Reihe von Aussaaten ausgebracht wurde. Der östliche Teil, die früheste Aussaat, wurde mit 2-4-D gegen Unkrautbewuchs gesprüht, als der Mais in Fasergespinst und Quaste war. Dies beeinträchtigte den Pollen und die Fasern, was nur spärlich gefüllte Kolben für diesen Teil zur Folge hatte, die späteren Pflanzungen, die zur gleichen Zeit, jedoch vor der Ausbildung der Fasern und der Quasten gesprüht wurden, waren nicht so betroffen.

8. August – überprüfte Ergebnisse

Ein Streifen von ungefähr 15 Metern Breite quer über die gesamte Nordseite des Felds wurde sehr sorgfältig überprüft. Sie erschien als das Insekten freieste Feld, das ich in dieser Saison geprüft hatte. Meine Suche ergab nur zwei Europäische Maisbohrer, die in der Nordostecke gefunden wurden. Eine Anzahl von Kolben wurde überprüft, ohne dass sich Maisbohrer oder Baumwoll-Kapselbohrer fanden.

Die letzte Behandlung am 11. August wurde wegen des weiteren Schutzes der späteren Pflanzen durchgeführt.

James Bobb, Farmleiter, und Edward Wenrick waren beide vom geringen Vorkommen von Würmern in den Maiskolben in dem radionisch behandelten Feld ziemlich beeindruckt.

18. August

Überprüfte 26 Maiskolben, die für den Markt vorbereitet waren und die von einem unbehandelten Feld bei 36-A stammten.

25 (1 – 5 pro Kolben) waren mit Baumwoll-Kapselbohrern befallen.

5 der 26 waren mit Europäischen Maisbohrern befallen.

Es scheint, dass dieser Test wirklich *positiv* verlaufen ist.

Süßmais-Test Nr. 2

Ort – R.N. Benjamin's, New Cumberland, Pa.

Erste Aussaat

Behandlungen – Schlüssel – Bodenfoto, Film

1. 28. Juni
2. 19. Juli
3. 02.August

14. August

Wir inspizierten R.N. Benjamin's Süßmais und fanden:

1. keine Blattläuse
2. keine Baumwoll-Kapselbohrer
3. keine Europäischen Maisbohrer

Der Nachbarmais war schwerwiegend befallen.

Ergebnis – positiv.

Zweite Pflanzung von Süßmais – R.N. Benjamin's – Test Nr. 3

Behandlung – Schlüssel – Bodenfoto, Film

1. 17. August
2. 23. August

3. September

Überprüfung von Süßmais mit Herrn Benjamin. Er meinte, dass die zweite Aussaat von Mais etwa genauso so frei von Würmern war wie die erste. Es gab jedoch einige zerbrochene Quasten, die von Schäden durch den Europäischen Maisbohrer stammten.

24 Kolben wurden enthülst und überprüft:

2 enthielten je einen Baumwoll-Kapselbohrer, das entspricht 8.3% Befall.

1 enthielt einen Europäischen Maisbohrer, das entspricht 4.15% Befall.

Herr Benjamin berichtete, dass der Nachbar immer noch viel befallenen Mais hat.

Ergebnis – positiv.

Zusammenfassung der Tests

1. Feldmais

Anzahl der Tests – positive Ergebnisse	4
Anzahl der Tests – negative Ergebnisse	2
--	
Gesamt	6
% positiv	66.6%

% Kontrolle des Europäischen Maisbohrers (zweite Brut) – 58.8%

2. Süßmais

Anzahl der Tests	3
Anzahl der positiven Tests	3
Damit positiv	100%

Zusammenfassung der Experimente im Jahr 1952 in Pennsylvania

I. Zweck der Experimente
   a. Die Effizienz des Radionikverfahrens zu testen bei der Bekämpfung von
      1. Japanischen Käfern
      2. Europäischen Maisbohrern
   b. Wirtspflanze – Feldmais

II. Bereich
   a. 1420 Morgen Land, beinhaltend behandelte Flächen und Kontrollflächen
   b. 81 Farmbesitzer kooperierten
   c. Experimente wurden in fünf Pennsylvania Bezirken durchgeführt
   d. Überwachung – 61 Farmer, zwei Offizielle des Landwirtschaftsministeriums, ein Offizieller vom G.L.F., zwei von der Radiurgic Corporation, und fünf vom Pennsylvania Farm Bureau nahmen teil.
   e. 78360 Maisstiele wurden überprüft

III. Verfahren
   a. Die radionische Behandlung begann in vier Bezirken in der ersten Juliwoche und in der zweiten im Bezirk Lancaster.
   b. Die Behandlungen in dieser Jahreszeit variierten von 8 – 15 in den Bezirken.
   c. Japanische Käfer

1. Vier Zählungen pro Kontroll- und behandeltem Gebiet. Jede der acht Zählungen umfasste Segmente von 100 Maisstielen, jeweils 10 Reihen voneinander getrennt.

d. Europäischer Maisbohrer

1. Sechs Zählungen pro Kontoll- und behandeltem Gebiet. Die Zählungen wurden an verteilten Stellen durchgeführt. Jede der zwölf Zählungen umfasste ein 10-reihiges Segment.

IV. Ergebnisse

a. Kontrolle japanischer Käfer
70 der 76 Fälle oder 92,11% waren hoch signifikant.

b. Europäischer Maisbohrer
53 der 91 Fälle oder 58,24% waren signifikant.

V. Schlussfolgerungen

a. Wenn die allgemein anerkannte statistische Analyse ein gutes Maß für die Effizienz ist, dann hat das radionische Verfahren eine Wirkung bei der Kontrolle japanischer Käfer und Europäischen Maisbohrer, wenn Feldmais die Wirtspflanze ist.

b. Die Kontrolle des japanischen Käfers war erfolgreicher als die des Europäischen Maisbohrers und das vielleicht aus folgenden Gründen:

1. Die radionische Behandlung wurde bei den Maisfeldern vor dem Auftreten der Käfer gemacht, wie es auch sein sollte.
2. Die radionische Behandlung vieler Felder wurde nicht angewendet, bevor sich die Bohrerlarve eingenistet und eine bestimmte Größe erreicht hatte.

3. Längere Erfahrung mit radionischer Käferkontrolle (vier Jahre) im Vergleich zu den Bohrern führte zu besseren radionischen Techniken der Käfer- als der Bohrerkontrolle.
4. 15 Radionikbehandlungen scheinen bei der Bohrerkontrolle viel effektiver zu sein als acht. Siehe die kurzen statistischen Ergebnisse auf den nächsten Seiten.

VI. Die Ergebnisse aus dem Jahr 1952 zeigen, dass weitere Forschung gerechtfertigt ist.

B. A. Rockwell, Forschungsdirektor
Pennsylvania, Farm Bureau Co-op. Assn.[95]

Statistische Kurzanalyse

Statistisches Verfahren:

A. Japanische Käfer
Festgestellte Signifikanz der Radionikbehandlung
1. Bei 1% (99 positive Antworten von 100)

---

95 Anmerkung des Autors:
Mit dem obigen Bericht lieferte Mr. Rockwell zusammen mit einer vollständigen Liste von Namen und Adressen der kooperierenden Farmer detaillierte Zahlen der behandelten und unbehandelten Morgen Lands und der Anzahl der untersuchten Stiele jeden Falls. Diese Einzelheiten wurden hier aus Platzgründen weggelassen, aber im Folgenden findet sich eine kurze statistische Analyse der Ergebnisse dieser Experimente.
Mr. Rockwell benutzte die Ausdrücke 'UKACO-Prozess' und Radiotonikbehandlung'. Zur Vermeidung von Verwirrung wurde das durchweg mit dem modernen Wort 'Radionik' ersetzt, alles andere ist unverändert.

a. bei allen Fällen
b. bei jedem Bezirk separat
2. Bei 5% (19 positive Antworten von 20)
a. Bei allen Fällen, die sich nicht für die 1%-igen qualifiziert haben.
b. Für jeden Bezirk, der sich nicht für die 1%-igen qualifiziert hat.

A. - 1. Kontrolle der Japanischen Käfer

1.
a. 75 Paare von Kontrollflächen und behandelten Gebieten in Maisfeldern.
b. Hauptunterschied = 19% zu Gunsten der behandelten Gebiete.
c. Geringster signifikanter Unterschied = 5% beim den 1%-igen.

2. Ergebnisse bei den 1%-ern
a. Alle Fälle – 70 der 76 Fälle oder 92% - waren *hoch* signifikant.
b. In Bezirken.

Bezirke	***Anzahl der Felder***	***Anzahl der Radionikbehandlungen pro Feld***	***Anzahl der Felder mit hoch signifikanten Ergebnissen***
Perry	15	15	14
Lancaster	10	13	10
York	36	15	31

Bezirke	***Anzahl der Felder***	***Anzahl der Radionikbehandlungen pro Feld***	***Anzahl der Felder mit hoch signifikanten Ergebnissen***
Lebanon	13	8	13
Cumberland	2	13	2
	--		--
Gesamt	76		70

B. Europäische Maisbohrer

Gleiches Verfahren wie unter 1 und 2 bei A.

B. -1. Kontrolle der Europäischen Maisbohrer

1.

a. 91 Paare von Kontrollflächen und behandelten Gebieten bei Maisfeldern.

b. Hauptunterschied = 5% zugunsten der behandelten Gebiete.

c. Geringster signifikanter Unterschied = 4.6% bei den 5%-ern.

2. Ergebnisse

a. Alle Fälle bei den 5%-ern. 53 der 91 Fälle oder 58.24% waren signifikant.
Alle Fälle bei den 1%-ern, 38 der 91 Fälle oder 41.76% waren signifikant.

b. In Bezirken.

Bezirke	***Anzahl der Felder***	***Anzahl der Radionikbehandlungen pro Feld***	***Anzahl der Felder mit signifikanten Ergebnissen***	
			5%-er	***1%-er***
Perry	16	15	15	13
Lancaster	13	13	10	3
York	46	15	23	20
Lebanon*	14	8	3*	0
Cumberland	2	13	2	2
	--		--	--
Gesamt	91		53	38

*Die Radionikbehandlungen waren vom 22. August bis zum 9. September unterbrochen.

Beispiele der Kontrolle von japanischen Käfern
1952

Bezirk – York
Behandelte Pflanzen – Süßmais
Eigner – Bittinger Cannery
Verfahren – Methode des Landwirtschaftsministeriums

Radionisch behandeltes Gebiet			***Unbehandeltes Gebiet (Kontrolle)***		
	Anzahl überprüfter Stiele	Anzahl von japanischen Käfern beschädigter Stiele		Anzahl überprüfter Stiele	Anzahl von japanischen Käfern beschädigter Stiele
Reihe 1	100	37	Reihe 1	100	90
Reihe 2	100	17	Reihe 2	100	81
Reihe 3	100	7	Reihe 3	100	87
Reihe 4	100	4	Reihe 4	100	88
	-----	---		-----	---
Gesamt	400	65		400	346

Ergebnis – 81% Kontrolle von japanischen Käfern, basierend auf beschädigten Stielen.

Beobachter: Dr. E.H. Sigler – Landwirtschaftsministerium
Warren Maines – Landwirtschaftsministerium

Bezirk – York
Wirtspflanze – Feldmais
Eigner – John Keesey
Verfahren – Methode des Landwirtschaftsministeriums

Radionisch behandeltes Gebiet			***Unbehandeltes Gebiet (Kontrolle)***		
	Anzahl überprüfter Stiele	Anzahl von lebenden japanischen Käfern		Anzahl überprüfter Stiele	Anzahl von lebenden japanischen Käfern
Reihe 1	100	5	Reihe 1	100	41
Reihe 2	100	9	Reihe 2	100	48
Reihe 3	100	7	Reihe 3	100	70
Reihe 4	100	18	Reihe 4	100	63
	-----	---		-----	---
Gesamt	400	39		400	222

Ergebnis – 82% Kontrolle der japanischen Käfer
Beobachter: John Ilgenfritz – Ohio Farm Bureau Co-op. Assn.
'Jim' McDowell – Penna. Farm Bureau Co-op. Assn.
B.A. Rockwell – Penna. Farm Bureau Co-op. Assn.

Bezirk – York
Wirtspflanze – Feldmais
Eigner – Richard Smyser
Verfahren – Methode des Landwirtschaftsministeriums

Radionisch behandeltes Gebiet			***Unbehandeltes Gebiet (Kontrolle)***		
	Anzahl über-prüfter Stiele	Anzahl von lebenden ja-panischen Käfern		Anzahl über-prüfter Stiele	Anzahl von lebenden ja-panischen Käfern
Reihe 1	100	6	Reihe 1	100	50
Reihe 2	100	9	Reihe 2	100	15
Reihe 3	100	13	Reihe 3	100	26
Reihe 4	100	11	Reihe 4	100	8
	-----	---		-----	---
Gesamt	400	39		400	99

Ergebnis – 60.60% Kontrolle der japanischen Käfer
Beobachter: John Ilgenfritz
'Jim' McDowell
B.A. Rockwell

Bezirk – Dauphin
Wirtspflanzen – Feldmais
Gebiet – Penna. Farm Bureau Co-op. Geflügelfarm
Verfahren – Methode des Landwirtschaftsministeriums

Feld 1A					
Radionisch behandeltes Gebiet			***Unbehandeltes Gebiet (Kontrolle)***		
	Anzahl überprüfter Stiele	Anzahl lebender japanischer Käfer		Anzahl überprüfter Stiele	Anzahl lebender japanischer Käfer
Reihe 1	100	13	Reihe 1	100	52
Reihe 2	100	19	Reihe 2	100	84
Reihe 3	100	11	Reihe 3	100	100
Reihe 4	100	21	Reihe 4	100	103
	-----	---		-----	---
Gesamt	400	64		400	339

Ergebnis – 81.12% Kontrolle der japanischen Käfer
Beobachter bei Feld Nr. 1A: Dr. E.H. Sigler
Warren Maines
Walter Baran

Bezirk – York
Behandelte Pflanzen – Feldmais
Eigner – Joseph Raab
Verfahren – Methode des Landwirtschaftsministeriums

Radionisch behandeltes Gebiet			***Unbehandeltes Gebiet (Kontrolle)***		
	Anzahl über-prüfter Stiele	Anzahl von japanischen Käfern be-schädigter Stiele		Anzahl über-prüfter Stiele	Anzahl von japanischen Käfern be-schädigter Stiele
Reihe 1	100	2	Reihe 1	100	29
Reihe 2	100	7	Reihe 2	100	39
Reihe 3	100	10	Reihe 3	100	25
Reihe 4	100	16	Reihe 4	100	43
	-----	---		-----	---
Gesamt	400	35		400	136

Ergebnis – 74.26% Kontrolle der japanischen Käfer basierend auf Faserschäden der Stiele
Beobachter: John Ilgenfritz
'Jim' McDowell
B.A. Rockwell
14. August 1952

Bezirk – Lancaster
Behandelte Pflanzen – Feldmais
Eigner – Edward Bollinger
Verfahren – Methode des Landwirtschaftsministeriums

Radionisch behandeltes Gebiet			***Unbehandeltes Gebiet (Kontrolle)***		
	Anzahl über-prüfter Stiele	Anzahl von japanischen Käfern be-schädigter Stiele		Anzahl über-prüfter Stiele	Anzahl von japanischen Käfern be-schädigter Stiele
Reihe 1	100	12	Reihe 1	100	68
Reihe 2	100	10	Reihe 2	100	55
Reihe 3	100	9	Reihe 3	100	52
Reihe 4	100	9	Reihe 4	100	50
	-----	---		-----	---
Gesamt	400	40		400	225

Ergebnis – 82% Kontrolle der japanischen Käfer basierend auf Faserschäden der Stiele
Beobachter: John Ilgenfritz
Paul Albright
B.A. Rockwell

Zusammenfassung der Experimente in Jahr 1953

I. Zweck der Experimente
  A. Auf begrenzter Basis die Experimente aus dem Jahr 1952 fortzusetzen über die Effizienz des radionischen Verfahrens bei der Bekämpfung von:
    1. Europäischen Maisbohrern (2. Brut)
  B. Wirtspflanze – Feldmais

II. Bereich
  A. Ungefähr 120 Morgen Land wurden in den Kontroll- und den Behandlungsbereich aufgenommen.

B. 14 Farmer (6 in Lancaster und 8 aus dem Bezirk York) nahmen teil.
C. 1720 Maisstiele wurden für die Überprüfung und Bestimmung der Ergebnisse sorgfältig auseinander genommen.

III. Verfahren
A. Die radionische Behandlung begann in Lancaster am 7. Juli und endete am 8. September mit einer Gesamtzahl von 21 Behandlungen.
B. Die Behandlungen in York begannen am 20. Juli und endeten am 8. September mit einer Gesamtzahl von 14 Behandlungen.
C. Behandlungszeit aller Behandlungen – 10 Minuten.
D.
1. Die letzten Beobachtungen in der zweiten Septemberwoche machten:
John Ilgenfritz als Repräsentant der Radiurgic Corporation
B.A. Rockwell als Repräsentant der Pennsylvania Farm Bureau Co-operative Association.
2. Sechs Zählungen lebender Maisbohrer wurden bei jedem Kontroll- und behandelten Gebiet in verteilten Stellen durchgeführt, normalerweise 10 Reihen auseinander und dann immer diagonal weiter über das Feld. Jede dieser Zählungen bestand aus einem Segment von 10 Reihen.

IV. Ergebnisse
A. 13 der 14 Tests oder 92.8% waren hoch signifikant.
B. Nur ein Test auf John Herr's Farm in Lancaster war negativ und eine Wiederholung der Ergebnisse von 1952 auf dieser Farm.

V. Kurzer Vergleich der Ergebnisse dieser beiden Jahre in der

Kontrolle des Europäischen Maisbohrers in Lancaster und York.

	Negative Ergebnisse	***Positive unter 25% Kontrolle***	***25% - 50% positiv***	***50% - 75% positiv***	***75% - 90% positiv***
	%	%	%	%	%
1952	34	14	25	19	0.035
1953	7.2	0	92.8	43	7.2

Erstellt von der Forschungsabteilung der Pennsylvania Farm Bureau Co-Op. Assn.
28. September 1953

Kontrolle des Europäischen Maisbohrers – 1953
Lancaster

Farm Kooperator	****Anzahl der überprüften Stiele***	***Maßzahl der Kontrolle***	***Anzahl von Morgen Land***
John Herr	120	Keine	10
Elvin Hess	120	49%	6
Mark Hess	120	30%	9
Huber Harnish	120	71%	3
Paul Lonengecker	120	66%	11
Homer Graybill	120	66%	4

* Alle Stiele wurden sorgfältig auseinander genommen und auf lebende Maisbohrer überprüft. Die durchschnittliche Behandlung jedes Feldes begann am 7. Juli und endete am 8. September (21).

York

Farm Kooperator	**Anzahl der überprüften Stiele*	*Maßzahl der Kontrolle*	*Anzahl von Morgen Land*
Ben Wineka	120	30%	18
Robert Gable	120	64%	8
Ben Johnson	120	56%	3
*Joe Raab	140	74%	5
* James McClane	140	34%	2
Earl Blessing	120	26%	8
Ely Williams	120	45%	3
G. I. Schuler	120	80%	10

* Alle Stiele wurden sorgfältig auseinander genommen und auf lebende Maisbohrer überprüft. Die durchschnittliche Behandlung jeden Feldes begann am 20. Juli und endete am 1. September (14).

Radionische Behandlung
Experimente zur Steigerung des Ertrags – 1963

'X'-Feld – Pfund von trockenem abgepacktem Mais pro Acker			
Maisart	Behandelt	Unbehandelt	Durchschnitt
Gehu Cross	11.5	11.2	11.3
Hopi Cross	11.5	10.6	11.0
Yellow Cross	12.7	11.4	12.1
Indian Cross	12.6	11.6	12.1
TRF Cross	13.8	12.6	13.2
Rainbow	10.9	9.8	10.4

'X'-Feld – Pfund von trockenem abgepacktem Mais pro Acker			
Durchschnitt	12.2	11.2	11.7

'X'-Feld – Pflanzengewicht in Pfund			
Bandbreite	Behandelt	Nicht behandelt	Durchschnitt
Maisart			
Gehu Cross	91.5	83.7	87.6
Hopi Cross	109.0	98.7	103.8
Yellow Cross	101.0	93.3	97.2
Indian Cross	115.1	103.2	109.1
TRF Cross	112.9	110.8	111.8
Rainbow	89.2	84.2	86.7
	--------	--------	--------
Durchschnitt	103.1	95.6	99.4

Schlussfolgerungen: Die Behandlungen erhöhten das Pflanzengewicht signifikant. Die Bandbreite unterschied sich im Pflanzengewicht, es gab jedoch keine Zusammenhänge zwischen der Bandbreite und der radionischen Behandlung.

'Y' Agro Farm

	Behandelt	*Nicht behandelt*
Gepackter Mais pro Stelle	5.72	5.18
Pflanzengewicht pro Stelle	31.90	30.35

Schlussfolgerungen: Die Radionikbehandlung erhöhte den Ertrag oder den gepackten Mais signifikant; sie wies einen schwachen Zusammenhang (0.10) mit dem erhöhten Pflanzengewicht pro Stelle auf.

Deutsche Radionische Gesellschaft e.V.

Die Deutsche Radionische Gesellschaft e.V. wurde 1992 als Zusammenschluss deutschsprachiger Radioniker gegründet. Dem wachsenden Interesse an der Radionik folgend hat sie sich zur Aufgabe gesetzt, die Radionik bekannter zu machen und Kontakte unter Radionikanwendern herzustellen, um den Wissens- und Erfahrungsaustausch zu fördern. Sie will darüber hinaus ein Forum sein für Interessierte, die sich ein möglichst klares, persönliches Bild von der Radionik, ihren Wirkmechanismen, Einsatzmöglichkeiten und der untrennbar damit verbundenen höheren Ethik machen wollen.

Die Grundlage der radionischen Arbeit und verbindlich für alle Mitglieder ist das Leitbild der Deutschen Radionischen Gesellschaft.

- Mit der Vielfalt unserer individuellen Fachkompetenz analysieren wir auch in Bereichen jenseits der anerkannten Physik.
- Im Sinne höchstmöglicher Harmonie balancieren und optimieren wir bis in materielle Strukturen.
- Zum Besten Des Ganzen (Z.B.D.G.) streben wir Arbeitsqualität auf höchstem Niveau an. Schwerpunkte sind dabei auch kreativer Austausch unter Radionikern und Anwendern verwandter Disziplinen, Weiterentwicklung der Radionik und Hilfe zur Selbsthilfe. Oberstes Ziel dieser Arbeit ist die Förderung des Bewusstseins von der Verbundenheit aller lebenden Systeme.
- Unser Handeln soll von Liebe, Ehrfurcht, Kreativität, Zuverlässigkeit, Verantwortung, Toleranz und Innovationsbereitschaft geprägt sein.
  (Auszug aus der Satzung)

Deutsche Radionische Gesellschaft e.V.
Quaet-Faslem-Str. 12a, D - 31582 Nienburg
Tel.: 0180-2-374388, Fax 0180-2-374383 (jeweils 6 Cent pro Verbindung)

Ganzheitliche Heilkunde

Arbeitskreis
Radionik und Schwingungsmedizin e.V.

Bioenergetische Ausbildung	**Radiästhetische Forschung**	**Parawissenschaftliche Dokumentation**

23611 Bad Schwartau · Waldstr. 20 · Tel. 0049 (0) 451-28 11 84 · Fax 0049 (0) 451-28 11 84

Ganzheitliche Heilkunde in Theorie und Praxis

Angebote: Vorträge - Kurse - Ausbildungen - Fachtagung

Teilnehmer: jeder an diesen Themen Interessierte

Kurse: Calligaris Techniken - Christliche Psychotherapie - Bioenergie - Bioresonanz - Ganzheitliches Heilen - Geobiologie - Heilmagnetismus - Selbsterfahrung - Hildegard Heilkunde - Medizinische Radiästhesie - Radionik Ausbildung - Energtische Reprogrammierung - Orgontherapie - Edelsteintherapie

Tagung: ASW Forschung - Christotherapie - Informationsmedizin - Selbstheilung - Ganzheitliche Heilweisen - Geistchirurgie - Schwingungsmedizin - Radionik - Parapsychologie - Tierheilkunde - Spiritualität - Clustermedizin - Heilkraft - Sensitivitätstraining - Quantenphysik - Ethnomedizin - Erfahrungsheilkunde - Lebensenergie - Ringvorlesungen - Ganzheitliches Menschenbild - Begegnung

Kosten: Kurse ab 60,00 DM; Fachtagung: 380,00 DM

Literatur: Zu diesen Themen im Passat Verlag Waldstraße 20, 23611 Bad Schwartau Tel. + Fax: 0451-281184. Bitte Literaturliste anfordern.

Mitglied: Im Dachverband geistiges Heilen e. V. In der Akademie für patientenzentrierte Medizin e. V.

Non-profit-Organisation: Wir fördern sozialmedizinische Projekte in der 3. Welt durch unsere Aktivitäten. Als gemeinnützig vom Finanzamt anerkannt können wir Ihnen Spendenquittungen ausstellen, wenn Sie unsere Arbeit unterstützen.

RADIONIK von A - Z

Mit **A** wie Albert Abrams, (Dr.med., Entdecker der ERA - Methode) begann vor 120 Jahren die Entwicklung der Radionik. Mit **Z** wie Zero Point (Nullpunkt-Energie, Skalar, Schlüssel zum Inneren Daten-Feld) hat die Radionik heute auch die moderne wissenschaftliche Grundlage gefunden.
Von A-Z informieren wir Sie über die Radionik, die Möglichkeiten, die Geräte, Literatur, Seminare, Schulungen, z. B.

- **SE-5*plus***, das Radionik-Gerät, das 1985 als **SE-5** die Welt der Radionik revolutionierte, das erste computerunterstützte Gerät, das für viele Anwender schon heute als “lebende” Legende gesehen wird. Ein Radionik-Gerät, das alles kann, was die Radionik zu leisten vermag, auch heute noch das modernste Radionik-Gerät dieser Art mit zusätzlicher PC-Schnittstelle.

- **SE-5 für WINDOWS**, das fortschrittlichste PC Programm für das **SE-5** und das **SE-5*plus***, geeignet für Windows 95, 98, me, 2000, xp und NT, mit über 14000 Raten in deutsch, Import- und Export-Funktionen, Suchprogramm und allen Radionik-Funktionen wie Messen, Balancieren, Scannen (Schnellanalyse), Potenzieren (Herstellen von radionischen Informationsmitteln) u.v.a.m.

- ***mini*GARITH®**, das günstigste Radionik-Gerät und das kleinste und einfachste aus der **GARITH**-Serie. Das ***mini*GARITH®**-System komplett ausgestattet bietet alle Arbeitsweisen und Möglichkeiten der Radionik. Die Raten werden über Ratenschieber eingestellt. Die Messung erfolgt bei der Standardausführung nach der englischen Tradition über Pendel, die Ausführung ST bietet die Möglichkeit mittels Stick-Platte zu testen.

- **PC-GARITH®**, das GARITH mit allen Möglichkeiten der Radionik incl. umfangreichem PC-Programm einschl. aller Raten des großen Radionik-Ratenbuches. Download-Funktion auf das Basisgerät zur stand alone – Anwendung, Übernahme der Messwerte per Tastendruck. Messen und Balancieren auf allen Ebenen. Ankopplung für zwei Rechner. Der PC-GARITH® steht zur Verfügung nach Abschluss der Testphase.

***** GARITH, ein anderer Name für RADIONIK *****

● **ORGON-B-Strahler als Radionik-Strahler.** Der ORGON-B-Strahler ist ein ORGON-Akkumulator in Handformat mit 15 facher Verstärkung und eingebauter Radionik-Kammer. In diese Kammer lässt sich leicht radionisch informiertes Material (z.B. Globuli) einsetzen und zusammen mit der ORGON-Energie auf eine Probe einstrahlen. Der Effekt der radionischen Information wird dadurch wesentlich verstärkt. Für den Einsatz in belastetem Umfeld steht der **ORGON-S-Strahler** zur Verfügung.

● **COACHING mit Radionik!** Der Begriff "Coaching" ist aus dem Englischen abgeleitet und bedeutet so viel wie "begleiten" (*engl. coach - (priv.) Training, Betreuung*).

Coaching ist heute eine professionelle Begleitung einer Person oder Personengruppe auf dessen (eigenem) Weg. Es dient dazu, die vollen Potenziale jeder einzelnen Person zu erkennen und zu verwirklichen. Coaching ist ein auf persönlicher, partnerschaftlicher Ebene stattfindender Entwicklungsprozess und befähigt jede einzelne Person, Visionen zu erkennen und zu entwickeln, die eigenen Ressourcen zu entdecken und zielorientiert einzusetzen, ebenso individuelle Lösungen und Ergebnisse sowohl im beruflichen als auch im persönlichen, privaten Leben zu realisieren. Das Coaching dient weiterhin zur Förderung und Steigerung der eigenen Fähigkeiten, Talente und Neigungen des Teilnehmers.
Achtung: Coaching ist weder eine Psychotherapie noch eine Heilbehandlung!

● **„Die vorletzten Geheimnisse"** *Radionik-wo Wissenschaft und Weisheitslehren zusammenfinden.* Dieses spannende Buch über Radionik zeigt am Beispiel der Radionik, wie Schöpfungsprozesse ablaufen, was Informations-"Felder" sind und welchen Einfluss sie auf unser Leben und unsere Gesundheit haben. Informations- und Steuervorgänge werden aufgezeigt und welche Rolle Skalare und Skalarantennen dabei spielen. Neueste wissenschaftliche Erkenntnisse fließen genauso ein wie Jahrtausende altes Wissen. Viele praktische Beispiele machen das Buch zu einem gleichwohl informativen wie spannenden Abenteuer, wie es die Radionik schon seit hundert Jahren ist. Die **Fortsetzung dieses Buches** ist in Vorbereitung.

Anfragen zur radionischen Analyse und zu radionischer Projektion, sowie Ausbildung zum/r professionellen Radioniker/in richten Sie bitte an:

The School of Radionics - German Branch
Deutsche Radionikschule

Quaet-Faslem-Str. 12a
D-31582 Nienburg
Tel. ++49 +5021 910188
Fax ++49 +5021 910197
eMail schule@radionik.info
http://www.radionik.info

Radionikausbildung

- mit den offiziellen englischen Unterrichtsmaterialien in deutscher Übersetzung
- mit spezieller englischer Literatur in deutscher Zusammenfassung

- 18 Monate Grundausbildung
- 36 Monate Vollausbildung

- englische Geräte neuester Bauart
- Beginn jeweils März oder September

Bitte fordern Sie die ausführliche Broschüre für die Radionikausbildung an oder informieren Sie sich im Internet unter dem Stichwort 'Radionikschule' (Adresse siehe oben).

Deutsches Radionikjournal:

Die Radionik Information

Quaet-Faslem-Str. 12a
D-31582 Nienburg
Tel. ++49 +5021 910188
Fax ++49 +5021 910197
eMail info@radionik.info
http://www.radionik.info

Die Radionik Information

Fachzeitschrift für Radionik

- erscheint vierteljährlich
- deutsche Sprache
- vereint die meisten Radionikanbieter in Deutschland
- enthält aktuelle Artikel aus der Radionikwelt
- schöpft aus 60 Jahren englischer Radionikveröffentlichungen
- ist vollkommen neutral
- erscheint seit 1997, jeweils Ende Januar, April, Juli und Oktober
- 56 A5 Seiten

Nähere Informationen auch die Jahrbücher (bisher erschienen '97 – '02) sowie Leseproben finden Sie im Internet (Adresse siehe oben) unter der Rubrik 'Die Radionik Information'.

Walter Häge im Radionik Verlag
Ich suggeriere mich gesund
Gespräche mit dem Göttlichen
Selbstheilungssystem 'Angewandte mentale Radionik'

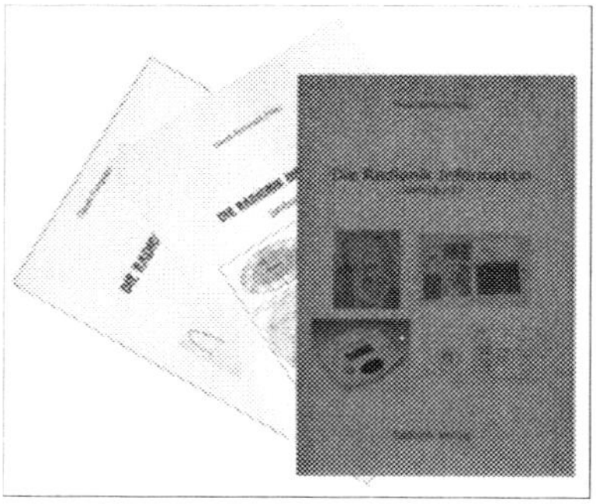

Die Radionik Information Jahrbücher

Verfügbare Jahrbücher:
1997, 1998
1999, 2000
2001, 2002

Ratenbücher im Radionik Verlag
Ruth Drown Raten,
Delawarr Raten
Homöopathieraten
Tierraten

Holographische Radionikprojektoren neuester Generation

(in Zusammenarbeit mit den Devas[96])

A

B

C

A. Wohlstand, das holographische Instrument, das die Energien des Wohlstands in das eigene Haus oder die eigene Firma einlädt.

B. Frühjahrsputz, das holographische Instrument, das negative feinstoffliche Energien in Gebäuden harmonisiert.

C. Hopit Heim, das holographische Instrument, das mit der Insektenwelt kommuniziert, um zu helfen, Insekten vom Haus fernzuhalten.

Weitere holographische Instrumente und ausführliche Beschreibungen auf Anfrage oder im Internet (Adresse siehe unten) unter 'Holographische Instrumente'.

96 Naturgeister

Radionik Manager

Die Plattform für Ihre Radionikdaten

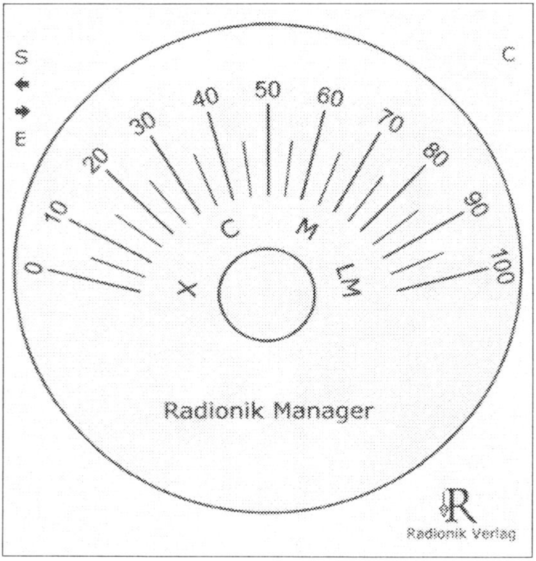

- Klassische Radionik mit Pendel, Rute oder Reibeplatte
- Professionelle Daten (Drown, Delawarr, Homöopathie, Tierraten erwerbbar
- Raten, Affirmationen, Grafik
- Ergebnissverwaltung in editierbaren Listen
- Vermarktung unter Ihrem eigenen Namen
- Frei austauschbare nicht kommerzielle Datenbanken
- Info beim Radionik Verlag

Liste der Abbildungen

Seite